◇導入対話◇による

民法講義（総則）

〔第4版〕

橋本恭宏　松井宏興　清水千尋
鈴木清貴　渡邊 力

不磨書房

──〔執筆分担〕────────────────────────

橋本　恭宏	（中京大学教授）	第1章～第7章，第9章， 第10章，第12章，第13章 第20章
松井　宏興	（関西学院大学教授）	第8章，第11章
清水　千尋	（立正大学教授）	第14章～第16章
鈴木　清貴	（愛知大学准教授）	第17章～第19章
渡邊　　力	（関西学院大学准教授）	第21章～第24章

──〔執筆順〕────

第4版はしがき

　第3版以降，消費者契約法の改正，法人規定の見直し等があり，それらについて補充するとともに，各担当者毎に必要箇所を訂正補充し，第4版とした。
　なお，法人規定は，2008年度の施行が見込まれているが，今回は，現行法の解説はそのままにして，一般社団・一般財団法の概略のみを掲載することとした（第10章115頁参照）。詳細については，次回にこれを期したい。

　　2007年3月

執筆者を代表して　　橋　本　恭　宏

第3版はしがき

　近年の法律改正は目まぐるしく，民法においても2003年の改正に引き続き，2004年には，民法制定以来のカタカナ表記や難解な用語，表現が現代語化され，一部条項の移動を含む大改正がなされた。さらに，民法と密接な関係がある不動産登記法も全面的に改正され，いずれも2005年4月までに施行された。
　そこで本書も，このような法改正に対応して，改正関連箇所に対する改訂を施すとともに，第2版の改訂後の判例・学説等の動きを取り入れることにした。
　本書が，旧版にもまして読者の皆様に活用していただければ幸いである。

　　2006年2月

執筆者を代表して　　橋　本　恭　宏

オリエンテーション・ガイド

(1) 本書の目的とねらい

　本書の目的ならびにねらいを一言で言えば，次のように言えるでしょう。「はじめて民法を学ぶ者にとって導入部分において理解しやすく，一定のレベルのテキストとしてできる限り明解であること」です。これまでのテキスト類の多くは，一般的かつ抽象的で，学習する者にとって民法学は難解だ，無味乾燥だという声が多く聞かれました。では，反対に具体的なものを取り上げて作ればよいのでしょうか。たとえば，時々の新聞報道・現実の問題を素材とすることは抽象的法制度，法理論を説明する点からしますと，初学者には関心を呼び起こすと思います。しかし，それはいわゆる応用問題に過ぎず，その場限りで，一つのシステムにより成り立っている法律の学習には不向きな部分があるという欠点があります。また，読者の関心を呼び起こすという実際の事件を扱うことは，実務経験のほとんどない者には困難な面もあります。また，そうした現代型の問題は法律関係が複雑で，基本的考え方を理解しなければならない段階では，単純な説明をしただけではかえって有害となる場合もあるといえましょう。

　これらの問題をすべて一挙に解決できる方法があればいいのですが，そうしたことは不可能でしょう。そこで，本書では，まず，学習の入口である導入部分に工夫をこらしました。そこでは，アブストラクト（要約）ではなく，この箇所で何を学ぶかの動機づけを与えることを目的としています。そして，基本となる説明の部分の記述が，さらに，最低限の重要な理論的問題についての展開となる記述，という順序で学習者の学習進度にしたがって読み進むことができ，確かな基礎学力を得られるような方法をとってみました。

　本書は，大学での民法総則の講義を聞く際の講義用テキストとして，また，自学自習する場合にも使用できることを想定して執筆されています。その意味で，大学生の皆さんのための本ですが，民法を勉強してみたいと考えている社

会人の皆さんが学習される入門書として使用することも，また一通り学習された司法試験受験生，公務員受験生がその知識を確認し，また，いっそう学力を飛躍することができるようにも配慮しています。

(2) **本書による学習の方法**

このような目的から，本書の構成は以下のようになっています。

最初に，必要に応じて◆導入対話◆が設けられています。ついで，"基本となる講義"を，そして，もう一歩進んだ学習のために【展開講義】を設けています。

まず，◆導入対話◆は，前にも述べましたように，この箇所のアブストラクトではなく，いわば《学習のポイント・予備的知識》を掲げ，学習の意欲を高めます。導入対話を設けた理由はこうです。民法に限らず，法律を勉強することは，概して面白いことではありません。しかも，正確な知識と深い理解力を得ることは必ずしも容易ではありません。また，皆さんがいろいろな書物を読むにあたって，これをただ読み流しをしては決して正確な知識と深い理解力を得ることはできません。そこで，皆さんが通常その項目で最初にもつであろう「疑問」を先取りして，学ぶ者と教師との対話により，該当項目の学習目標を明確にしようとの意図からです。したがって，学習の入り口となるものですから必ずここから読み始めて下さい。

導入対話に続く基本となる講義は，各先生方が，日常の教室において話され，最低限学んで欲しい事柄について述べています。したがって，皆さんは，この部分を，必ず条文を参照しながら，通読して欲しいと思います。講義で使用する場合は，先生の講義を参考にその関係する項目を併読して欲しいと思います。特に，図表等は，その項目についての理解をしやすくするものですから，ぜひ，それをノートに自ら書き写すなどして読むと一層理解が進むでしょう。

【展開講義】は，基本講義では述べなかった事柄や問題点，論争点について，述べています。したがって，基本講義につき一定の理解が得られたと思われる方や，より深い学習をしたい方，また，ゼミナールのテーマとして，この箇所を通読し，利用することも１つの方法でしょう。

勧められる学習方法としては，第１回目の通読は，【導入対話】→【基本講義】のみとし，第２回目の通読の際は，【導入対話】→【基本講義】→【展開講義】

とするのがよいのではないでしょうか。

　本書はなんといっても民法条文の解説書ですから，本書を読む際には，条文を第1に，本文中に出てきた条文は必ず六法をみてほしいと思います。また，本書を読む際，単に読み通すのではなく，ここの記述について，"本当？""どういう意味""なぜ""他ではどうか""これだけか？""すべてにいえるの？""どうしたらいいのだろう"などの問いをぶつけながら読むと，学力が飛躍的にのびるはずです。

　また，本文中には項目に応じて，必須・参考文献が引用され，欄外に掲げられていますから，学習が進むにしたがい，また，ゼミナールなど報告の際，実際に探して読んでほしいと思います。なお，民法総則は，民法全体の基本的・通則的な定めですから，それだけを孤立させて学ぶことなく，物権法や債権法などとも関連づけて，体系的に学ぶことが必要となります。

　2006年3月

橋本　恭宏
松井　宏興
清水　千尋
鈴木　清貴
渡邊　　力

目　次

第4版はしがき
第3版はしがき
オリエンテーション・ガイド
　文献略語

第1章　民法を学ぶ
　1　民法と私的生活 …………………………………………………… 3
　　◆ 導入対話 ◆
　　　1.1　民法とはどんな法律か（わが国の全法律における位置）……… 4
　　　1.2　特別法の機能と考え方 …………………………………………… 5
　　　1.3　一般法と特別法の関係 …………………………………………… 5
　　【展開講義 1】　民法・商法，公私混合法，訴訟法との関係 ………… 6
　　【展開講義 2】　民法は裁判規範か行為規範か ………………………… 7
　2　法の解釈とその実践 ……………………………………………… 7

第2章　民法を知りたいとき何をみればよいか
　　　　　──民法の法源と歴史──
　1　民法の法源 ……………………………………………………… 11
　　◆ 導入対話 ◆
　　　1.1　法源の意味 ……………………………………………………… 12
　　　1.2　制定法 …………………………………………………………… 12
　　　1.3　慣習法 …………………………………………………………… 12
　　　1.4　条　理 …………………………………………………………… 12
　　　1.5　判　例 …………………………………………………………… 13
　　　1.6　学　説 …………………………………………………………… 13
　2　民法の歴史 ……………………………………………………… 14

◆ 導入対話 ◆
　　2.1　外国法の継受 ……………………………………………………14
　　2.2　旧民法の編纂ならびに現行民法の制定とその特色 ……………15

第3章　民法の基本的考え方と民法の解釈
　1　民法の基本的考え方 …………………………………………………16
　　◆ 導入対話 ◆
　　1.1　思想的側面 ………………………………………………………17
　　1.2　思想的側面の修正 ………………………………………………18
　　1.3　立法技術的な側面 ………………………………………………20
　【展開講義　3】　条文にはない民法の原則 ………………………………22
　2　民法の解釈 ……………………………………………………………24
　　◆ 導入対話 ◆
　　2.1　解釈の意義と必要性 ……………………………………………25
　　2.2　民法解釈の方法 …………………………………………………25
　【展開講義　4】　条文の解釈テクニックとその相互関係 ………………26
　　2.3　民法典の解釈基準（2条）………………………………………28
　3　民法総則概説 …………………………………………………………28
　　3.1　民法総則編の内容の概観 ………………………………………28
　　3.2　民法総則と家族法 ………………………………………………28

第4章　民法（秩序）の実現と効力の及ぶ範囲
　1　民法（秩序）の実現 …………………………………………………29
　　◆ 導入対話 ◆
　　1.1　民法の適用の意義とそのメカニズム …………………………30
　　1.2　民法の適用と解釈 ………………………………………………30
　　1.3　民法の適用の論理 ………………………………………………30
　【展開講義　5】　民事紛争の解決のメカニズム …………………………31
　【展開講義　6】　強行規定・任意規定・取締規定 ………………………31
　2　民法の効力の及ぶ範囲 ………………………………………………33

◆ 導入対話 ◆
　　　2.1　時についての適用範囲 ……………………………………33
　　　2.2　人についての適用範囲 ……………………………………33
　　　2.3　場所についての適用範囲 …………………………………33

第5章　民法上の権利——私権——
　1　私権の意義と種類 ………………………………………………34
　　◆ 導入対話 ◆
　　　1.1　権利とは ……………………………………………………35
　　　1.2　義務とは ……………………………………………………35
　　　1.3　権利と義務の関係 …………………………………………35
　　　1.4　権利の種類 …………………………………………………35
　2　権利（行使）自由の原則とその制限 …………………………36
　　　2.1　権利と義務ならびにその制限 ……………………………37
　　【展開講義　7】　権利（行使）自由とその修正 ………………40
　　【展開講義　8】　一般条項の意義と機能 ………………………40
　　　2.2　権利の実現とその制約 ……………………………………41
　　【展開講義　9】　民法1条各項相互の関係 ……………………42

第6章　私権の主体（主人公）となる『人』
　1　私権の主体と権利能力 …………………………………………44
　　◆ 導入対話 ◆
　　　1.1　権利能力の意義 ……………………………………………45
　　　1.2　意思能力・行為能力・不法行為能力 ……………………45
　　　1.3　権利能力 ……………………………………………………46
　2　権利能力の始期と終期 …………………………………………46
　　　2.1　出生の時期 …………………………………………………46
　　　2.2　出生の証明 …………………………………………………47
　　　2.3　胎児の法律上の地位 ………………………………………47
　　　2.4　権利能力の消滅 ……………………………………………48

2.5　外国人の権利能力 …………………………………………………49
　　2.6　死亡後の法律関係 …………………………………………………49

第7章　制限能力者制度
1　制限能力者制度 ……………………………………………………………51
　　◆ 導入対話 ◆
　　1.1　制限能力者制度──意思無能力による無効は認められるか──……52
　　1.2　成年後見制度の概要 ………………………………………………53
　　1.3　法定後見制度の意義と概要 ………………………………………54
2　成年後見 ……………………………………………………………………54
　　2.1　「後見」の意義 ……………………………………………………54
　　2.2　後見開始の審判の申立権者 ………………………………………56
　　2.3　本人の自己決定権の尊重 …………………………………………56
　　2.4　成年後見人の選任 …………………………………………………56
　　2.5　成年後見人の権限・職務と報酬 …………………………………57
3　保　　佐 ……………………………………………………………………58
　　3.1　被保佐人の意義 ……………………………………………………58
　　3.2　保佐開始の審判 ……………………………………………………58
　　3.3　保佐人 ………………………………………………………………58
　　3.4　保佐人の権限 ………………………………………………………58
4　補　　助 ……………………………………………………………………59
　　4.1　被補助人の意義 ……………………………………………………59
　　4.2　補助開始の審判 ……………………………………………………59
　　4.3　補助人 ………………………………………………………………60
　　4.4　補助人の権限 ………………………………………………………60
5　任意後見制度 ………………………………………………………………60
　　5.1　任意後見制度の意義 ………………………………………………60
　　5.2　任意後見制度の概要 ………………………………………………61
　　5.3　任意後見監督人 ……………………………………………………61
　　5.4　法定後見（後見・保佐・補助）と任意後見との調整 …………62

6　成年後見登記制度 ……………………………………………63
　　　6.1　成年後見登記制度の概要 …………………………………63
　　　6.2　成年後見登記制度の内容 …………………………………64
　7　未成年者の能力の制限 …………………………………………67
　　　7.1　未成年者 ……………………………………………………67
　　　7.2　未成年者の同意のいらない行為 …………………………67
　8　制限能力者の相手方の保護の方法 ……………………………68
　　　8.1　相手方の保護の必要性 ……………………………………68
　　　8.2　相手方への催告権の付与 …………………………………68
　　　8.3　取消権の否定 ………………………………………………69
　【展開講義 10】　制限能力者が意思無能力でなした行為の効力 ………70
　【展開講義 11】　未成年者の法律行為について，法定の場合以外に
　　　　　　　　　も，同意なくして行為能力があることが認められるか…70

第8章　私権の主体と場所

　1　住　　所 …………………………………………………………72
　　　◆ 導入対話 ◆
　　　1.1　住所の意義 …………………………………………………72
　【展開講義 12】　学生の選挙権と住所はどのような関係にあるのか …73
　　　1.2　居所と仮住所 ………………………………………………74
　2　不在者と失踪宣告 ………………………………………………75
　　　◆ 導入対話 ◆
　　　2.1　不在者の財産管理 …………………………………………75
　　　2.2　失踪宣告 ……………………………………………………77
　【展開講義 13】　失踪宣告により財産を得た者が悪意の場合と現存
　　　　　　　　　利益の返還 ……………………………………………80
　【展開講義 14】　Eからの転得者Fが悪意の場合とE・F間の売買の効力…81
　　　2.3　認定死亡 ……………………………………………………83

第9章　私権の主体となる『組織』——法人制度——

- 1　法人とは何か……………………………………………………84
  - ◆ 導入対話 ◆
    - 1.1　法人の意味とその機能……………………………………85
    - 1.2　法人制度の発達とその必要性……………………………85
- 2　法人理論——法人が権利義務の主体となるのはなぜか——……86
- 3　法人格があることの具体的意味………………………………87
  - 【展開講義 15】　なぜ，団体が法人格を取得するのか………88
  - 【展開講義 16】　法人格否認の法理の意義と機能……………89
- 4　法人の種類………………………………………………………90
  - 4.1　社団法人と財団法人………………………………………90
  - 4.2　公益法人と営利法人………………………………………91
  - 4.3　公法人と私法人……………………………………………92
- 5　法人の設立と消滅………………………………………………92
  - ◆ 導入対話 ◆
    - 5.1　法人の設立…………………………………………………93
    - 5.2　法人の設立の考え方………………………………………93
    - 5.3　公益社団法人・財団法人の設立…………………………94
- 6　法人の登記と住所………………………………………………95
  - ◆ 導入対話 ◆
    - 6.1　法人の登記…………………………………………………96
    - 6.2　法人の住所…………………………………………………96
- 7　法人の組織と管理………………………………………………96
  - ◆ 導入対話 ◆
    - 7.1　法人の組織…………………………………………………97
    - 7.2　理　事……………………………………………………98
    - 7.3　監　事……………………………………………………100
    - 7.4　社員総会…………………………………………………100

第10章　法人の活動
- 1　法人の能力とその有する権利・義務の範囲 ……………………102
  - ◆ 導入対話 ◆
    - 1.1　制限される範囲の態様 ……………………………………103
    - 1.2　法人の不法行為責任 ………………………………………104
  - 【展開講義 17】　法人の行為目的の範囲とその制限 ……………106
  - 【展開講義 18】　法人の不法行為と機関個人の責任 ……………107
  - 【展開講義 19】　民法44条と110条との関係 ……………………108
- 2　法人の消滅 ……………………………………………………………108
  - ◆ 導入対話 ◆
    - 2.1　法人の消滅原因＝解散 ……………………………………109
    - 2.2　清算法人の職務と能力 ……………………………………109
- 3　いわゆる「法人格なき社団」・「権利能力なき社団」・中間法人・特定非営利活動法人 …………………………………………………109
  - ◆ 導入対話 ◆
    - 3.1　権利能力なき社団の意義と問題点 ………………………110
    - 3.2　権利能力なき社団の認定 …………………………………111
    - 3.3　その他の法人 ………………………………………………112
  - 【展開講義 20】　法人理論の目指すもの …………………………114
- 4　「一般社団法人及び一般財団法人に関する法律」の概要 ………115
  - 4.1　公益法人制度の改革とその方針 …………………………115
  - 4.2　一般社団法人及び一般財団法人制度の創設 ……………117

第11章　私権の対象とその限界——物——
- 1　物の意義 ………………………………………………………………120
  - ◆ 導入対話 ◆
    - 1.1　有体物 ………………………………………………………120
    - 1.2　物の個数 ……………………………………………………121
  - 【展開講義 21】　集合物の上に1個の物権の成立を認めることができるか ……………………………………………………122

1.3　物の分類 ……………………………………………………………123
　2　不動産と動産 ……………………………………………………………124
　　　2.1　不動産と動産の区別の意味 …………………………………………124
　　　2.2　不動産 …………………………………………………………………125
　　　2.3　動　産 …………………………………………………………………127
　3　主物と従物 ………………………………………………………………128
　　　3.1　主物と従物の意義 ……………………………………………………128
　　　3.2　主物と従物の効果 ……………………………………………………128
　4　元物と果実 ………………………………………………………………129
　　　4.1　元物と果実の意義 ……………………………………………………129
　　　4.2　果実の帰属 ……………………………………………………………129

第12章　権利の変動総説

　1　権利の変動 ………………………………………………………………130
　　　◆　導入対話　◆
　2　法律行為を学ぶ準備 ……………………………………………………131
　　　2.1　法律関係 ………………………………………………………………131
　　　2.2　法律要件と法律効果 …………………………………………………131
　　　2.3　権利変動のかたち ……………………………………………………132
　　　2.4　権利変動の原因（＝法律要件）と法律事実 ………………………133

第13章　法律行為総論

　1　法律行為の意義と性質 …………………………………………………134
　　　◆　導入対話　◆
　2　法律行為の類型と準法律行為 …………………………………………136
　　　2.1　法律行為の要素である意思表示の態様による分類 ………………136
　　　2.2　意思表示の形式による分類 …………………………………………137
　　　2.3　法律行為の効果内容による分類 ……………………………………137
　　　2.4　当事者が互いに対価的な財産の経済的負担をともなうか否かによ
　　　　　る分類 …………………………………………………………………137

2.5　その他の分類 ･･･138
　3　準法律行為 ･･138
　4　法律行為自由の原則とその修正 ････････････････････････････138
　　4.1　法律行為自由の原則 ･･････････････････････････････････138
　　4.2　法律行為自由とその修正 ･･････････････････････････････139
　5　法律行為の成立と有効の区別 ･･････････････････････････････140
　6　法律行為の成立要件と有効要件の意義 ･･････････････････････140
　7　法律行為の目的（内容） ･･････････････････････････････････141
　　7.1　目的の確定性 ･･141
　【展開講義 22】　法律行為の解釈基準 ･･････････････････････････143
　　7.2　目的の可能性 ･･144
　　7.3　目的の適法性 ･･144
　　7.4　脱法行為 ･･145
　　7.5　目的の社会的妥当性（公序良俗） ･･････････････････････146

第14章　意思表示と法律行為

　1　意思表示総論 ･･150
　　◆ 導入対話 ◆
　　1.1　意思表示 ･･150
　　1.2　意思主義と表示主義 ･･････････････････････････････････152
　　1.3　電子取引での意思表示 ････････････････････････････････152
　2　心裡留保 ･･153
　　◆ 導入対話 ◆
　　2.1　心裡留保による意思表示 ･･････････････････････････････153
　　2.2　心裡留保による意思表示の効力 ････････････････････････154
　　2.3　民法93条の適用範囲 ･･････････････････････････････････155
　3　通謀虚偽表示 ･･156
　　◆ 導入対話 ◆
　　3.1　通謀虚偽表示による意思表示 ･･････････････････････････156
　　3.2　虚偽表示の当事者間の効力（94条1項） ････････････････158

3.3　虚偽表示の第三者に対する関係（94条2項） ……………………158
　　【展開講義 23】　通謀虚偽表示において第三者が保護されるための要
　　　　　　　　　件 …………………………………………………………161
　　【展開講義 24】　民法94条2項の類推適用論とはいかなる考え方か…162
　　　3.4　民法94条の適用範囲 ……………………………………………163
　4　錯　　誤 ……………………………………………………………………164
　　◆ 導入対話 ◆
　　　4.1　錯誤による意思表示 ……………………………………………164
　　　4.2　錯誤の類型 ………………………………………………………164
　　　4.3　錯誤無効の要件 …………………………………………………165
　　　4.4　錯誤の効果 ………………………………………………………168
　　　4.5　民法95条の適用範囲 ……………………………………………169
　　　4.6　民法95条と他の規定との関係 …………………………………169
　　【展開講義 25】　動機の錯誤に民法95条は適用されるか ……………170
　5　詐欺による意思表示 ………………………………………………………171
　　◆ 導入対話 ◆
　　　5.1　詐欺による意思表示とは ………………………………………172
　　　5.2　詐欺の効果 ………………………………………………………173
　　【展開講義 26】　詐欺における善意の第三者 …………………………174
　6　強迫による意思表示 ………………………………………………………175
　　◆ 導入対話 ◆
　　　6.1　強迫による意思表示 ……………………………………………175
　　　6.2　強迫の要件 ………………………………………………………175
　　　6.3　強迫の効果 ………………………………………………………176

第15章　消費者契約法

　　◆ 導入対話 ◆
　1　消費者契約法の目的 ………………………………………………………179
　　　1.1　消費者契約法の必要性 …………………………………………179
　　　1.2　消費者契約法の内容 ……………………………………………180

2　消費者契約法の適用範囲（事業者・消費者・消費者契約の定義）…180
　　　2.1　消費者 …………………………………………………………180
　　　2.2　事業者 …………………………………………………………181
　　3　消費者契約の申込みまたはその承諾の取消し ……………………181
　　　3.1　取消権はどのような場合に認められるか ………………………181
　　　3.2　誤認・困惑による取消権 ………………………………………185
　　4　消費者契約の不当条項 …………………………………………………186
　　　4.1　事業者の損害賠償の責任を免除する条項（消費者契約法8条）……186
　　　4.2　消費者が支払う損害賠償の額を予定する条項（消費者契約法9条） ……………………………………………………………………187
　　　4.3　消費者の利益を一方的に害する条項（消費者契約法10条）………188
　　5　差止請求権──消費者団体訴法制度──（平成18年6月7日交付）…188
　　　5.1　差止請求権　改正法12条 ………………………………………189
　　　5.2　消費者団体訴訟制度 ……………………………………………190
　　6　消費者契約法と他の法律との関係 ……………………………………190
　　【展開講義 27】　誤認と詐欺（錯誤）・困惑と強迫の差異 ……………190

第16章　意思表示の効力発生時期
　　1　意思表示の効力はいつ発生するのか …………………………………193
　　　◆ 導入対話 ◆
　　　1.1　意思表示の効力発生時期の持つ意味 ……………………………193
　　　1.2　到達主義（97条1項）の要件 …………………………………194
　　　1.3　表意者の死亡と能力喪失 ………………………………………195
　　2　公示による意思表示 ……………………………………………………196
　　【展開講義 28】　意思表示の効果はいつ発生するか ……………………196

第17章　代理制度総論
　　1　代理総論 …………………………………………………………………199
　　　◆ 導入対話 ◆
　　　1.1　代理の意義・存在理由 …………………………………………199

1.2　代理の種類 ………………………………………………………200
　　　1.3　代理と類似の制度 ………………………………………………200
　2　有権代理 …………………………………………………………………201
　　◆ 導入対話 ◆
　　　2.1　序　説 ……………………………………………………………201
　　　2.2　代理権 ……………………………………………………………202
　　　2.3　代理行為 …………………………………………………………205
　　　2.4　代理の効果 ………………………………………………………207
　　　2.5　復代理 ……………………………………………………………207
　【展開講義 29】代理権授与行為の法的性質 ……………………………209
　【展開講義 30】自己契約・双方代理の禁止 ……………………………210
　【展開講義 31】代理における本人の責任と使用者責任 ………………210

第18章　無 権 代 理

　1　序　説 ……………………………………………………………………212
　　◆ 導入対話 ◆
　2　契約の無権代理 …………………………………………………………213
　　　2.1　本人と相手方 ……………………………………………………213
　　　2.2　代理人と相手方 …………………………………………………215
　　　2.3　本人と代理人 ……………………………………………………216
　3　単独行為の無権代理 ……………………………………………………216
　【展開講義 32】無権代理と相続 …………………………………………217
　【展開講義 33】表見代理と無権代理の関係 ……………………………219

第19章　表 見 代 理

　　◆ 導入対話 ◆
　1　序　説 ……………………………………………………………………221
　2　代理権授与の表示による表見代理（109条）…………………………222
　　　2.1　要　件 ……………………………………………………………223
　　　2.2　効　果 ……………………………………………………………224

3　権限外の行為の表見代理（110条） ……………………………224
　　　3.1　要　件 …………………………………………………………224
　　　3.2　効　果 …………………………………………………………225
　　4　代理権消滅後の表見代理（112条） ……………………………225
　　　4.1　要　件 …………………………………………………………225
　　　4.2　効　果 …………………………………………………………226
　　【展開講義 34】　表見代理責任の性質 …………………………………226
　　【展開講義 35】　白紙委任状と民法109条 ……………………………226
　　【展開講義 36】　日常家事債務と表見代理 ……………………………227
　　【展開講義 37】　民法110条の基本代理権 ……………………………228
　　【展開講義 38】　民法110条の正当理由 ………………………………229

第20章　法律行為の普遍的効果——無効および取消し——
　1　法律行為の原則的効果 …………………………………………………231
　　◆ 導入対話 ◆
　　　1.1　無効と取消し …………………………………………………232
　　　1.2　法律行為の効果の態様 ………………………………………232
　　　1.3　無　効 …………………………………………………………233
　　　1.4　取消し …………………………………………………………236
　　【展開講義 39】　民法における効力否定表現の諸相 …………………242
　　【展開講義 40】　無効行為の取消しと追認とは ………………………243
　　【展開講義 41】　無効行為の転換は可能か ……………………………246
　　【展開講義 42】　無効・取消しと第三者保護の方法 …………………248

第21章　法律行為の付款（条件・期限），期間
　1　条　件 ……………………………………………………………………251
　　◆ 導入対話 ◆
　　　1.1　条件の意義 ……………………………………………………252
　　　1.2　条件の種類 ……………………………………………………253
　　　1.3　条件に関する制限 ……………………………………………253

        1.4　当事者の期待権 ……………………………………………255
    【展開講義 43】　条件成就の妨害——条件が成就したとみなされる場合——…256
  2　期　　　限 ……………………………………………………257
    ◆ 導入対話 ◆
        2.1　期限の意義 …………………………………………………258
        2.2　期限の種類 …………………………………………………258
        2.3　期限の利益 …………………………………………………259
    【展開講義 44】　期限の利益喪失約款 ………………………………261
    【展開講義 45】　出世払い債務——条件か期限か—— ………………262
  3　期　　　間 ……………………………………………………263
    ◆ 導入対話 ◆
        3.1　期間の意義 …………………………………………………263
    【展開講義 46】　期間，期日，期限の相違 …………………………264
        3.2　期間の計算方法 ……………………………………………265
    【展開講義 47】　民法による期間計算の例外——年齢計算の特則など——…267

第22章　時効制度の基本となる考え方
  1　時効の意義 ……………………………………………………268
    ◆ 導入対話 ◆
        1.1　具体例 ………………………………………………………269
        1.2　意　義 ………………………………………………………269
        1.3　時効に共通する原則——民法の構造—— …………………270
  2　時効制度の存在理由 …………………………………………270
        2.1　時効制度はなぜ存在するのか ……………………………270
        2.2　時効を正当化する根拠 ……………………………………271
        2.3　時効学説——時効の存在理由との関係—— ………………273
    【展開講義 48】　時効の効果に関する学説状況 ……………………273
  3　時効の効力 ……………………………………………………274
        3.1　時効の遡及効と時効の援用・放棄 ………………………274
        3.2　時効の援用 …………………………………………………275

【展開講義 49】　援用権者の範囲論 ……………………………………276
　　【展開講義 50】　時効の援用の相対効 ……………………………………279
　　3.3　時効利益の放棄──時効によって得られる利益を放棄できるか──…279
　　【展開講義 51】　時効完成後の債務の承認と時効利益の放棄 …………280
4　時効の完成を阻止する事由──時効の中断と停止── ………………281
　　4.1　時効の中断──時効にかからせないためにはどうすればよいか──…281
　　【展開講義 52】　裁判上の催告 ……………………………………………286
　　【展開講義 53】　一部請求と中断──債権全体に中断の効力が生じるか──…286
　　4.2　時効の停止 ……………………………………………………………287
5　時効学説──時効の援用および中断を踏まえての再検討── ………288
　　5.1　はじめに ………………………………………………………………288
　　5.2　中断の法的性質をどのように説明するか …………………………289
　　5.3　援用の法的性質をどのように説明するか …………………………289
　　5.4　時効学説のまとめ ……………………………………………………291

第23章　取得時効

1　所有権の取得時効 ……………………………………………………………292
　　◆　導入対話　◆
　　1.1　意義──所有権の取得時効とはなにか── ………………………292
　　【展開講義 54】　取得時効の存在理由──個別の検討── ……………293
　　1.2　要　件 …………………………………………………………………294
　　【展開講義 55】　他主占有から自主占有への転換 ………………………295
　　【展開講義 56】　公物の取得時効 …………………………………………297
　　1.3　所有権の取得時効の効果 ……………………………………………297
2　所有権以外の財産権の取得時効 …………………………………………298
　　2.1　意義──所有権以外の財産権の取得時効とはなにか── ………298
　　2.2　要　件 …………………………………………………………………298
　　2.3　対象──取得時効の認められる権利，認められない権利── ……298
　　2.4　効　果 …………………………………………………………………299
　　【展開講義 57】　自然中断──取得時効に固有の中断事由── …………299

第24章　消滅時効

1　消滅時効の概観 …………………………………………………………301
　　◆ 導入対話 ◆
　　1.1　意義——消滅時効とはなにか—— ……………………………302
　　1.2　消滅時効にかからない権利 ……………………………………302
　【展開講義 58】　抗弁権の永久性 …………………………………………303
2　消滅時効の要件 …………………………………………………………304
　　2.1　権利の不行使と時効の起算日 …………………………………304
　【展開講義 59】　割賦払債権の消滅時効の起算点——期限の利益喪失
　　　　　　　　約款との関係—— ……………………………………305
　【展開講義 60】　債務不履行または不法行為にもとづく損害賠償請求
　　　　　　　　権 …………………………………………………………306
　　2.2　時効期間 …………………………………………………………306
3　消滅時効の効果 …………………………………………………………309
　　3.1　共通の効果 ………………………………………………………309
　　3.2　消滅時効に固有の問題 …………………………………………309
4　消滅時効と類似の制度 …………………………………………………310
　　4.1　除斥期間 …………………………………………………………310
　【展開講義 61】　形成権と消滅時効・除斥期間 …………………………311
　　4.2　権利失効の原則 …………………………………………………311
　【展開講義 62】　権利失効の原則の妥当性 ………………………………312

索　　引 ………………………………………………………………………313

文献略語

【体系書】

幾代・	幾代通『民法総則（第2版）』（現代法律学全集5）（青林書院, 1984）
石田・	石田穣『民法総則』（悠々社, 1992）
石田(喜)・	石田喜久夫『現代民法講義1民法総則』（法律文化社, 1982）
S総則	山田卓生＝河内宏他『民法Ⅰ総則（第3版）』（有斐閣Sシリーズ, 2005）
内田・第3版	内田貴『民法Ⅰ　総則・物権総論第3版』（東京大学出版会, 2005）
近江・第5版	近江幸治『民法講義Ⅰ』〔民法総則〕（第5版）（成文堂, 2005）
大村・	大村敦志『基本民法Ⅰ　総則・物権総論（第2版）』（有斐閣, 2005）
加藤・第2版	加藤雅信『新民法大系Ⅰ　民法総則（第2版）』（有斐閣, 2005）
川井・	川井健『民法概論1　民法総則（第3版）』（有斐閣, 2005）
川島・	川島武宜『民法総則』（法律学全集17）（有斐閣, 1965）
北川・	北川善太郎『民法総則（民法講要Ⅰ）（第2版）』（有斐閣, 2001）
四宮＝能見・第7版	四宮和夫＝能見善久『民法（第7版）』（弘文堂, 2005）
鈴木・	鈴木禄弥『民法総則講義（2訂版）』（創文社, 2003）
双書(1)・	遠藤浩他編『民法(1)』（第4版増補補訂3版）（有斐閣, 2004）
田山・	田山輝明『民法総則（第2版）』（成文堂, 1990）
椿・	椿寿夫『民法総則』（有斐閣プリマシリーズ, 1995）
広中・12講	広中俊雄『民法解釈方法に関する12講』（有斐閣, 1997）
星野・	星野英一『民法概論Ⅰ』（良書普及会, 1971）
星野・論集(4)	星野英一『民法論集第4巻』（有斐閣, 1978）
山本・講義Ⅰ	山本敬三『民法講義Ⅰ総則（第2版）』（有斐閣, 2005）
米倉・	米倉明『民法講義総則(1)』（有斐閣, 1984）
我妻・講義Ⅰ	我妻栄『新訂民法総則』（民法講義Ⅰ）（岩波書店, 1965）
我妻＝有泉(1)	我妻栄＝有泉亨『民法(1)総則・物権法』（一粒社, 1954）
我妻・案内1	我妻栄＝遠藤浩＝川井健『民法案内1』（勁草書房, 2005）
我妻・案内2	我妻栄＝幾代通＝川井健『民法案内2』（勁草書房, 2005）

【論文等】

展開民Ⅰ	山田卓生＝野村豊弘他『分析と展開　民法Ⅰ（第3版）』（弘文堂, 2004）
演民	遠藤浩＝川井健＝西原道雄『演習民法（総則・物権）（新演習法律学講座）』（青林書院, 1989）

講座 I	星野英一編『民法講座（I）（民法総則）』（有斐閣，1984）
争点 I	加藤一郎＝米倉明編『民法の争点 I』（有斐閣，1985）
基コ総則	遠藤浩編『基本法コンメンタール民法総則（第5版）』（日本評論社，2005）
注解民 I 総則(1),(2)	水本浩編『注解法律学全集10民法 I 総則(1), (2)』（青林書院，1995）
我妻コンメ	我妻栄＝有泉亨・清水誠補訂『コンメンタール民法総則・物権・債権〔補訂版〕』（日本評論社，2005）
注民(1)～(5)	中川善之助他編・注釈民法（1）～（5）（有斐閣，1964～1967）
新注民(1)	谷口知平＝石田喜久夫編『新版注釈民法(1)総則(1)〔改訂版〕』（有斐閣，2002）
新注民(2)	林良平＝前田達明編『新版注釈民法(2)総則(2)』（有斐閣，1991）
新注民(3)	川島武宜＝平井宜雄編『新版注釈民法(3)総則(3)』（有斐閣，2003）
判百 I	星野英一＝平井宜雄編『民法判例百選 I（第4版）』（有斐閣，1996）
判百 I・第5版	星野英一＝平井宜雄編『民法判例百選 I（第5版）』（有斐閣，2001）
判百 I・第5版補正版	星野英一＝平井宜雄編『民法判例百選 I（第5版補正版）』（有斐閣，2005）

導入対話による

民法講義（総則）
〔第4版〕

第1章　民法を学ぶ

1　民法と私的生活

◆　導入対話　◆

学生：これから民法という法律を学ぶのですけれど，いったい私たちの生活とどうかかわっているのですか？

教師：私たちの毎日の生活関係を考えてください。朝起きてから夜寝るまでをみても，食べたり，服を着たり，食材や，飲物をコンビニで買ったりいろいろなことを行うよね。また，マンション暮らしをしたり，好きな人が出来ると結婚したりするよね。引越しすれば，住所の移転のために市町村町の役所に書類を提出したり，それに税金を納めたり，国会議員などの選挙を行ったり，ある紛争のために裁判所に訴えを提出したり，さらには議会の議員となって法律を制定したりすることもあるだろう。少し難しくいうと，前者は「経済生活（財産関係）」とか「家族生活（身分関係）」についてであり，これを「私法の関係」と呼び，平等・自由をその考えの基本においているんだ。これに対して後者は，いわば「国家と国民という公（おおやけ）（国家社会）」の関係になり，支配・命令・強制という基本的考え方で，これを規律する法を「公法」と呼んでいるんだ。

　なお，私法には，たとえば，会社法のように商事関係を規律する法もあるよ。民法はそうしたいろいろな法律の中で，「私法の原則」的なことを定めているんだよ。

学生：では，いったい国がこうした法を制定することの意味はどこにあるのですか？

教師：国が法を制定する意味を民法典に限定していうと，あらかじめ紛争解決の基準を定めることによって，第1に，社会生活を安定させ，第2に，社会生活の紛争処理の方向を誘導することにあるということなんだ。

　でも，法がしょっちゅう変わったのでは人々は何を基準にして生活してよいか分らないだろう。だから，法典は一度定められるとそう簡単に改変すること

はできないんだ。けれども，社会生活上の動きや変化は止めることができないから，すでに定められた法だけでこの変遷までも常にカバーすることはできないこともまた本当なんだ。そこに，社会生活と法典のギャップが生じるのは当然だし，そうした事態が発生した場合，法典の改正，特別法の制定，条理，慣習法，信義則等の活用により，柔軟な解釈をすることで，そのギャップを埋めていかねばならないということになるんだ。ここに，難しくいうと，法の解釈によって，現実にあうようにしなければならないことになるし，民法の研究もそのことが中心になるんだよ。

1.1 民法とはどんな法律か（わが国の全法律における位置）

国家法の種別	公 法	公私混合法	私 法
基本的考え方	支配・命令・強制	強制・修正	自由・平等
法規の原則的性質	強行規定	強行的	任意的
主な法律例	憲法・行政法・刑法・民事・刑事訴訟法等	借地借家法 利息制限法	**民法**・商法

　民法条文の説明に入る前に，民法が全法律体系においてどのような位置にあるかについて述べる。
　(1) 公法と私法
　公法と私法の区別は，もともと封建社会から近代社会への移行期には国家が私的生活関係に干渉することを禁ずるとの考え方からは重要であった。しかし，今日ではそうした区別をすべきかについて疑問もある。一般に，「公法」とは国家の存在を前提とし「国民」としての生活関係を規律する法であり，「私法」とはいわば「人間」としての生活関係を規律する法であるという。たとえば，家にどろぼうに入られた場合，犯人に対するペナルティーは，刑法という「公法」が刑事責任を問い，財産を盗まれた者からその犯人への損害賠償は，民法という「私法」の1つである法律により民事責任を問うというようにである。
　(2) 一般私法と特別私法
　私法を次のような基準で区分すると一般私法と特別私法とに分けることができる。

すなわち，法には，①地域・人・事項について無限定に広く適用されたり，あるいは，一定の法律関係について基本的に適用されたりするもの，②特定の地域・人・事項に限定されて適用されるものがある。前者を一般法（原則法）といい，私法においては，民法がこれにあたる。後者を特別法といい，商法や労働法，借地借家法，消費者契約法などがこれにあたる。

そうしたことより，「民法は私法の一般法（基本法）である」といわれている。

今日では，国家と国民の関係の基礎法として憲法があるように，民法は，人間の生活における"憲法"的役割があるといえる。いわば，人間としての生活のスタンダードルールといえよう。

1.2 特別法の機能と考え方

特別法の機能は，一般法である民法をその一部において補完，修正，または訂正することにある。その考え方は，意思自治を基本（私法の根底にある考え方）におく民法と異なり，秩序維持のために命令・強制をその基本とする公法的考え方による。

1.3 一般法と特別法の関係

一般法と特別法とは「特別法は一般法に優先する」という関係に立つ。一定の法律関係について，特別法がある場合には特別法のみが適用され，一般法は適用されない。たとえば，賃貸借関係について争いがある場合，それが借地借家法の規律の対象となる場合（同法1条）には，同法に規定のあるかぎり，それが優先適用され，民法の賃貸借に関する規定は適用されない。

以上を総合して，法の適用の順序を図示すると以下のようになる。

　　　　生活の事実（事件）の発生　→　特別法　→　一般法（民法）

なお，今まで述べてきたように，今日，私法，とくに民法はさまざまな変容を受け，多くの修正，ならびに特別法の制定により，その一般的な存在意義が

問題となっている。

【展開講義 1】 民法・商法，公私混合法，訴訟法との関係*

(1) 民法と商法

商法は，資本主義経済を支える組織，活動の法である。民法生活と異なった特殊な規制を要することから制定されている。両者とも資本主義社会の財産関係を規律の対象としているが，商法は民法を，企業活動用に発展・変更されたものといえる。したがって，その関係は一般法と特別法の関係としてとらえられる。基本的には，商法は企業法であり市民法としての民法と区別できるが，手形小切手のように民法に関連するものもある。今日，スイス債務法，イタリア民法などのように民商統一法典もある。

(2) 民法と公私混合法

民法は労働関係を他人の労務の利用とそれに対する報酬の支払という，個人の自由な合意を基礎とする雇用契約として構成する（623条）。しかし，今日，市場経済（資本主義）の発展は，民法の建前としての形式的自由と平等ではこのような雇用関係を規律することはできなくなった。そこで，労使間の具体的対等の実現のために民法の例外法として，いわゆる「労働法」が制定されるに至った。労働法は，労働者の団結権の承認，労働条件の最低基準化，労使紛争の第三者機関による調整制度を設けることにより個々の労働者の保護を図ることを目的としている。

さらに，民法は契約自由の理念により個人の自由な経済活動を保障する。しかし，資本主義の発達は，一部の経済的勝者である独占者の自由となり，社会経済活動を妨げるようになってきた。そこで，本来，市民の経済活動に干渉することを控えてきた国が，積極的に経済関係に干渉し導くことで，社会全体の調和と繁栄を達成するため，経済政策立法を作り出してきた。その理念は，民法の有する，所有権絶対，契約自由を厳に修正・制限し，資本主義のもつ短所を是正し，長所を増大することにある。

以上のことから，労働法，経済法は民法と異なり命令・強制をもともなう法であることから，「公私混合法」といえる。

(3) 民法と訴訟法

近代国家は，国家の司法制度と法により運営される。したがって，そこに，個々の法律関係について，その処理のための概念を定め，紛争解決の内容をあらかじめ示している民法（実体法）と，その解決内容を実際に実現するための手続

き（判決・執行）を規定している訴訟法（手続法）の２つの分野が成立した。手続法には民事訴訟法，民事執行法，などがある。両者の関係は，手続法は「実体法の助法」ではなく，実体法と相まって，司法制度を完全にするものといえる。

　　＊　（舟橋諄一「民法と商法・社会法・手続法との関係」『民法基本問題150講』13頁）

【展開講義　2】　民法は裁判規範か行為規範か

　民法をめぐる紛争は，なにも裁判によらなくても解決できる。それは，実体法である民法は，ローマ法以来，民事関係をめぐる紛争の解決基準を提示し続けた結果の集大成ともいえるからであり，ある意味で人類に対しあるべき解決の基準を示しているともいえるからである。他方，裁判所に問題が持ち出された場合には，裁判官は，民法を適用して，その判断をしなければならない。このように，実体法としての民法は，前者のように私的生活の行為規範（ルール・基準）的性格と，後者のような裁判規範的性格がある。今日，裁判をするための枠組として要件・事実を考えるのを裁判民法と呼ぶ学者もいるが，ここではそうした意味で使用しているのではない。

2　法の解釈とその実践

　法は，【展開講義2】で述べたように裁判をするための基準となるものでもあり，また，紛争当事者の利害得失について説得するための道具でもある。そこで，現実に生じた紛争に適合するため，法を解釈し，個別事例について，具体的に妥当な結論を導き，またそのための法的構成（条文＋理由）をする必要がある。そうした観点から，学習者が心得ておくべきいくつかの視点を述べておく。

⑴　具体的な結論あるいは法的構成にはある価値判断を含んでいる。

　　たとえば，96条１項は，詐欺された者はその法律行為を取り消せる，とし，96条３項で善意の第三者を保護して，静的安全（権利者保護）よりも動的安全（取引保護）を重視しているといえる。ただし，同じく96条３項は強迫による意思表示は表意者を保護しつつ，追認可能時以降は善意の第三者が保護されるというようにである。

(2) そこで，価値判断が妥当なものといえるためには，通常次の要件を具備することが要求される。
　ⅰ）具体的な価値判断が根本的な価値体系と矛盾せず，また相互に矛盾しないこと（体系的整合性のあること）。
　ⅱ）具体的な価値判断が現実の社会関係に適切なものであること（具体的妥当性のあること）。
(3) しかし，結論の妥当性をただ述べているだけでは，個人の法的感覚のぶつかりあい，単なる見解の相違として終わってしまう。そこで，自己の結論を正当化（論理化）する必要を生ずる。その手段が「法の解釈」である（川島武宜『科学としての法律学』27頁参照）。
(4) 次に，「解釈」とはどのような形式でなされるのか。
　一般的に，法律学では，いわゆる法的三段論法という形式がとられる。すなわち，大前提となる法条文に小前提たる事実をあてはめ，そして結論（果）を出すという方法である。

(5) その際，条文の文言からの論理的操作（あてはめ）の結果が上記の結論と一致する場合は問題はない。しかし，両者が一致しない場合には，三段論法の大前提である条文を実質的に訂正あるいは変更しなければならなくなる。
　これは法律の条文の文言からの論理的推論だけでは事件の解決が出てこない場合も同じである。自ら価値判断をする必要に迫られることになる（川島武宜『市民的実用法学の方法と課題』116頁以下）。
　以上から，結論が（または法的構成が）条文の文言からの論理的操作の結果と一致するか否かが，重要な意味を持っていることがわかる。これを法的論理性（以下論理性という）と呼んでおく。
(6) もう1つは，法的客観性（以下客観性という）という視点である。

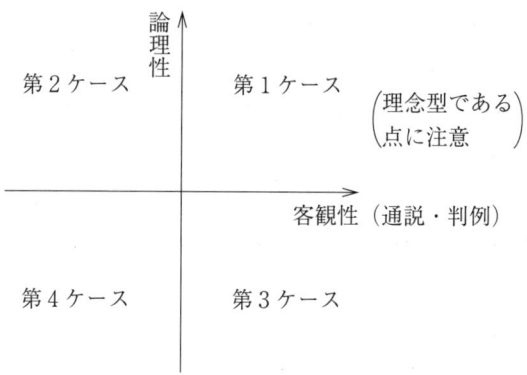

　ここにいう客観性とは，多くの論者によりその法理が支持されていることである。したがって，客観性が高ければ，それだけ，根拠づけ（論証）は容易になるし，逆に低ければ，さらなる根拠づけが必要となる。

(7)　以上述べた論理性と客観性とを座標軸として用いると，個々の解釈は，次の４つのケースに分類されるのではなかろうか。

　第１のケースは，論理性・客観性ともに高いケースである。このケースでは，まず①条文，②立法趣旨・制度本質，そして，必要に応じて，③利益衡量を働かせることとなる。

　第２のケースは，論理性は高いが客観性が低いケースである。このケースでは，第１のケースと①〜③は同じであるが，④反対説を批判することにより客観性を補強する必要がでてくる。

　第３のケースは，論理性は低いが客観性が高いというものである。

　たとえば，利息制限法違反の効力を例にとろう。このケースでは，①立法趣旨・制度本質，さらに，②条文の実質的訂正・変更を必要とする。そして必要に応じて，③利益衡量も加味される。

　第４のケースは，論理性・客観性ともに低いケースである。この場合の論証はかなり困難だが，まず，①立法趣旨・制度本質について考え，それに伴って②条文の実質的訂正・変更をし，さらに，③利益衡量，そして，④他説批判，とりわけ判例・通説を批判することにより論証する必要がある。

(8) 以上，見てみると，論理性と客観性とは一種の相関的効果のあることがわかる。

また，いずれのケースも，これを論述する順序，理由づけの順位は異なるが，立法趣旨・制度本質論を理由づけに用いることが要求される。これは先に述べた結論の体系的整合性という要請，また，結論の合理化・正当化のためには法の価値体系との関係を明らかにすることが必須であることによるものである。

このように，法の解釈，とりわけ民法の解釈をする際「本質から述べる」ということが，単に解釈の技術としてでなく，紛争当事者を説得する技術としての法の役割を具体化することを意味するものである。

なお，民法の解釈論は，事案に条文をあてはめる前に条文の文言の概念構成をしたり（第三者とは），あるいは中間命題として法的構成を用いたり（胎児の権利能力，解除の効果）することがよくある。この場合には，概念構成や法的構成を具体的結論にみたてて，それぞれどのケースにあてはまるかを考えていく必要がある。

第 **2** 章　民法を知りたいとき何をみればよいか
——民法の法源と歴史——

1　民法の法源

--- ◆　導入対話　◆ ---

学生：民法とは何かではなく，具体的に民法を知りたいとき，どの法律を調べればよいのですか？

教師：これを法学では「法源」といっています。事件を法的に解決する源という意味です。裁判による紛争解決を理念とする法治国家の現れともいえるのです。したがって，民法として，何らかのルールを定めているものを調べればよいのです。具体的には，まず第1に制定法です，つまり民法典ですね。さらに利息制限法，借地借家法などの民法の修正，補完をしている特別法です。第2には，慣習法があげられます。そうした法や，慣習もない場合には，第3には，こうこう考える以上こうなるというような，物事の筋道＝条理によることになります。

学生：では，判例とか学説というのも民法の法源といえるのでしょうか？

教師：実は，これが問題なのです。詳しいことは，以下を読んで欲しいのですが，多くの学者は，判例については，事実上の法源として強い拘束力が認められるとする見解が多いのです。しかし，学説は法の形成についての影響力の大きさは認めていますが，法源であるとすることについては否定的といえます。

法源を図に示すと以下のようである。？のついている項目には問題がある。

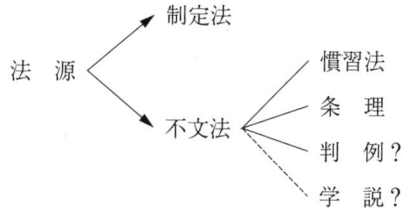

1.1　法源の意味

　裁判が一定の規準に従って行われる近代国家においては一定の準則を必要とする。古い時代や中世までの社会では，神のお告げや裁判に携わる者の恣意的判断で裁判されていた。そのような裁判では，結果に対する一般の予測もたたず，法的安定性もそこなわれ，ひいては裁判に対する信頼が失われるにいたる。そこで，裁判の規準となるべき規範を必要とする。これが法源の問題である。したがって，民法の法源とは，民法の法規範を生み出すものであり，その表現形式をいい，裁判官が裁判を行うにあたって，そのよるべき規準（裁判官の行動を拘束するもの）を意味する。

　では，民法の法源がなぜ問題になるのであろうか。一言でいうとすれば，わが国では裁判は「法」をとおして行われる。したがって，法源を知ることは，何が法なのかを知ることである。そこには，法をとおして社会の秩序を維持してゆこうとする国の姿勢をもみることができると思われる。

　以下，法源として問題となるものを検討する。

1.2　制　定　法

　第1には，民法典（明治29法89，昭和22法222法9）そのものである。第2には，借地借家法（平成3年法90），利息制限法（昭和29法100），不動産登記法（平成16法123），戸籍法（昭和22法224）など民法を補足・修正するところの特別法である。

1.3　慣　習　法

　第3には，流水利用権，温泉権などに関する慣習法がある。これらの慣習法は，市民の社会生活のなかでも，長い間の積み重ねにより自然に人々が従ってきた規範であり，一定の制限のもとで法律と同一の効力が認められる。

1.4　条　　　理

　第4には，条理がある（明治8年太政官布告第103号裁判事務心得第3条は，民事の裁判について成文の法律がない場合は習慣により，習慣のない場合は条理を推考して裁判をしなさいとして，条理の法源性を承認したものと理解されている）。条理という文言は漠然とした言葉であるが，通常，一般社会の道理＝ものごとのすじみち――ドイツでは事物の本性（Natur der Sache）という――をいう。ただし，法源があらかじめ定められているルールを指すとすれば，条理の法源性は問題となる。いずれにせよ，現行民法は，内容において白地規定である一般

条項が多いことから，結局，この一般条項を利用することになるのであり，条理の内容を検討することには大きな意義はない。

1.5 判　　例

第5には，判例がある（広中・12講159頁以下参照）。ある事件で下された判決のなかの規準がそれと類似の事件の裁判にあたって規範としての拘束力をもつ場合，これを判例と呼んでいる。ただし，ここにいう判例とは，わが国の裁判所で出されるすべての「判決」をいうのではなく，最高裁判所判例集に掲載されたものを指し，その他を「裁判例」という。わが国は，最高裁判所の判例であっても，一般に下級裁判所（高等裁判所・地方裁判所など）を拘束するものではないが，事実上は，強い拘束力をもっている。たしかに法源という言葉をどう理解するかにもよるが，判例の先例としての役割から考えるとき，法源として非常に大きな意義を有しているといえよう。たとえば，民法の条項が，具体性を欠いている場合，もともと立法者が裁判官にその具体化をあずけたといえる。たとえば民法1条のような「権利濫用」，「公序良俗」等の文言は抽象的・一般的であり，その具体化は欠かせない。また，法が，生じた事件につき適用される適当な法規範（ルール）を用意しておかなかった場合，裁判官は，現にある法を類推することによって，新しいルールを見つけだす必要がある。さらに，場合によっては，現にある法を修正することも必要とされる場合も少なくない（婚姻予約の準婚姻化や，譲渡担保有効化，賃借権の無断譲渡・転貸を有効化する背信的行為論等）。

1.6 学　　説

第6に，学説も裁判官に事実上影響を及ぼすこともあり民法の法源となるかが問題となる（学説の法源性）。法社会学的には，判例も学説も法源であるというものがある。その理由は，抽象的な制定法や，不明確な慣習法・条理が，具体化され明文化されると同時に，判例において紛争解決が，具体化され，学説においては，将来の立法・裁判の材料が提供されるからである。

以上のことから，判例も学説も条理が具体的に示されたものともいえよう。

2　民法の歴史

◆　導入対話　◆

学生：わが国の民法はいつ，どのような形で作られたのですか？

教師：詳細は後に述べますが，わが国の民法典は一言でいうと，以下の経過をたどって，「旧民法」の改正という形をとりつつ，ドイツ民法典の第1次草案を範として成立するにいたっています。明治維新を経て，封建制を廃止し，新制度を樹立した明治政府は，明治3年から民法典編纂事業に着手し，その後フランスの法学者ボアソナードを招いて民法典の起草を委嘱し，明治23年にフランス民法典を範とする民法典が完成し公布されました。これがいわゆる「旧民法」です。ところが，この民法典に対しては，主として英法学者によりそれが外来思想の直訳にすぎず，わが国の国情に合わないとする反対が起り，施行断行論と延期論との間で，いわゆる民法典論争が起りました。その結果は延期論が勝利を収め，旧民法の施行は延期されましたので，政府は，明治26年に改めて法典調査会を設け，今度は主として，当時，公表されたドイツ民法典第1草案によりつつ，同時にフランス民法典なども参照して草案を完成しました。この草案は，ドイツ民法典とおなじく，パンデクテン体系を採り，総則・物権・債権・親族・相続の5編から成り（ドイツ民法典では物権と債権の順序が逆ですが），前3編（財産法）は明治28年に，後2編（家族法）は同30年に完成し，それぞれ同29年と31年に公布され，ともに同31年（1898年）7月16日から施行されました。その後，家族法の領域では，終戦後の民主主義の台頭に遭遇して，従来の制度は根底からくつがえされざるを得ませんでした。そこで，昭和22年に民法応急措置法によって，とりあえず応急の改正を行い，ついで親族編・相続編をまったく新しく規定して，同23年1月1日から施行しました。

2.1　外国法の継受

明治維新により成立した明治政府は，いわゆる不平等条約に対抗するため，西欧諸国を模範とした社会経済体制を樹立しなければならないとの思いが強かった。そこで，当時，そうした法体制が完備したと考えられていた，とくにフランス法，その後ドイツの法典とかその研究を継受することとなった（内田・24頁以下）。

2.2 旧民法の編纂ならびに現行民法の制定とその特色

　明治3年（1870年）に始まった民法典の制定作業は，1873年フランスパリ大学のボアソナード（Gustave Emile Boissonade, 1825-1910（大久保泰甫『日本近代法の父ボアソナード』（岩波新書）33頁参照））を招聘することから本格的となった。明治13年民法編纂局が設置され，明治19年より法律取調委員会を設置し民法編纂を開始した。明治26年1月1日から施行の予定でいわゆる旧民法が公布された。しかし，家族法の部分が個人主義的であり，わが国の伝統的家族観とは異なるとして，施行延期派と断行派とで論争が展開され，施行延期が決定された。旧民法の施行延期にともない，明治26年（1893年）3月に法典調査会が設置された。伊藤博文を総裁に，いわゆる三博士（穂積陳重，富井政章，梅謙次郎）を中心にしたものであった。編纂の方針と特色は以下のようなものである（星野通『明治民法編纂史研究』151頁以下，原田慶吉『日本民法典の史的素描』参照）。①旧民法に必要な修正を加えた。②編別方式を旧民法より理論的であると考えたパンデクテン方式により，総則，物権，債権，親族，相続という5編成とした。③条文は，原則的（概括主義）なものを中心とし，その後の社会変化に対応できるようにした。④身分（家族）法については，「家」制度を採用した。そして，明治29年4月に総則・物権・債権を公布，さらに明治31年6月に親族・相続編を公布し，同7月から施行された。なお，親族・相続編は1948年1月より新憲法の理念にあわせ「家」制度を排除し，全面的に改正，施行されている。

第3章　民法の基本的考え方と民法の解釈

1　民法の基本的考え方

────────── ◆　導入対話　◆ ──────────

学生：民法の基本となる考え方はどのようなものですか？

教師：まず，民法は，歴史的な経緯から，国家が国民の私的な生活に干渉することを排除することを基本としています。すなわち，すべての人が形式的であれ平等であることを前提としています。そして，理性である人々の結合が合意によって実現せられると仮定された社会を対象としているのです。したがって，すべての人に権利・義務を取得する資格を与え，それらの人々が自由な意思を結合することにより，権利・義務の関係を作り上げていくであろうとの考えをもっています。当然，そうした営みにより得た財産はその人のものになりますし，たとえ，そうした経済活動において，相手に損害を与えても，過失のない限り責任は生じません。

　　　つまり，社会の中での活動の主人公は対等であり，自由平等な立場で商品交換を媒介とする経済生活を行うことを基本理念としているといえます。

学生：では，今日でもこうした考え方は変わっていないのですか？

教師：いえそうではありません。今日，権利は絶対的なものという考え方から，公共的なものであるという考え方に変化しています。そこでは，公共性を重視し，相手の立場に立ち，理解をしあうことによって損害が少なくなるようにすること，信義にしたがった行動をとること，権利の勝手な使い方はいけないこと，などが要求されているといえます。

　民法を考えていくうえで，重要な原則には，そのリードする原理（考え方）ともいうべきもの（思想的側面）とその実現のための立法技術的なもの（技術的側面）とに分けて考える必要がある。また，この基本原則は，必ずしも条文

の根拠をもつものばかりとはいえない。

1.1 思想的側面

　民法は，歴史的な経緯から，国家が国民の私的な生活に干渉することを排除することを基本にしている。すなわち，すべての人類の形式的平等を前提に，これらの人々の結合が合意によって実現せられると仮定された社会を対象としている。この社会における生活関係上の生活意識には，一般にいう「正義の観念」がある。さらに，「衡平という観念」である。後者は，たとえば，売り手と買い手のように，自己の立場と相手方の立場を交換したとしても納得せざるをえないという考え方である。そうした観念をあたりまえとされる社会を前提としているということである。

　したがって，民法の基本制度は，以上のような考え方を前提に築きあげられている社会を対象とし，それを秩序づけるための基本原則である。

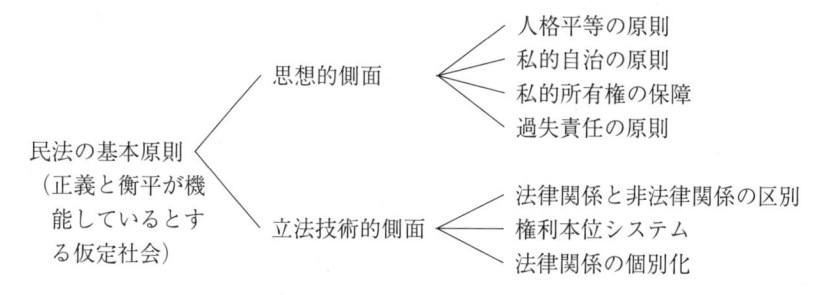

```
民法の基本原則        ┌ 思想的側面 ┬ 人格平等の原則
（正義と衡平が機               ├ 私的自治の原則
能しているとす                 ├ 私的所有権の保障
る仮定社会）                   └ 過失責任の原則

                    └ 立法技術的側面 ┬ 法律関係と非法律関係の区別
                                   ├ 権利本位システム
                                   └ 法律関係の個別化
```

(1) 人格平等の原則（2条）

　民法2条の規定において，個人の尊厳・両性の本質的平等を規定する。これは，憲法13条および24条を民法典において再確認したものといえる。今日では，個人の尊厳は，たとえばプライバシーや肖像権，人格権の保護といった点で重要な役割を果たしている。他方，両性の本質的平等は，女子労働者の若年定年制とか，婚姻による解雇の可否の問題において重要な役割を果たす。

(2) 私的自治の原則（契約自由の原則・91条）

　私的自治の原則とは，私的生活関係において，当事者の自由な意思で処理することができるとするものである。すなわち，法律（国家）は，これらの生活関係を強制したり，みだりに干渉，制限すべきでなく，反対にそうした当事者が契約等により作り上げようとする生活関係を保護するとする思想をいう。

なお、この原則は、多くの場合、契約において実現されるところから、契約自由の原則ともいわれる。

(3) 私的所有権の保障 (206条)

私的自治の結果、個人が取得した財貨に対しては、各個人に、その確保および管理・処分の自由が権利として保障されなくてはならない。しかもこの権利は、何人(なんぴと)といえども侵してはならない神聖なものとして保障されなければならない、とするものである。とくに経済活動によって得た成果の保障である (憲法29条)。このことは、私有財産制の承認とともに、相続制度をも基礎づけている。

(4) 過失責任の原則 (709条・415条)

以上のように各個人は、私的自治の原則によって自由な取引活動をすることができ、民法上の生活の多くは経済的取引活動を通じてなされる。したがって、その過程においては、たとえば、相手の資金繰りの苦しいことにつけ込み商品を安く買いたたいたりして他人に損害を与えるということもままあろう。しかし、この損害を常に賠償しなければならないとするならば、経済活動は停滞することになる。そこで、民法は、こうした活動の自由を保障するため故意または過失によって他人の権利を侵害し損害を与えた場合のみ責任を負うとの考え方を示している。この原則は、いわば、資本主義社会における「自由競争」を保障したものであって、私的自治の原則と表裏一体の関係にあるといえよう。

1.2 思想的側面の修正

以上、民法の思想的原則の長所は、封建的・身分的拘束からの解放とともに、個人の経済活動の自由を保障したという点にある。そして、このことによって今日の市場経済を骨格とする資本主義経済体制はその基盤を得ることになった。

しかし、こうした思想的原則に対しては、今日、さまざまな修正が加えられている。なぜならば、今日の社会においては、当初有していた意義がやがて失われるにいたり、持てる者と持たざる者との対立を生み、富のかたよりが生じ、実質的な自由・平等は失われてしまったからである。表を参照しつつ述べてみよう。

(1) 私的自治の原則の制限

私的自治の原則に対しては、弱肉強食の阻止を目的として、労働法、借地

指導原則	主な内容	具体例・問題点	修正方法
人格平等	法の下の平等	男尊女卑	特別立法
私的自治	個人意思の尊重	労働契約の不平等 消費者契約の問題 約款による契約	労働法 消費者契約法 行政的取締
所有権尊重	所有権絶対	日照権・風害 環境問題	所有者には義務あり 私権の公共福祉性
過失責任	個人責任	自動車の発達 企業による公害問題	自賠法の制定 原子力損害賠償法

法・借家法、利息制限法など公私混合法を制定することによる修正によって、契約内容を規制したり、政策的に一定の場合には契約の締結を強制するなどして（附合契約＝当事者の一方である企業者側において契約の内容を一方的に決定し、他方がこれに従うことにより成立する契約をいう）、契約自由の原則が働く場面を制限するようになっている。

(2) 所有権尊重の原則に対する制限

所有権絶対の原則に対しては、所有権にもともとある社会性により制約され、所有権の行使を「法令の制限内において」(206条) という修正に加えて、後に述べる公共の福祉の尊重 (1条1項) や権利濫用の禁止 (1条3項) などにより制限が加えられている。日照権問題などは、その典型例といえよう。

(3) 過失責任の原則の制限

民法上の生活の多くは経済的取引活動を通じてなされる。したがって、その過程においては、たとえば、相手の資金繰りの苦しいことにつけ込み商品を安く買いたたいたりして他人に損害を与えるということも生ずる。しかし、この損害を常に賠償しなければならないとするならば、経済活動が停滞することにもなる。そこで、こうした活動の自由を保障するため、民法は、故意または少なくとも過失によって他人の権利を侵害し損害を与えた場合のみ責任を負うとの考え方を示している。

この過失責任の原則に対しては、公害問題に端を発するが、一定の場合には、行為者に故意・過失がなくとも、他人に損害を与えれば賠償責任を負うべきであるとする考え方（無過失責任主義）の導入により修正されてきている。

1.3 立法技術的な側面

今日の複雑な生活関係において生ずるさまざまな問題を処理するためには，条文数1044条ある民法典であっても十分な備えをもっているとはいえない。その点は，前述のように条文の解釈をもってなしうる面もあるけれども，それだけでも十分とはいえない。

そこで，民法は，次のような技術的処理をすることによって，少しでもその欠点を補おうとしている。

(1) 法律関係と非法律関係の区別

民法は，各人の生活関係のすべてを規制するという姿勢ではなく，その対象とする生活関係を限定している。恋愛関係や友人関係は民法規制の対象とはならない。

ところで，今日，この両者の区別はそれほど明確なものとはいえない。たとえば，婚姻をする意思はあるがその届出がなされていない，いわゆる「内縁関係」である。かつては，非法律関係とされてきたが，その後，この関係に，社会の諸種の要請（年金，保険金などの受給，離縁の際の財産分与など）から，「準婚関係」として法律的保護が加えられるようになってきた。今日，どちらかといえば法律的生活関係が拡大傾向にある。これは，国家秩序の整備による法秩序の拡大現象のあらわれといえる。

(2) 権利本位システムの採用

法律的生活関係の処理にあたり，民法は，当事者に必要な権利を与え，その権利を行使することで，その生活関係がうまく処理されるという方法である。民法の条文は，通常，「……できる」と規定している。反対に義務本位であると「……してはならない」との表現になる。

たとえば，上記のように，売買契約では売主には代金請求権を，買主には目的の引渡請求権をまず与え (555条)，それらの行使につき両者に同時履行の抗弁権を与え，買主が売主に代金を支払わない場合，売主に，債務不履行による損害賠償請求権を与える (415条)。権利本位システムは，①権利行使の自由，②不行使の自由と責任，③他人の権利の非干渉など，民法秩序そのものに対し以上のような性格づけがなされていることがわかる。

(3) 法律関係の個別概念への分解

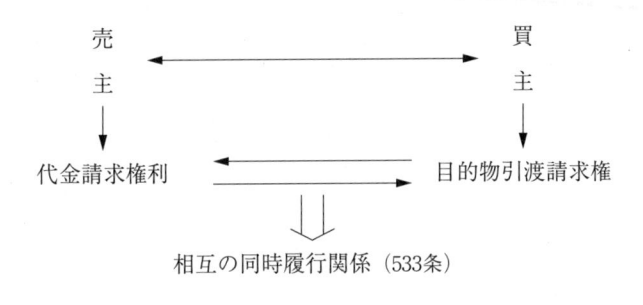

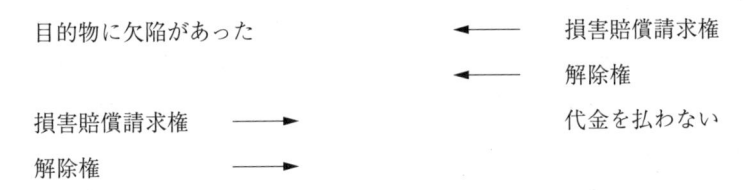

```
   売                      買
   主  ←――――――→    主
   ↓                      ↓
 代金請求権利 ←――――――→ 目的物引渡請求権
              ⇓
      相互の同時履行関係（533条）


  目的物に欠陥があった      ←―――  損害賠償請求権
                          ←―――  解除権
  損害賠償請求権  ―――→        代金を払わない
  解除権        ―――→
```

　法律関係を個別概念に分解し，そのいろいろな組み合わせによって法律関係を構成していこうとする考え方である。これを個別主義と呼ぼう。

　(a)　権利主体の個別主義　　人の集合体には原則として権利主体性を与えないで，全体として1個の存在体として評価されるような構造をもったもののみ主体性を認める。たとえば，「社団法人」などがそうである。

　(b)　権利客体の個別主義　　個々の独立物での集合した物で経済的に単一体として価値を有するものでも（蔵書を一括して販売する等），原則として，これを1個の権利の客体とは認めない。法原則としては一物一権の原則としてあらわれる。つまり，特定の1個の物についての権利はその物の限界に限られ，かつ，その物の全部に及ぶ。そして，他の物には及ばないし，その物の全部におよび，一部に限定できない。したがって，複数の物をひとまとめにして1個の権利の対象とはできない。また，一部分のみの権利を手に入れるためには，2つ以上に分けてからしなければならない。

　法律関係を単純明快にするという長所がある。しかし，今日，特に複数集まることによって価値が高まる物（工場財団・鉄道財団等，集合物）の取扱いが問題となる（第5章参照）。

　(c)　法律関係の個別主義　　法律関係を個々の権利関係に分解して処理をする。また，三当事者が関与する法律関係においても，二当事者間の関係ごとに

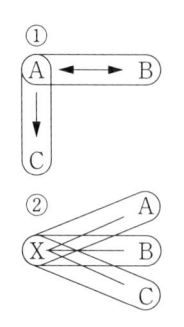

① A・BとB・Cの法律関係は別個の法律関係であり，その解決がたとえ相互に矛盾したものとなってもそれはそれでよいとする。

② XがA・B・Cに合わせて90万円を貸した場合でも，それぞれ30万円ずつの負債と考える。

あらゆる法律関係を個人対個人の関係として処理をしてゆこうとする（①参照）。さらに，複数の当事者が関与する多数当事者の債権関係についても，これをできるだけ，個別の債権関係に分けてとらえることを原則としている（分割債権関係の原則・427条。②参照）。

以上のような，民法の技術的性格は，民法のもつ，個人主義的考え方を反映しているものといえるが，今日の社会に，そのまま，妥当するかは問題である（社会関係・権利関係の複合化現象をどのように法的に扱うのか）。

【展開講義 3】 条文にはない民法の原則

　基本講義で述べたような民法の思想的側面をみることで民法の基本制度はある程度わかるが，実際の適用にあたっては，それだけでは基本原則として充分とはいえない。わが国の民法典にはいわゆる「民法の原則」といわれるものがほとんどといってよいほど規定されていない。それは，旧民法に規定されていた原則，定義，分類等に関する規定が多く，現行民法を作る際に，その方針として，「定義種別引例等に渉る」規定を削除することにした結果である。法典調査会の議事速記録をみると，「旧民法の……条は当たり前のことであるから落としました」等の答弁がみうけられる。こうした条文にない原則も法の一般原則類似のものとして法的拘束力を有するものがある。

　では，なぜ条文にない原則が民法条文と同じように扱われるのであろうか。1つには，条文はその文理・論理から，条文の文字や表現がその時代，時代において，通常人に理解されるような客観的なものであることが要求されるからであるといえよう。以下4つを例にあげ考える。

　(1) 債権と物権の区別の原則

　わが民法は財産権を物権と債権を分けて規定する。債権は，特定の人＝債務者

に対し一定の行為をさせる権利である。これに対し，物権は，特定の物を，全面的・一面的に直接支配する権利である。両者の違いは，目的達成のプロセスにつき，債権は債務者（他人）の行為を通して達成される。たとえ物に関する債権であっても，債権者は債務者からの給付によってはじめて，その物についての利益を受けることができる権利である。他方，物権は，他人の行為によることなく，権利者はみずから欲するところに従って何時でも，その権利内容の実現を図ることができる権利として構成されている。ただし，今日，賃借権のように債権として規定されているが，今日いわゆる物権化傾向を強くするものもあり，両者の区別は当然とはいえなくなっている。

(2) 意思主義の原則

民法上の法律関係は，みずからの意思で形成することを認めている（私的自治）。そこで，民法上の手段は法律行為であり，その要素は意思表示である。意思表示の形成プロセスをみると，卒業旅行がしたいので資金が必要だ（動機），お金を借りよう（消費貸借の内心的効果意思＝真意），ローン会社に行ってお金を貸してくれと言おう（表示意思），そして，店に行って「お金を貸していただきたい」という（表示行為）。正常な意思表示は，表示行為と内心の効果意思が一致している。それが一致しない場合，その意思表示の取扱いにつき，当事者の真意（内心的効果意思）が決め手となるとする原則を「意思主義」，表示行為こそその決め手であるとするのを「表示主義」という。民法の立場は，意思主義を基調としている（93条〜96条参照）。しかし，この意思主義の原則も，その根拠を条文に求めることは難しい。あえてみれば民法93条の前段は表示主義，後段は意思主義といえる。

(3) 自力救済禁止の原則

自力救済とは，たとえば，家主が，賃貸借契約終了後もなお立ち退かない借家人を実力をもって追い出すように，自分の権利内容を実現するために他人の行為を必要とする場合に，法の手続きによらないで自らの力で権利の実現を図ることをいう。法制度の不完全な社会ではこれにより権利の実現がなされてきた。しかし，今日，これを広く認めると，紛争の平和的解決のため裁判制度を設けた意味がなくなるから原則として禁止されている。ただし，民法は一定の要件の下に自力防衛（正当防衛・緊急避難——720条）を認める（米倉・39頁以下，明石三郎『自力救済の研究』（増補版）参照）。また，判例は，権利の実現が不可能ないし著しく困難となる場合，例外的に適法となるとする。すなわち，私力の行使は原則として法の禁止するところであるが，法律の定める手続きによったのでは，①権利に

対する違法な侵害に対抗して，②現状を維持することが不可能または著しく困難と認められる緊急やむをえない特別の事情が存する場合で，③その必要の限度を超えない範囲内を要件として認められるとする（最判昭40・12・7民集19巻9号2101頁）（星野他・前掲法学教室152号22頁）。

(4) 意思能力を欠く行為は無効の原則

われわれが権利を取得し義務を負担するのは，われわれの行為による。そのうち，民法は原則として自己の意思にもとづいて意思どおりの権利義務を発生させるのを原則としている。そこで，この行為者の意思は外部に表示されなければならないが，これには，その当時，行為者に正常な判断能力の備わっていることを要する。これを「意思能力」という。したがって，意思能力のない者の行為は意思表示として価値を認められない（幼児・精神病者・泥酔者等）（星野他・前掲法学教室152号26頁（賀集唱））。この原則の機能は，第一次的には民法上，正常なまたは健全な意思を要求し，それのないところには，法律効果が発生しないとするものであり，副次的に意思無能力者の保護を図っているといえる。民法の条文にその点をあえて探すとすれば，712条以下の不法行為の損害賠償に関する「責任能力」規定で，賠償責任が否定されていることが参考となろう。

2　民法の解釈

──────── ◆　導入対話　◆ ────────

学生：民法は条文が多くあるのに，これをまた解釈するとはどういうことですか？

教師：ほんとうですね。たしかに，民法は，文字により表されていますから，その意味は明らかであるように見えます。しかし，法を具体的な事件にあてはめ，法律的結論を出そうとすると，一見明らかなようなのに，よく分からないものもあるのです。そこで具体的事件に当てはめるために解釈という作業を必要とするのです。たとえば，皆さんが神社やお寺に行ったとき，「車馬進入禁止」の立て看板を見たことがあるでしょう。車や馬が入ってはいけないけれども，では，「ロバ」はいいのでしょうか。こうした場合，文理からは，ロバはかまわないといえても，はたしてそれでいいのでしょうか。一般的には，なぜ「車馬が進入禁止されているか」をむしろ考える必要があるといえませんか。これ

> が，具体的に解釈を必要とする事情ということです。
> 学生：では，それはどのような方法で行うのですか？
> 教師：詳しくは基本講義を読んで欲しいのですが，一応概略を話しておきましょう。
>
> 　まず，第1に心がけなければならない，成文法の文字を普通の意味に従って文法的に明確にしてゆく「文理解釈」，民法を1つの論理の体系とみて，それとの関係で各条文をこの論理に合うように意味づけていく「論理解釈」があります。皆さんはまず，この2つの方法を身につけることが必要です。しかし，この方法だけでは，法規の意味が明らかとならない場合もあります。そこで，民法の立案担当者（梅・富井・穂積の三博士）の考え方を参考にする「立法者意思解釈」，法ならびに個々の規定には一定の目的をもって作られていますからその目的を参考にする「目的論的解釈」があります。なお，この目的論的解釈は，解釈する人の価値判断が入りますから，それを是正するために拡張解釈・縮小解釈，類推解釈・反対解釈などの技術を駆使して行います。

2.1 解釈の意義と必要性

　制定された法は，文字により表されているから，その意味は一見明らかなようで解釈を必要としないようにも思える。しかしながら，第1章2で述べたように，法を具体的な事件にあてはめ，法律的結論を導き出そうとすると，不明な点が多く見つけだされることがある。そこで，民法，その他民法法源の「表現の意味を明らかにし」内容を確定し，法の役割である一般的（普遍的・抽象的）確実性，ならびに具体的妥当性双方の調和を図る解釈をする必要がある。

　これには，法律による定義，立法者による決定，裁判所の判断のような，権力的に決定される有権解釈と，理論的決定ともいえる学理解釈とがある。前者は，たとえば，「物とは有体物をいう」(85条)との条文中の「有体物」とは何かを再度解釈し直す必要があり，ここでいう「解釈」とは異なる。したがって，ここで考えるのは，後者である「学理解釈」である。

2.2 民法解釈の方法

　民法の解釈方法には，さまざまな種類がある。

　(a)　文理解釈　　成文法の文字の普通の意味に従い文法的に明確にしてゆく

方法である。法規の解釈でまず第1に心がけなければならない方法である。ただし，この方法は，誰でも特別な技術を必要としないで行うことができるが，場合により，ややもすれば形式的な結論となり，現実を無視した解釈となる場合もある。

(b) 論理解釈　　1つの条文は，他の条文と論理的な連絡を保っている。そこで民法を1つの論理の体系とみて，それとの関係で各条文をこの論理に合うように意味づけしてゆき，法規の文言の足りない点や，不明確な点を明確にしてゆく方法である。

(c) 立法者意思解釈　　立法当時の立案担当者（梅・富井・穂積の三博士）の考え方や，その際の議事録，参考にされた内外の資料，制度の趣旨・意図等を考慮して解釈する方法である。この方法は，その後の社会変化をとらえ得ないという欠点がある。

(d) 目的論的解釈　　法全体ならびに個々の規定には社会生活を一定の方向に向かわせるという目的があるから，解釈者の価値判断により望ましいと考えられる，法規の目的を現時点のさまざまな状況の下で最大限に実現できるように，その内容を明らかにし，いろいろな解釈ができる各条文の文言をその目的に照らして確定する方法である。

このような解釈を行うにあたっては，次のような解釈のテクニックといえるものを利用する。①規定の文字を普通の意味より縮小する，縮小解釈，②拡張して解釈する，拡張解釈，③類似の事実について一方にのみ規定ある場合，反対の結果を認める反対解釈，④同様の結果を認める類推解釈である。

【展開講義 4】　条文の解釈テクニックとその相互関係

上記の(a), (b)や, (c)の方法では，妥当な結論を出せない場合が多い。したがって，どうしても(d)の目的論的解釈を必要とする。しかし，この方法に頼りすぎると文理から離れた解釈とか，民法体系から離れた解釈となる場合もある。そこで次のような解釈のテクニックが用いられる（広中・12講40頁）。

① 縮小解釈　　711条は，生命侵害による不法行為の損害賠償請求権者は，「被害者の父母，配偶者及び子」と限定している。そこで，摘出でない子や内縁関係にある者を含まないと解釈するとか，177条は，不動産物権変動は登記しな

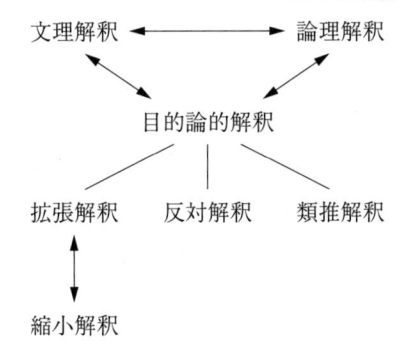

```
          文理解釈 ←――――→ 論理解釈
                ↘      ↙
                目的論的解釈
                ↙    ↓    ↘
          拡張解釈  反対解釈  類推解釈
            ↑
            ↓
          縮小解釈
```

いと「第三者」に対抗できないと規定するが，ここにいう「第三者」の範囲を，正当な利益を有するものに限るとするように，規定の文字を普通の意味より縮小して解釈し，法規の適用範囲を実質的に狭めていく方法である。

　② 拡張解釈　①と反対に，711条に摘出でない子や内縁の配偶者，父母等を含めたり（平成16年改正の法務省案），法人の目的の範囲（43条）を目的遂行に必要な行為もそれに入るとするように法規の内容や理解を通常用いるよりも広く解する方法である。

　③ 反対解釈　たとえば，711条の父母に舅や姑を含めないとか，144条は時効の利益は予め放棄することができないとする。したがって，時効完成後は時効の利益を放棄できると解するように，法規の存在を逆用して，条文に書いてないことを規定と反対の結果を認める方法である。

　④ 類推解釈　たとえば，711条の父母と舅や姑は法律的には異なるが重要な点で似ているからとしてこれを含める解釈方法である。すなわち，A→Bという規定があった場合，A→Cという事態が生じ，しかもCという事態に関する規定がない場合，B＝Cという推論をするように，ある事項を直接規定した法規が存在しない場合に，もっとも似かよった法規を適用し，同様の結論を導き出してくる解釈技術である。ただし，どのような場合に類推適用ができるかは結局，裁判官の裁量によることとなり，法の予見可能性を損なうという問題がある。

　では，どのような場合に反対解釈をし，類推解釈をするのか。法律の趣旨が要件を特定しそれがある場合のみ特定の効果を生じさせるとの趣旨である場合には，反対解釈をすることは可能であろう。また，条文の規定の要件が代表的に何らかの原則を定めている場合には，類推解釈をすることが可能となるが，両者は，結局，総合的判断を必要とする。

2.3 民法典の解釈基準 (2条)

　民法はその解釈基準として，個人の尊厳・男女平等の理念を規定している。これは，憲法13条の個人の尊厳尊重と，憲法14条～24条の，両性の本質的平等を基礎とするものである。具体的には，人身拘束をともなう芸娼妓契約は有効か (90条) や，未成年者の婚姻の同意 (737条) 等で問題となる。

3 民法総則概説

3.1 民法総則編の内容の概観

　民法総則は，「人」，「法人」，「物」，「法律行為」，「期間」，「時効」の6つの章より構成されている。

　民法総則は，冒頭に権利のあり方，行使の方法に関し，私権の社会性を強調した基本原則を規定し，男女平等の解釈基準を規定し，民法典のあるべき姿を提示している（1条・2条，これらは1947年の改正で挿入された）。そして，権利の主人公は誰か（「人」，「法人」），権利の客体としての「物」，権利の変動原因一般としての「法律行為」，「期間」，「時効」に関する主要な事柄を定めている。

　民法総則は，各種の権利に共通な規則を置いたものである。しかし，ここにいう共通な規則とは何かについては難しいし問題だし（立法時から議論があった），そもそも『総則』が必要かについても同様である（フランス民法にはない）。

3.2 民法総則と家族法

　民法総則は民法の冒頭に位置し，民法全体の通則のような形をとっている。しかし，民法総則と，親族・相続の両編とはその制定時（第1編から第3編は明治29年に，第4編・第5編は明治31年，その後昭和22年に全面改正された）が異なっていること，親族編には総則規定を修正しているものも少なくなく（738条・747条・748条・798条・961条），総則規定の当然の適用は問題がある。そこで，民法総則は，財産法（第2編—物権，第3編—債権）の通則であって，家族法（第4編・第5編）のそれではないとする見解が有力である。

　思うに，1条・2条・21条・138条・147条から153条等の規定は，原則として家族法にも適用されるのであり，各規定毎に判断することが重要であるといえる。

第4章　民法（秩序）の実現と効力の及ぶ範囲

1　民法（秩序）の実現

───────── ◆　導入対話　◆ ─────────

学生：先生，実際の事件の解決にあたってどう使われるのですか？
教師：黒板に書いてある図を見てください。
　　　このようなプロセスで実際の事件について具体化され，紛争が解決されるんだ。

具体的生活事実の発生
↓
当事者弁論主義（弁論主義とは，当事者の弁論を通じてのみ事実関係が明らかになるとの訴訟における方法をいう）による事実の主張・証拠の提出（含む反対の主張・証拠の提出）
↓
裁判官による ｛
　「法律上問題となる事実の確定」
　↓
　あてはまる法の発見
　↓
　法規の解釈（拡大とか縮小とかなど）
　↓
　法の適用（あてはめ）
　↓
　判　決（法律効果）

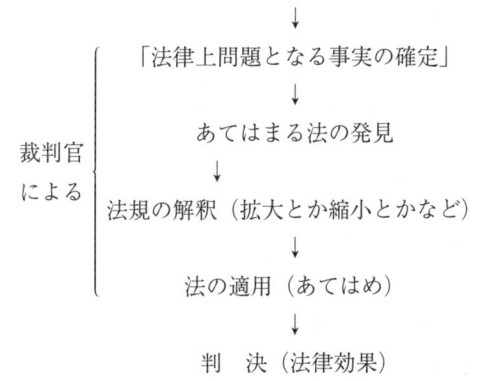

学生：ということは，変な話ですけど自動販売機にお金を入れると好みのカンジュースが出てくるのと似ていませんか。この図では裁判官のやる仕事はまさにブラックボックスのようですよ!!
教師：うーん。

1.1 民法の適用の意義とそのメカニズム

民法を適用するとは，誰に（権利の主体），いかなる事実が発生すると（法律要件事実），どのような権利が（権利の種類と内容），発生，変更，消滅するか（権利の変動・法律効果）を考察することである。

民法の規定するある事実が発生すると自動的に民法がこれに適用され，一定の法律的結果を生じる。通常，当事者はこのことを意識せずに生活している。これに対して，具体的事実をめぐって紛争が生ずると，当事者は紛争の結果を予想したり，自分に有利な解決を探すために，意識して具体的事実に民法のどの条文が当てはまるのかを検討し始める。しかし，民法を適用するには以下の前提を必要とする。すなわち，一方において民法の適用対象となる具体的事実関係があること，他方において，民法の該当する規定がその事実についてあてはまるものであることである。したがって，実際の生活事実のなかから，民法を適用する事実関係を選び，それを民法の規定の定める要件にあてはまるように再構成することになる。

1.2 民法の適用と解釈

以上の作業により選ばれた事実に対応する法（条項）を選んだが，それが抽象的な規範である場合には，その意味内容を具体化して，当該事実にあてはまるか否かを明確にする作業が必要である。この作業を法規の解釈という。

1.3 民法の適用の論理

民法は，たとえば，詐欺による意思表示はこれを取り消すことができる（96条）と規定するように，一定の要件（詐欺による意思表示）があれば，一定の効果（取り消すことができる）を生ずるとの形式で表現されている。

では，当事者により法の適用を排除することができるか。民法規定のうち，任意法規（公の秩序に関しない規定）については，この適用を排除することができる（91条）が，強行規定については排除することはできない。

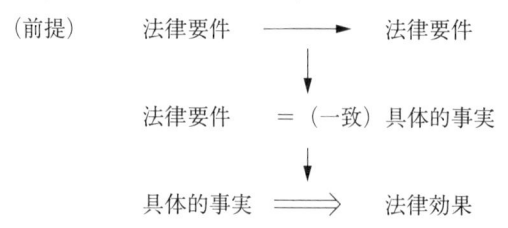

```
（前提）    法律要件 ──────→ 法律要件
              │
              ↓
           法律要件 ＝（一致）具体的事実
              │
              ↓
           具体的事実 ══⇒ 法律効果
```

【展開講義　5】　民事紛争の解決のメカニズム

　民法の規定は，裁判所や行政機関の手によって実際に適用されることになる。
　民法の規定の実現については，民事裁判というメカニズム（機溝・過程）による。
　すなわち，私人間に紛争が生じたときには，裁判所は，判決を下すことによって紛争の解決をはかる。その判決に際し，民法の規定が裁判官の判断基準となる。民法の規定が実際に適用されたことは判決を通して分かることになる。
　まず，裁判所は，原告の権利の主張の法的な意味でのよしあしを判断するため，その権利についての法規上の要件に該当する「事実」があったか否かを調べる。この方法には，裁判所が自ら乗り出していって基礎資料の収集を行い，その解決，審理を行うことも考えられる（職権探知（審理）主義という）。しかし，民事の紛争解決については，民法の「私的自治の原則」から，原則として，当事者の弁論を通じてのみ事実関係が明らかになる。この方法を，「弁論主義（当事者対等主義）」という。すなわち，当事者の責任において，すべてこうした事実の存否についての主張と，それを裏づける証拠の提出を行う。
　以下にそのプロセスを記す。裁判官は，
① 　自己の自由な心証にもとづいて，事実関係の判断を行う（自由心証主義）。この過程が当事者間の「事実の確定」である。
② 　この事実関係を前提にして，原告の権利主張が法的に認められるかどうかを民法の規定を尺度として判断する。これが「法の適用」である。
③ 　その結果を判決で表明する。なお，事実認定の過程は，判決理由中で明示する。

【展開講義　6】　強行規定・任意規定・取締規定

(1)　一般に法規といえば強行規定を連想するが，民法91条は，「……法令中の公の秩序に関しない規定と異なる意思を表示したときは，その意思に従う」と規定している。民法修正案理由書（未定稿版）によると，「別段ノ意思ハ之ヲ表示（明示又ハ黙示ニテ）スヘキコトヲ原則ト為シタルト既成法典ニ於ケル如ク各種ノ場合ニ付キ此事ヲ複言スルノ煩ヲ省ク為メ茲ニハ一括シテ此規定ヲ設ケタルニ過キス而シテ本案ニ於テモ稍々疑アリト認メタル場合ニハ特ニ別段ノ意思表示ヲ容ルルコトヲ明示シ以テ本条ノ趣旨ヲ一貫スルコトヲ計レリ」（民法修正案理由書＜未定稿本＞80頁）という。意思表示は，「公ノ秩序ニ関セサル規定」に対し優先

する。意思表示の方が優先する「公序に関しない規定」を任意規定といい，意思表示がなかった，または，不明確な場合に適用される（補充規定，解釈規定ともいう）。これに対し，「公の秩序」に関する規定に反する意思表示は無効である。このように規定に対し意思表示が劣後する規定を「強行規定」という。

(2) 強行規定か任意規定かの判断基準は法文上明らかな場合がある。たとえば，借地借家法（9条・30条），利息制限法（1条・4条），労働基準法上の労働条件規定（1条〜7条），などはその好例である。また，民法では条文の表現に「……しなければならない」（2条）とか，「……しなければ……することができない」（45条2項）というようなのは強行規定であり，「別段の定あるときは，この限りでない」（69条・74条）とか，「当事者が反対の意思を表示した場合には適用しない」（466条・505条）とか，「別段の意思表示がないときは」（427条）というようなのは任意規定である。

したがって，債権編の規定など私的自治ないし契約自由の原則が支配する，私法の財産取引に関する規定の大部分は任意規定といえる。これに対し，民法の物権や親族・相続に関する規定は，私法の中でも公の制度に関するものであり，強行規定である。

(3) 取締規定は，行政上の取締法令ないし禁止法令で，その違反行為者に制裁を科すが，私法上の効力まで当然に否定しない。これに対し，強行規定は，その違反行為の私法上の効力をも否定する。法律の中には，農地法のように，都道府県知事の許可を得ないでした，農地の売買，賃貸借とか，農地賃貸借の解約は，明文をもって処罰の対象にすると同時に，私法上の効力も否定するものもある（3条1項・4条・20条1項・4項・92条）。では，そうした明文のない場合，取締規定か，強行規定かの判定は困難である。具体的基準として考えられるのは，その法による禁止の要請の強弱，違反行為が無効とされた場合の取引安全に及ぼす影響が考えられる。総合的には，取引安全を犠牲にしてまでも，違反行為を禁止しなければならないほどに禁止の要請が強いかどうか，によって決することになろう。たとえば，判例は，食肉の売買契約をした者が，食品衛生法による営業許可を受けていないとしても，同法は単なる取締法規にすぎないから，取引は無効ではない（最判昭35・3・18民集14巻4号483頁），また一定の取引行為につき警察または官庁の免許または認可を要する旨の法規は「強行規定」でないという（大判大8・9・25民録5輯1715頁）。

2 民法の効力の及ぶ範囲

───────── ◆ 導入対話 ◆ ─────────

学生：民法は外国に住んでいる日本人または，日本に住んでいる外国人にも適用されるのですか？

教師：民法は原則として，その人が日本に居住しているか外国に居住しているかにかかわらず，すべての日本人に適用されます。また日本領土内にいる外国人にも適用されます。

2.1 時についての適用範囲

民法は，その施行以後に生じた事項についてだけ適用されるのを原則とする（法律不遡及の原則・民施1条参照）。しかし，この原則は法律を適用する場合についてのことであるから，法律を制定するにあたって遡及効を与えることは可能である（この点が刑法と異なるところである）。

2.2 人についての適用範囲

民法は原則として，その人が日本に居住するか外国に居住するかにかかわらず，すべての日本人に適用され，また例外はあるが（法例3条以下），日本領土内にいる外国人にも適用される。

2.3 場所についての適用範囲

民法は，日本領土の全部に及んで適用されるのを原則とする。

第5章　民法上の権利——私権——

1　私権の意義と種類

◆　導入対話　◆

学生：これから，権利，特に私権について学ぶのですが，ではいったい権利とはなんですか？

教師：一言でいうことは難しいですね。詳しくは基本講義で学んでいただくとして，一応，私たちの生活関係のなかで，法律のお世話にならなければならない場合の1つの道具とでもいっておきましょう。それは，法によって保障された利益を得ることができる地位ともいえるものなんです。

学生：では，義務とは，その反対ですか？

教師：そのとおり。義務とは不利益が内容となるんです。

　民法によって，社会生活関係を規制した場合，それは法律関係として現れる。すなわち，法律関係とは，人の生活関係を法の立場より評価したものといえる。具体的にいうと，各人の法律状態が，能力（資格）とか，生活関係の場所である住所という形において現れることもある。たとえば，売主には目的物を引き渡すべき義務と代金を請求する権利とが生じ，これに応じて買主には目的物の引渡しを請求する権利と代金を支払う義務とが生ずるようにである。このように本来，権利と義務とは相互に対応しているのであるが，近代民法は，こうした法律関係をもっぱら個人の権利の体系として構成されている。その根底には，

社会生活関係	法律上の扱い	具体例
法律関係	権利・義務関係	売買契約（売主・買主）
非法律関係	放任関係	友人関係・恋愛関係

法がすべての人に同等な自由を保障すべき使命を有するならば，法秩序はまず個人の自由領域を相互に限界づけなければならない，という考え方からある。

1.1 権利とは

権利の本質をどう理解するかは昔から論争されてきた。権利を法の認めた意思の力であるとみる，「権利意思説」，法律の保護する利益だとする「権利利益説」等があった。権利は法律を前提とするという立場からは，権利は，「一般的な社会生活における利益を享受する法律的な力」であるとする「権利法上力説」が有力である（我妻・講義Ⅰ32頁）。

権利の実質をみるとき，それは，「利益」である。また，権利は法によって，社会の秩序を維持し，発展をうながそうとするものであるから，権利は法律によって認められるのであり，法以前には権利はない。民法が私権の社会性を規定するのもそのことの現れである（1条1項）（権利によく似た用語に，権限とか権原がある。前者は，代理人の権限（103条）のように，ある行為や処分ができる一定範囲内の資格をいい，後者は，権利の取得原因，ある行為をすることができる法律上の原因をいう（例：242条））。

1.2 義務とは

義務は，権利に対応する概念である。それは，ある特定の作為・不作為をなすべき法による拘束である。すなわち，義務は相手方の意思に拘束される法関係である。したがって，それは，奴隷の，主人に対する隷属関係と明確に区別する必要がある。義務は，権利と異なり，不利益を内容とする。

1.3 権利と義務の関係

権利と義務とはいわば裏腹の関係にあるのが通常である。しかし，取消権，形成権のようにこれに対応する義務のない権利もある。

1.4 権利の種類

(1) 私権と公権

法が，私法と公法に分類されるのにともない，その権利も，私権と公権とに分けられる。市民と国家との関係も市民相互の関係に擬制されたことにより公権も「権利」となったのに対し，私法上の法律関係について認められるのを私権という。

(2) 絶対権と相対権

これは権利の及ぶ範囲による分類である。
① 絶対権　これはまた，支配権とも呼ばれる。絶対権とはただ権利者の意思のみによって，その内容が実現されうることを本来的な性質とするもので，物権・人格権がこれに相応する。
② 相対権　これは，権利の内容の実現には，その性質上，権利者以外の一定の相手方の意思にもとづく行為を媒介とするものである。ゆえに，請求権とも呼ばれる。債権がこれにあたる。
(3) 形成権
一定の法律関係の「形成」（発生・変更・消滅）を私人の意思表示にかからしめていることからこのように名付けられた。①・②が実質的利益を享受する権利であるのに対し，形成権は実質的権利の観念的前提条件としての，手段的権利といえる。
(4) 財産権・非財産権
これは，権利の内容として享受される「利益」についての分類である。財産権には，民法の物権・債権のほか，著作権・特許権等の無体財産権がある。非財産権には，身分権・人格権があげられる。
(5) 請求権・抗弁権
これは，訴訟上の平面における私権の分類である。すなわち，現状の変更を求める権利の能動的現象形態が請求権である。これに反して，現状維持を求める私権の受働的現象形態が，抗弁権である。

2　権利（行使）自由の原則とその制限

私権は権利者がそれを単にもっているというだけではその内容である利益を得ることはできない。市民社会の成立期にあっては，封建的諸拘束に対して，権利行使の自由が強調された。それはとくに所有権の無制約性として現れた。啓蒙主義自然法学者は，これを神聖不可侵の権利と呼び，法律によっても制限することのできないものと称した。しかし，資本主義の発展に伴う富の偏在によって，権利の社会性・公共性が叫ばれるにいたり，遂には，「所有権は義務を負う」（ワイマール憲法153条）という主張が現われ，「権利の相対性」が論議の

中心課題にまでなった。しかし，権利自由の原則とは，私権は権利者の自由な意思にもとづいて行使されるということの観念的表現である。したがって，この原則は，私的所有制度が存続するかぎり，その存在価値を失わないであろう。

2.1　権利と義務ならびにその制限

　権利とは，1.1で述べたように，法が特定の利益を享受するために認めた法律上の力である。したがって，法の精神に反して権利は存在しないといえる。これに対し義務とは，特定の作為（金銭の支払など）または，不作為（通行を認めるなど）をなすべき法律上の拘束力のあることをいい，不利益がその内容となる。したがって義務は，権利に対応するものであり，権利と義務は，法律関係の表裏をなしているといえる。ここに述べた権利のうち，私法上の法律関係について認められるものを，とくに私権という。私権は，単に，個人の利益保護のためだけではなく，社会共同生活のために認められたものである。このように，私権は，社会性を有していることを忘れてはならない。そこでこの私権の有する社会性を実現し，また，私権の行使について，権利者の懇意的な行動を制約するため，民法は，1条で以下のようなことを宣言している。

(1)　公共の福祉の原則（1条1項）

　私権の内容および行使は，「公共の福祉に適合しなければならない」。この「適合」ということばは民法改正（2004年，現代語訳）以前は，「遵フ」となっていた。これを「適合」とした点については疑問がある。1947年改正でこの条文を新設した際，もともと「従フ」となっていたのを権利の調和を考え「遵フ」としたのである。こうした経緯を踏まえたものと思われるが，その趣旨は，すなわち，私権の絶対性を否定しその社会性を宣言した規定である。公共の福祉とは，社会共同生活の幸福や利益に関する事柄をいい，その意味するところは，全体としての向上発展と調和を保つべきであるとの趣旨である。これに違反する私権の行使は認められない。

　判例には，電力会社が発電用水路を他人所有の地底に無断で掘削し工事を完成させた場合は，他人の所有権を不法に侵害するものであるが，これを撤去し新たに水路を設けることは不可能ではないが社会経済上の損失が少なくないから，同会社に対し損害賠償の請求をすることはできても，工事撤去原状回復の請求はできず，ただ損害賠償を請求できるとするものがあるが（大判昭11・7・

17民集15巻1481頁)，これはそうした考え方のあらわれたものといえる。しかし，私権の公共性には個人の福祉も含まれているのであり，決して全体主義的な公益優先の規定ではない。そこで，その調和を図る基準として「利益衡量論」や「受忍限度論」が展開されているが，個別具体的に決するほかはない。

(2) 信義誠実の原則 (1条2項)

各人が，相互に相手方の信頼を裏切らないように誠実に行動しなければならない，ということである。この原則は，具体的には，法の修正・補充という役割を果たしているが，実質的には，市民社会における衡平の実現を図っている。単に信義則ともいう。信義誠実の原則は，権利の行使，義務の履行だけでなく，契約の趣旨は何かの基準にもなる (最判昭32・7・5民集11巻7号1193頁)。

実際に信義則が適用される場面においては以下のような機能がある。

(a) 債務者の義務内容を「縮小」する方向で機能する場合

　① 事情変更の原則　契約締結時に予測しえなかった経済事情の変動が生じたときには，債務内容が修正されたりまたは消滅するというものである。近時では，契約当事者には契約改定権があると説くものがある。

　② 権利失効の原則　権利行使はもうないであろうと債務者が客観的に信ずるに適当な時期にいたったら，権利は消滅するという原則。長期にわたる解除権不行使の場合に，解除権行使を認めない (最判昭30・11・22民集9巻12号1781頁)。

　③ 信頼関係の原則　賃借権の無断譲渡，転貸の場合等でも，信頼関係を破壊しなければ解除権は行使できないとするもの (最判昭28・9・25民集7巻9号979頁)。

(b) 債務者の義務内容を「拡大」する方向で機能する場合

　① 安全配慮義務　職場等で，被用者や飲食客等の安全を守ることが使用者や食堂経営者らの義務であるとするものである (国の公務員の命令・健康に対する安全配慮義務につき，最判昭50・2・25民集29巻2号143頁)。

　② 禁反言の法理　一度表わした意思表示と矛盾する主張は，これをなしえないとするものである。

(c) 背信的悪意者論　山林を買い受けた者がその引渡後20数年間所有していたが，右事実を熟知していた者が，所有権取得登記が未了なのに乗じ，その

所有者に別の紛争につき復讐しようとし，売主と通謀して低廉な価格でこれを買い受け登記をする等した場合，その売買は90条により無効で，本条の第三者に該当しないとした（最判昭36・4・27民集15巻4号901頁）。

(3) 権利濫用の禁止

民法は，権利の濫用はこれを「許さない」と定める（1条3項）。

(a) 意義　形式的に見れば，許された範囲内の権利の行使ではあるが，実質的には，有効な権利の行使とは認められない場合に，そのような権利の行使を阻止する法理である。

(b) 成立要件　この法理の適用に際しては，権利者の加害の意思ないし不当な利得を得ようとする意思（主観的要件）と，たとえば，権利の侵害による損失と侵害除去のために要する費用との比較衡量による程度の差といったこと等（客観的要件）が必要であるとしていたが，近時，客観的要件が重視されるようになり，さらには，権利の公共性がその基準とされるにいたっている。

(c) 効果　「許さない」とは，それぞれの権利行使の態様ごとにより異なる。

① 個人の侵害の排除を請求することが権利濫用となる場合，その排除は認められない。たとえば，湯元から木管を引いて温泉を経営している者に対し，わずかに木管の通っている土地をわざと買い受け，法外な値で売りつけ，応じなければ侵害を除去せよと請求した事例（宇奈月温泉事件）で，侵害除去には莫大な出費が予想され，逆に損害が軽微であるとして，権利濫用の法理により，その請求は認められなかった（大判昭10・10・5民集14巻1965頁）（大村敦志「権利の濫用—宇奈月温泉事件」判百Ⅰ8頁，米倉・13頁以下）。

② 正当な範囲を逸脱して他人に損害を生ぜしめた場合，不法行為としての損害賠償義務が負わされる。国鉄（現在のJR）が，鉄道の敷設に適当な注意を払わなかったために，由緒ある老松を煤煙が枯死させた事例（信玄公旗掛松事件）で，国鉄は，松所有者に対し，権利の範囲を超えたものとして不法行為責任を負わされた（大判大8・3・3民録25輯356頁）。近時では，隣地に対する日照，通風の妨害を生ずる2階増築工事が権利の濫用として不法行為になるとされた（最判昭47・6・27民集26巻5号1067頁）等の生活妨害について特に問題となっている。

③ 権利の濫用が著しい場合，その権利が剥奪される。たとえば親権の濫用がそれである（834条）。

【展開講義　7】　権利（行使）自由とその修正

権利の存在，権利の行使に関する修正の経緯については以下のような議論が下敷きとなっている。

資本主義経済が独占段階に入るに伴い，今日の社会も，その初めの頃に見られたような，身分を前提とする封建的な拘束からの「自由」は影をひそめ，逆に，このような「自由」こそが資本主義経済および現代社会の矛盾の根源であるかのように考えられるにいたった。その結果，権利自由の原則に対する修正がそれぞれの立場から主張され，ついには，権利否定説まで現われるにいたっている。

(1)　シカーネの禁止による修正

シカーネとは，権利者に利益をもたらすことなく，ただ他人を害する目的のみをもってなされた，権利の行使である。これは権利の内在的制限であるとして，一般に肯定されている。しかも，それは権利自由の原則を否定するものではない。

(2)　権利相対性説による修正

権利の基礎は社会的承認にある。したがって権利は本来，社会的に是認された範囲内でのみ，存在することができる，と主張する考え方である。この説によれば，権利そのものに制限が付されており，権利自由の原則は原理的に否定される。

(3)　権利否定による修正

権利義務という観念は個人主義的誤謬にもとづくものであり，権利とは国民協同体における構成員の有機的な手足的な地位をいうと主張する説をいう。これは日本・ドイツ（とくにナチス）などの国において歓迎された学説である。

以上の諸修正は，無産階級の進出・恐慌および戦争の頻発という事実によって，権利（とくに所有権）の社会性が強く意識されたことによるものである。しかし前述のように，私的所有制度を認めるかぎり，(2),(3)の考え方は成り立たないといえよう。

【展開講義　8】　一般条項の意義と機能

今日の人間社会は複雑かつ多様であり，しかも，社会経済関係が変わることにより新しい生活事実も生まれてくる。いくら条文の多い法を制定しても，個々の場合を予想し，かつ，いちいち具体的にあらかじめ規制することは不可能である。

そこで，個々の場合についての具体的内容は，裁判所の判例を通して確定することとして，法の理念を一般的・抽象的な内容として表現した規定を設けた。そうした規定を一般条項と呼んでいる。

個々の場合について，その具体的内容の確定は判例を通して実現されるが，なにも裁判官の個人的・主観的正義観や道徳観によるものでもなければ，また，その時・場所における一部の者の利害関係により決められるという筋合いのものでもない。結局，個々の法律行為が法の理念に照して是認されるかどうかは，共同社会としての国の立場から，国・社会の秩序を維持するために求められている国民の法意識によって実現されることになろう。

ところで，一般条項はきわめて弾力性に富む規定である。したがって，法律行為（契約）の内容を刻々と変化する社会経済状態に適合させるという機能を果たす。

民法では，一般条項は，普通に，法律行為に適用される抽象的規定を総称している。たとえば，民法上の規定としては，「公序良俗」の原則を掲げた民法90条の規定，私権と，公共の福祉との適合の原則（1条1項），信義誠実の原則（1条2項），権利濫用禁止の原則（1条3項）などである。私権のあり方について，公共の福祉の原則が，権利の行使，義務の履行について信義誠実の原則が法律行為については公序良俗違反行為無効の原則（90条）が，規定されている。そして，それらに反する行為につき，権利濫用禁止の原則が規定されている。権利濫用禁止の原則は，かなり具体的になっているが，法の理念の一般的・抽象的内容を掲げた，公共福祉の原則，信義誠実の原則，公序良俗の原則はまだまだその具体化が望まれる。

2.2 権利の実現とその制約

(1) 自力救済の禁止

所有権が侵害され，債権が履行されない場合にも，権利者は自力で権利を実現してはならない。すなわち，近代市民社会においては，国家司法制度の完備に対応して，自力による権利の実現が原則として禁止される。しかし，この自力救済の禁止も絶対的に例外なく自己の理論を貫徹することができない。したがって，緊急の事情があって，後に国家の救済を求めることが，不可能またははなはだしく困難となるときには，自力救済が認められる。ドイツ民法（229条

—231条)はこの要件を詳細に規定するが，このような規定をもたないわが民法の下でも，解釈上，公序良俗に反しない範囲で承認されている（前掲【展開講義3】参照）。

(2) 裁判制度による私権の実現

民法に定められた権利の実現に当事者の任意の行為により完成しない場合，最後は国家司法制度（裁判）の助力を得て実現することになる。前に述べたように，もともと権利は法によって認められたものであり，観念的なものである。この観念的な権利が実現されていくプロセスは，次のとおりである。

観念的権利の段階では，権利は静的な抽象的なものにすぎない。これが，裁判所にもちこまれるに及んで請求権として，債権類似の特定との人間関係として現われる。そして，裁判を通して請求権は「債務名義」となる。その段階にいたって，観念的権利は現実化され，強制的に実現される「強制執行」の基礎となる。

【展開講義 9】 民法1条各項相互の関係

民法1条の各項の関係については考え方が分かれている。

① 1項と2項・3項を区別する考え方　1項は，私人相互間の利益の帰属を直接の目的とする私権と社会一般の利益との調節を目的とするものであって，2項・3項と観点を異にする。そして，2項と3項は，表現の形式が異なるのみで，内容は同じであり，その差異は，適用の範囲が異なる。2項は，契約の当事者とか夫婦・親子といった特殊な法律関係で結ばれている者の間に適用され，これに反しそうした関係のない者の間は3項が適用される（我妻・講義I 38頁以下，同「公共の福祉・信義則・権利濫用の相互関係」末川古稀記念（上）46頁，57頁）。

② 相互に関連するとする考え方　「公共福祉の原則は，私権の内容自体を制約するものとしては独自の存在意義を有するが，権利の行使を制約する原則としては，権利濫用の禁止を背後から支えるという機能をいとなんでいる。権利濫用理論では権利の社会的機能が重要な役割をいとなむから，私権の社会性の原則は権利濫用の禁止と直結すると考えられる。これに対し，信義則は，社会的接触関係にある者どうしの利益の調節を使命とし，直接的には，私権と一般社会の利益との調節をはかるものではないが，権利義務の内容はその社会的機能に合致するように定められなければならない，という法の理念のあらわれである点では，

公共福祉の原則と同根である。」という（四宮＝能見・第7版16頁以下）。

③　権利ごとに私権の相対性を明らかにして，公共的な立場からする制約があることを定めているとする見解（末川博『権利濫用と権利侵害』254頁）。

④　1項は私権の社会性の原理を示し，2項・3項はその適用を示すが，さらに，2項は権利行使のあり方を，3項はそれに反した場合に権利濫用になることを示したものとする見解（多数説？）もある。

⑤　1項は私権の社会性を確認し，2項において権利・義務の実現方法においての一般理念を示し，3項において，権利の濫用は，もはや権利の行使とは認めないと宣言したものとする見解もある（山本＝伊藤・ノート(1)45頁）。

判例を具体的に見ると「『信義則』に反し『権利濫用』になる」という表現が多い（菅野耕毅「信義則および権利濫用の機能」争点Ⅰ4頁以下，甲斐・28頁以下参照）。⑤の考え方が妥当である。

第6章　私権の主体（主人公）となる『人』

1　私権の主体と権利能力

> ◆　**導入対話**　◆
>
> 学生：これまで，民法上のいろいろな権利や義務について学習してきたのですが，では，社会生活を営む上で，権利をもったり，義務を負ったりすることができるのは誰ですか？　また，私の隣に住んでいるかなり高齢のおばあさんが飼っている犬がいるのですが，おばあさんは，「私が死んだ後，この犬に財産を分けたい」との希望があるのです。可能ですか？
>
> 教師：まず，社会生活を営む上で，権利を有したり，義務を負担できるものは2つです。まず第1にそれは，学理上，自然人といいますが，いわゆる人間です。第2に，今日の社会には，自然人の他に，会社のように法律によって，権利や義務の主体として活動することが認められている団体があります。これを法人といいます。ただし，いろいろな団体がすべて法人になれるわけではありません。一定の要件を備え，法人として活動することは適当と法律で認められたものだけです。
>
> したがって，そのおばあさんがもっている財産をその犬に相続させるようなことはできません。おばあさんの死後もその犬の食いぶちをと考えるのでしたら，誰か知人に，その犬のために財産を信託する方法が考えられます。

　現代の私法は，ある人がある人に「……をすることができる」とか，「……をしなければならない」，というように，権利と義務の関係として構成している。そして，この権利を得たり，義務を負担する者は，すべての自然人（人間）と法律の認めた法人のみである。たとえば，いかにかわいがっているペットであっても，そのペットに直接，財産を贈与したり，相続させたりすることはできない。これは，歴史的結果として，まず自然人は，自由平等思想にもと

づき，法人は経済の発展社会的主体としての地位を取得，国家（法的）の承認を必要とするにいたったことによる。

近代の民法の基礎である商品交換関係は，商品所有者の意思を介して成立する。したがって，所有権および契約締結の主人公としての「権利の主体」という概念は，近代私法のスタートとなる。民法典が，「人」および「法人」をその冒頭にかかげた意味はここにある。

1.1　権利能力の意義

権利能力とは，権利を有し，義務を負うことのできる人間の地位・資格をいう。いいかえれば，権利主体となることのできる資格のことを，権利能力または法人格といっている。今日，権利を有する者は，義務も負担することになるから，権利能力は義務能力ともいえる。ところで，わが民法3条は，フランス民法にならって，「私権の享有」という語を用いているが，これは正確ではない。単に権利の帰属の可能性を意味するのであり，権利の帰属の実現のための行為をなす資格（行為能力）をいうものではないからである。後で説明する行為能力者は権利能力者だが，権利能力者は行為能力者というわけではないからである（制限能力者）。

1.2　意思能力・行為能力・不法行為能力

権利能力は，いわば人間のもつ静的な資格である。それに対して人間が売買とか贈与とかの法律行為を行うにあたって必要である動的な判断能力を行為能力という。それはまた，このような行為が人間の意思を介して行われることから，意思能力とも呼ばれる。民法は，こうした能力を単に能力といい，しかも消極的に，行為能力のない者についてのみ規定した。他方，近代法は過失責任主義をとっているので，不法行為についても意思的能力が要求される。こうした能力を不法行為能力（責任能力（723条・724条））という（新注民(1)246頁（高梨公之））。

このように，行為能力と権利能力の概念が分かれたのは，近代法においてすべての自然人に権利能力が認められたことによる。なお，権利能力および行為能力規定は，社会生活の基本問題であり，社会の取引関係に重大な影響を及ぼすから，すべて強行法規であり，私人の意思によって左右することはできない。

1.3 権利能力

権利能力または法人格とは，人間あるいは団体の「主体性」の法的評価である。

(1) 自 然 人

今日の民法においては，すべての人に権利能力を与えている。しかし，さかのぼって歴史をみると常に必ずしもそうであったわけではない。奴隷は主人の権利の対象（商品となった）であったし，農奴も完全な権利能力者ではなかった（婚姻をするについて主人に金銭を払わねばならなかった）。そうしたことから，近代になってはじめて，労働者も商品としての労働力の所有者として，あたかもキリスト教の神の前での平等と同じく，法の前では平等に取り扱われることにしたのである。

(2) 法 人

団体に権利能力を認めるか否かも，歴史的問題である。民法は，一定の要件をそなえた社団および財団に権利能力を付与している。これが法人である（第9章をみよ）。現在，社会のなかで重要な役割を果たしている法人は，民法以外の法人，とくに株式会社，労働組合である。

2 権利能力の始期と終期

すべての自然人は，出生によって権利能力を取得する（3条）。

人種・信条・性別・社会的身分・門地等によって差別されない（憲法14条）。しかし，胎児は出生前の者として，原則として権利能力を有しない。

2.1 出生の時期

出生の時点をどこに求めるかは，権利の取得を決定する上で重要である。胎児の一部が母体から露出したときとする説（一部露出説），産児が独立の呼吸をはじめたとする説（独立呼吸説）などがあるが，胎児が母体から完全に露出したときとする説（全部露出説—通説）が妥当である。その理由は，出生時期の決定は，医学上の問題ではなく，特殊民法的な技術的問題であり，したがってまた，刑法上の解決基準（一部露出説）も採用することはできない。

2.2　出生の証明

出生は生後14日以内に届け出なければならない（戸籍49条・120条）。しかし，この届出は，報告的届出であり，権利能力取得の成立要件ではなく，出生という事実によって決められる。

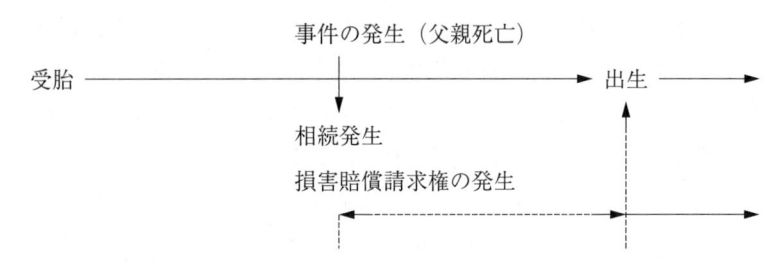

```
                    事件の発生（父親死亡）
                         ↓
受胎 ────────────────────┼────────────── 出生 ──→
                         │
                       相続発生
                    損害賠償請求権の発生
                    ├┄┄┄┄┄┄┄┄┄┄┄┄┄┄┄┄┄┄┤
```

2.3　胎児の法律上の地位

(1)　以上のように，人の権利能力の始期は出生であるから，胎児には権利能力はないこととなる。そうすると，たとえば，父親が交通事故に遭い死亡した後に出生した子は，その加害者に対して損害賠償請求権を行使できないという不利益を生ずる。そこで，胎児が不法行為を理由として損害賠償請求する場合（721条），胎児が相続する場合（886条），胎児が遺贈を受ける場合（965条）については，既に生まれたものとみなすこととした。

なお，父は胎児を認知できるが（783条1項），胎児からの認知請求はできない（大判明32・1・12民録5輯1巻7頁，立法上の欠陥）。

(2)　「既に生まれたものとみなす」の意味

「既に生まれたものとみなす」とは，事件が生じた後に生きて生まれた場合に，その問題の時点（不法行為の発生時，相続開始時）まで遡って，胎児にその問題についてのみ，法律上，既に生まれたものとして取り扱うことをいう。胎児自体に権利能力を認めるわけではない。

そこで，胎児の法的地位をどのようにみるかが問題となる。これには，法定停止条件説（人格遡及説）と法定解除条件説（制限人格説）とがある。

(a)　法定停止条件説（大判昭7・10・6民集11巻2023頁＝阪神電鉄事件）　法定停止条件説は，胎児中には権利能力はなく，生きて生まれると権利能力の取得が出生以前の事実発生の時点まで遡及され，出生していたものとしてその法律関係を処理する。死産の場合には，胎児中に処理された法律関係は変動を生じな

い。前記判例では、胎児を代理した示談の効力は認められないとした。

(b) 法定解除条件説　法定解除条件説は、胎児中でも生まれたものとみなされ、その範囲内では、その事実の生じたときから、制限的な権利能力があるとされる。このため、その法律関係は、胎児も出生している人と同様に取り扱われる。生きて生まれた場合、胎児中に処理された法律関係には変動がなく、死産の場合、権利能力が、その事実の発生の時点に遡って消滅することになり、胎児中の法律関係の処理は改めてやりなおすことになる。そのため、胎児中も権利の行使には法定代理人の存在が認められることになる。

以上2つの考え方は、(a)説は出生を権利能力の始期とする民法規定に忠実であるが、相続の場合、父親死亡時に相続ができないから、生きて生まれて初めて相続回復がなされることになるため、相続財産の確保が問題となる。とくに、今日、胎児の死産率の低いことを考えると、(b)説の方が優れているといえる。胎児について代理を認めることは、その旨の根拠規定のないこと、(b)説でも、その法定代理人により、胎児が相続した財産が処分されることもあり、必ずしも胎児の利益保護に優れているか否かは疑問である。

2.4　権利能力の消滅

(1) 終　　期

自然人の権利能力は、死亡によってのみ消滅する。後で述べる「失踪宣告」によっても、その者の権利能力は消滅しない。

近代法の下では、死亡のみが権利能力の消滅原因である。ただ、その死亡がいつかについては議論がある。心臓死説が通説であるが、「脳死」も人の死かということが、臓器の移植に関して問題となった。「臓器の移植に関する法律」(1997年10月施行)では、臓器移植の場合のみ脳死判定による死の宣告を認めている (同法6条)。

(2) 死亡の証明

数人の者（例、夫と子）が同一の危難によって死亡した場合（同死者）の死亡時の前後は、相続法上（例、妻と親がいる場合、重大な結果をもたらす）。そこで、各国ではそれに対する推定規定を設けている（なお、認定死亡制度（戸籍89条）、失踪宣告制度は第8章私権の主体と場所の箇所参照）。

(3) 同時死亡の推定

わが民法は昭和37年に推定規定を設けた。死亡した数人中その一人が他の者より先に死亡したのか否かが分らないとき、また、場所的に共通していない者のうちその死亡の先後が不明なとき、これらの者は同時に死亡したものと推定されるとする（32条の2）。死亡の先後についての立証上の困難を救済し、もって、実力による問題解決を避けることからである。推定するとは、「みなす」と異なり、反対の証明を許すという意味である。したがって、「同死は相互に相続しない」の原則に従う。下記②の場合となる。なお、Bにおいては、反証をあげることによってこれを覆すことができる。

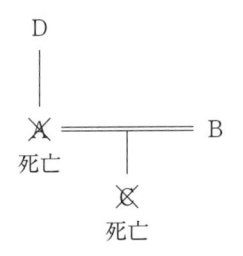

①AがCより先に死亡→Aの財産はB・Cが相続 後C死亡によりBが承継する

②AがCより後に死亡→Aの財産はBとDにより 1/2ずつ相続する（889条、900条）

2.5 外国人の権利能力

外国人とは、日本の国籍を有しない者をいう。したがって、外国人には、外国に国籍を有するものと、いずれの国籍をも有しないもの（無国籍者）とがある。

2.6 死亡後の法律関係

死亡後の法律関係については問題となるのは、①いわゆる一般的人格権が認められるか。②臓器移植をめぐる問題、とくに、生前の承諾の効力である。

①は、いわゆる死後の人格権は、胎児につき制限的権利能力を認めるのと同様に肯定してよいとする。裁判例には、死者に対する名誉毀損は、直ちに一般私法上の不法行為となるものではないが、親族等が死者に対する名誉毀損行為により、直接、自ら名誉を毀損され、または死者に対する敬愛追慕の情が傷つけられ、精神的苦痛を被ったときは、親族等に対する不法行為として一般私法上の救済の対象となるとするものがある（東京地判昭58・5・26判時1094号78頁）。②は、死者が生前に自己の臓器を摘出し移植することを承諾していた場合に、遺族の意思にかかわらず、死体から臓器の摘出ができるかについて以前から問

題となっていた。従来の法律には，遺族の承諾を要するとするものがあった（死体解剖保存法7条・17条・19条，角膜腎臓移植法2条，臓器移植法の施行にともない廃止されている）。したがって，臓器移植についても同様に考えるべきとの意見が多かった。「臓器の移植に関する法律」は，一般的に「脳死」を人の死とはせず，臓器摘出・移植は本人の臓器提供の意思が書面で表示されている場合でかつ，家族がこれを拒まないときであるとする（同法6条）。

第7章　制限能力者制度

1　制限能力者制度

───────　◆　導入対話　◆　───────

学生：先生，この頃，うちの祖母が，時々はしっかりしているのですけれど，ある時は，自分の家も分からなくなることがあるんです。この前も，母に聞いたら，自分名義の銀行預金を，全部引き出してしまったりして，困ったといってました。何か，いい方法はありませんか？

教師：それは困ったことだね。これからはますますお年寄りが多くなって，きみのおばあちゃんのような問題がこれまで以上に多く生じてくると思います。たしかに，2000年4月の民法改正まではこうした状況にあるお年寄りを保護する制度がなかったんです。でも，その時の改正で，軽い精神上の障害のある人たちも，一定の手続をとると法律上の保護を受けることができるようになりました。補助制度というんです。

学生：先生，でも，父から聞いたんですけど，そうした法律上の保護を受けることはいいんですけど，そのことが戸籍に記載されて，私が結婚するときに，問題になるというんです。どうなんですか？

教師：きみのいうとおり，2000年の改正前の民法では，そうした人を禁治産者とか，準禁治産者といっていたけど，現在では，被後見人（後見される人），被保佐人（補佐される人）という言葉に代わりました。しかもそうした宣告を受けると，戸籍にそのことを記載されることになっていました。もともと，この戸籍に記載することについては，きみがいったとおり，プライバシーを侵害するという弊害もありました。しかし，いまは後見登記という制度を作って，戸籍にそのことを記載することをやめました。

学生：それはよかった。でも，私たちだって，いつ，おばあちゃんみたいになるか分かりませんね。不安だわ。先生，何かいい手段はないのですか？

教師：きみは介護保険法のことは少しは知っているよね。

学生：詳しいことは知りませんが，新聞や，テレビのニュースで聞いたことはありますし，先日，福祉事務所の人が，うちに書類をもってきたようです。

教師：介護保険法のことは，ここではおいておくけど，将来，もし，ぼけてしまったとき，介護保険の手続を誰がとればいいんだろう。身よりの人がいても，その人もぼけていた場合困ってしまうよね。そのために「任意後見法」というのがあります。これは，将来ぼけたときに備えて，あらかじめ，面倒をみてくれる人と契約をしておいて，その任意後見人に，法律的なことを代わってやってもらおうという制度です。

学生：それはいい制度ですね。

教師：これも，後の，任意後見制度の概要で勉強してほしいね。

制限能力者の行為と無効・取消しの関係表

① 幼児の行為 → 行為の時意思能力なし → 無効
② 未成年者の行為 → 行為の時 → 意思能力あり → 取消し
　　　　　　　　　　　　　　　　意思能力なし → 取消し（意思無能力を立証すれば無効）
　　　　　　　　　　　　　　　　法定代理人の同意を得た行為 ── 有効
③ 未成年者の法定代理人の代理行為 → 原則有効
　　　　　　　　　　　　　　　　　　　　↓
　　　　　　　　　　　　　　　例外：本人の同意必要
　　　　　　　　　　　　　　　　　代理権なし（労基法58条・59条）
④ 精神障害者の行為 → 行為の時 → 意思能力なし → 無効（立証必要）
　　　　　　　　　　　　　　　　意思能力あり → 有効
⑤ 被後見人の行為 → 行為の時 → 意思能力なし → 取消し（立証すれば無効）
　　（除日常生活行為）　　　　　意思能力あり → 取消し（本人・後見人）
　　　　　　　　　　　　　　　　後見人の同意を得た行為 → 取消し
⑥ 被後見人の後見人（法定代理人）の代理行為 → 有効

1.1　制限能力者制度──意思無能力による無効は認められるか──

　私的自治の原則は，各人が，自己の自由な意思決定にもとづいて行為をなすことができるということを保障するものであるから，このことからすれば，人が法律行為をなすに際しては，合理的な判断能力（意思能力）を有していることが前提となる。なぜならば，法律行為は，人の意識作用の表現であり，判断能力のない者をして自由競争を建前とする社会に置き，これに犠牲をしいるこ

とは合理的ではないからである。したがって，この意思能力のない者（幼児・精神障害者・泥酔者など）のなした法律行為は，法律効果を生じさせることはできないのである（無効という）。

ところで，この意思能力があるか否かの判断は，外部からは容易に確知できないし，表意者の精神の発達程度，法律行為時における精神の状態，法律行為の種類によっても差異を生ずる。そのことは一律にこれを定めがたいともいえるが，民法は，通常，意思能力が不十分と考えられるものについて，客観的・画一的規準を定めることで，これらの者を保護しようとしている。これを制限能力者制度という。すなわち，制限能力者（未成年者・被後見人・被保佐人・被補助人）のなした法律行為は，その当時，現実に意思能力があったか否かにかかわらず，これを，その法律上の取扱いとして，「取り消することができる」ものとしているのである。この取消しは，制限能力者の保護を目的としているものであり，誰に対しても主張（対抗）することができる。なお，この制限能力者制度は，原則として財産上の行為について認められ，身分上の行為については適用されない。

1.2 成年後見制度の概要

成年後見制度は，以下の3つの法律から成り立っている。

(1) 法定後見制度

2000年の判断能力が低下した人の，法律行為（取引行為）を援助する者を選任する制度を定める。

(2) 任意後見制度

自己の判断能力低下後の後見事務を，将来に備え，判断能力があるうちに本人が任意代理人に委託する制度である（任意後見契約に関する法律，以下「任意登記法」という）。

(3) 成年後見登記制度

法定後見・任意後見共通の制度として「登記」により公示する制度である（後見登記等に関する法律，以下「後見登記法」という）。

以上，これらの制度の適用を受ける本人の判断能力や保護の必要性の程度に応じた，柔軟かつ弾力的な措置が可能となるように配慮している。

図7-1 成年後見制度の概要

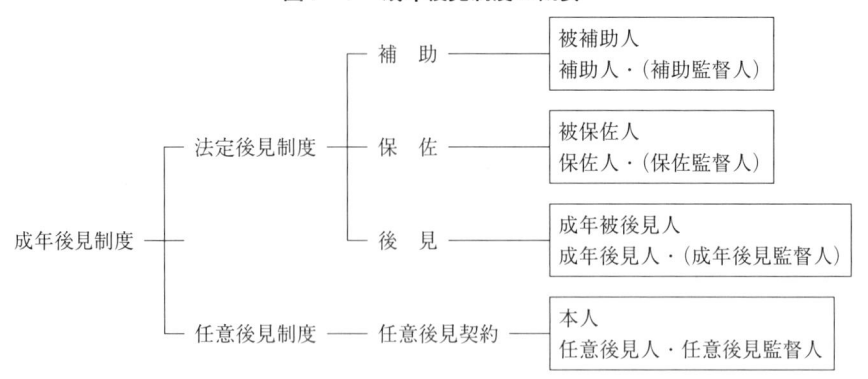

```
成年後見制度 ─┬─ 法定後見制度 ─┬─ 補　助 ─── 被補助人／補助人・（補助監督人）
　　　　　　　│　　　　　　　　├─ 保　佐 ─── 被保佐人／保佐人・（保佐監督人）
　　　　　　　│　　　　　　　　└─ 後　見 ─── 成年被後見人／成年後見人・（成年後見監督人）
　　　　　　　└─ 任意後見制度 ─── 任意後見契約 ─── 本人／任意後見人・任意後見監督人
```

1.3　法定後見制度の意義と概要

　法定後見制度には，本人の意思や自己決定権の尊重，障害のある人も家庭や地域で通常の生活をすることができるような社会をつくるという理念（ノーマライゼーション）により，「後見（7条以下・838条以下）」「保佐（11条以下・876条以下）」「補助（15条～18条）」の3類型がある。すなわち，精神上の障害により事理を弁識する能力を欠く（既に判断能力が不十分な状態）にある者について，本人，配偶者，四親等内の親族，未成年後見人，未成年後見監督人，保佐人，保佐監督人，補助人，補助監督人または検察官などの申立てによる後見開始の審判により，家庭裁判所が適任と認める者を法定成年後見人（後見・保佐・補助）等に選任する制度をいう。また，高齢者の保護，軽度の痴呆，知的障害認知症などの人々の保護が図られるように「補助」制度がある。

2　成　年　後　見

2.1　「後見」の意義

　成年後見は，「精神上の障害により事理を弁識する能力を欠く常況にある者」が対象となる（7条）。3類型の中で最も症状の重い人が該当する。これは，自己の財産を管理・処分できない程度に判断能力が欠けている者，たとえば，通常，日常の買い物を自分ではできないため，誰かに代わってやってもらう必要のある人，家族の名前とか，自分の居住場所等，ごく日常的な事柄がわから

図7-2　補助・保佐・後見の制度の概要

		補助開始の審判	保佐開始の審判	後見開始の審判
要件	<対象者>（判断能力）	精神上の障害（痴呆・知的障害・精神障害等）により事理を弁識する能力が不十分な者	精神上の障害により事理を弁識する能力が著しく不十分な者	精神上の障害により事理を弁識する能力を欠く常況にある者
開始の手続	申立権者	本人，配偶者，四親等内の親族，検察官等 任意後見受任者，任意後見人，任意後見監督人（任意後見法） 市町村町（整備法）		
	本人の同意	必　要	不　要	不　要
機関の名称	本　人	被補助人	被保佐人	成年被後見人
	保護者	補助人	保佐人	成年後見人
	監督人	補助監督人	保佐人監督人	成年後見監督人
同意権・取消権	付与の対象	申立ての範囲内で家庭裁判所が定める「特定の法律行為」（民法13条1項所定の行為の一部）	民法13条1項所定の行為	日常生活に関する行為以外の行為
	付与の手続	補助開始の審判 ＋同意権付与の審判 ＋本人の同意	保佐開始の審判	後見開始の審判
	取消権者	本人・補助人	本人・保佐人	本人・成年後見人
代理権	付与の対象	申立ての範囲内で家庭裁判所が定める「特定の法律行為」	同　左	財産に関するすべての法律行為
	付与の手続	補助開始の審判 ＋代理権付与の審判 ＋本人の同意	補佐開始の審判 ＋代理権付与の審判 ＋本人の同意	後見開始の審判
	本人の同意	必　要	必　要	不　要
責務	身上配慮義務	本人の心身の状態および生活に配慮する義務	同　左	同　左

なくなっている人，完全な植物状態にある人等が挙げられる。審判により認定されると，保護者として成年後見人が必ず選任され (843条)，なお，成年後見人を監督する成年後見監督人が併せて選任される場合がある (849条の2)。

2.2 後見開始の審判の申立権者

後見開始の審判の申立権者は，本人，配偶者，四親等内の親族，未成年後見人，未成年後見監督人，保佐人，保佐監督人，補助人，補助監督人，または検察官である。検察官が挙げられているのは，検察官以外の者が請求しない場合でも，本人保護と一般的取引安全の保護を図るためであるが，検察官による請求事例はまれで，制度としては実際上，ほとんど機能していなかった。そこで，痴呆性高齢者，知的障害者，精神障害者等について，配偶者または四親等内の親族がいない場合，それらの親族があっても音信不通の状況にあるなど，その申立てを期待できない場合には，「本人の福祉のため特に必要がある」場合として，市町村長に請求権を認めた (老人福祉法32条，知的障害者福祉法27条の3，精神保健及び精神障害者福祉に関する法律51条の11の2。実際には，民生委員・福祉関係者等から寄せられた情報にもとづき，市町村の福祉部門の職員が申立てを行うことになろう)。

2.3 本人の自己決定権の尊重

自己決定権の尊重より，本人に日常の生活に関する行為については取消権の対象から除外される。典型例としては，条文にもあるとおり，食料品，衣類等の買い物 (「日用品の購入」)，電気・ガス・水道の各代金，それらの支払に充てるための預貯金の引き出しが考えられる。具体的な範囲は，各人の職業，資産，収入，生活の状況や，個別的目的との事情，法律行為の種類と性質等の客観的な事情を総合的に考慮して判断される。この改正は，一時的に意思能力のある時は，こうした日常の買い物等ができるようにする制度である。それ以外の法律行為は単独で行うことはできず，単独で行った行為は取消しの対象となる。

2.4 成年後見人の選任

(a) 成年後見人等選任の際の考慮事由　信頼性の高い者または法人が成年後見人等に選任されるようにするため，成年後見人の選任に際して家庭裁判所が考慮すべき事情として「成年被後見人との利害関係の有無」「成年被後見人の意見」などを明示的に列挙し (843条4項)，その規定を保佐や補助にも準用

している（保佐につき876条の2第2項，補助につき876条の7第2項）。

(b) **配偶者成年後見人の廃止**　旧規定では，原則として配偶者が後見人となるとしていた法定後見人制度を，配偶者のいない場合，配偶者が適任でない場合（高齢であるなど）も多いとしてこれを廃止した。

(c) **複数成年後見人の可能性**　後見人は，未成年後見人の場合（842条）を除いて，今日の後見事務ならびに各人の生活の多様性，本人の財産管理の紛争の増加を考慮して，成年後見人については複数名選任できる（複数の成年後見人間の関係については，859条の2・876条の3第2項前段・876条の8第2項前段参照）。

(d) **法人の成年後見人制度**　制度に対する多様なニーズから，成年後見人として法人を選任することができる。法人の資格には別段制限はないが，法律上は，社会福祉協議会，福祉関係の公益法人，社会福祉法人等のほか，信託銀行の営利法人を選任することも可能である。法人の適格性については，家庭裁判所がその法人の事業の種類，内容，本人との利害関係の有無を審査した上，個別具体的に判断される。

2.5　成年後見人の権限・職務と報酬

(1)　権限と職務

成年後見人の権限は，本人の法律行為の「代理権」と，本人が単独で行った行為の「取消権」である。介護保健法における要介護認定の申請等との関係から，その申請等の公法上の行為も代理権の対象となる。成年後見人の職務は具体的に定めていない。民法は，成年後見人の職務（本人の意思の尊重，心身状態や生活状況への配慮）に関する一般的な注意規定のみを定める（858条）。

(2)　報　　酬

後見人の事務処理に必要な費用は本人の財産から支出することができる。すなわち委任規定（650条1項）の類推によるのでなく，成年後見人等の適任者確保の視点から，後見事務処理費用を本人の財産から支出することができるとした（861条2項・876条の5第2項・876条の10第1項）。

3 保　　佐

3.1 被保佐人の意義

　被保佐人とは,「精神上の障害により事理を弁識する能力（判断能力）が著しく不十分な者」をいう（11条）。この者を「被保佐人」という（11条・12条）。その対象者が,判断能力が著しく不十分で,自己の財産を管理・処分するには常に援助が必要な程度の者,すなわち,日常的に必要な買い物程度は単独でできるが,不動産・自動車の売買や自宅の増改築,金銭の貸し借り等,重要な財産行為は自分ではできないという程度の判断能力の者をいう。

　なお,判断能力の不十分な浪費者も保佐,補助制度の対象なる。

3.2 保佐開始の審判

　保佐開始の審判は,本人,配偶者,四親等内の親族,後見人,後見監督人,補助人,補助監督人または検察官の請求による。成年後見の場合と同様に,身寄りのない人や親族の協力が得られない人の保護を図るため,市町村長が保佐開始の申立てのできる場合もある（老人福祉法32条,知的障害者福祉法27条の3,精神保健及び精神障害者福祉に関する法律51条の11の2）。保佐開始の審判は,本人の判断能力が著しく不十分な状況にあると認められる以上,審判の開始をすることになる。

3.3 保　佐　人

　保佐開始の審判により認定された場合には,保護者として保佐人が必ず選任され（11条・12条・876条の2第1項）,保佐人を監督する保佐監督人が合わせて選任されることもある。成年後見の場合と同じく,原則として配偶者が保佐人となる法定保佐人制度は採用していない。そして,保佐人を複数名選任できること,法人を保佐人として選任することができる。

3.4 保佐人の権限

　(a)　同意権　　被保佐人（本人）は,原則として単独で法律行為（契約締結）ができるが,一定の法律行為については,保佐人の同意を得なければならない（13条）。本人保護に実効性の観点から,保佐人に「取消権」を付与している（120条1項の「同意をすることができる者」に該る）。

　(b)　代理権　　当事者が申立てにより選択した13条に規定する以外の「特定

の法律行為」について，家庭裁判所に認められれば「代理権」を付与することもできる (876条の4)。「特定の法律行為」とは，預貯金の管理・払戻し，不動産その他重要な財産処分，遺産分割，貸借契約の締結・解除等の「財産管理に関する法律行為」，生活，療養監護に代表される身上監護に関わる，介護契約，施設入所契約，医療契約等をいう。

　(c)　その他　(1), (2)の法律行為に関わる登記，要介護認定の申請のような公法上の行為もその対象となる。さらに，これら事務に関わる訴えの提起，追行等の授権も可能である。

4　補　助

4.1　被補助人の意義

(1)　「補助人」は，「精神上の障害により事理を弁識する能力が不十分な者」をいう (15条1項)。被保佐人よりも軽度の痴呆，知的障害の場合を対象としている。具体的には，重要な財産行為について，自らできるかもしれないが，適切にできるか危惧があり，本人の利益のためには誰かに代わってもらった方がよいとか，いわゆる「まだらぼけ」でその程度も軽度で，自己の財産を管理・処分するには援助が必要な場合があるという程度の者をさしている。

(2)　補助人を家庭裁判所に申し立てる場合には，本人の同意を必要とする。能力を判断するための鑑定は，原則的に不要で，医師の診断書などの証拠によって認定を受けることができる。

4.2　補助開始の審判

補助開始の審判は，本人，配偶者，四親等内の親族，また検察官，すでに後見開始の審判，保佐開始の審判を受けている者（被後見人，被保佐人）で状態が軽くなった者が，補助の制度へ移行する場合には，成年後見人，成年後見監督人，または保佐人，保佐監督人の請求による。成年後見の場合と同じく，身寄りのない人や親族の協力が得られない人の保護を図るため，市町村長が保佐開始の申立てのできる場合もある（老人福祉法32条，知的障害者福祉法27条の3，精神保健及び精神障害者福祉に関する法律51条の11の2，具体的には，民生委員，福祉関係者の情報を基に市町村長の福祉部門の職員が申立ての事務を行うことになろう）。

4.3 補助人

被補助人と認定されると，保護者としての補助人が必ず家庭裁判所により選任される。また補助人を監督する補助監督人が合わせて選任されることもある。

被補助人は，自己決定権の尊重から，基本的に単独で法律行為を行うことができる。しかし，家庭裁判所が定める特定の法律行為については，補助人の同意を得るか，あるいは補助人に代理権が付与される（同意を要する行為は民法13条の範囲に限定される）。補助人を複数名選任することや，補助人として選任することも後見，保佐制度と同様に可能である。

4.4 補助人の権限

補助人には，申立ての範囲内で家庭裁判所が定める「特定の法律行為」につき，《本人の同意》，《付与の審判》により「同意権」，「取消権」，「代理権」のいずれか，またはすべてが認められる(876条の9第1項)。同意権の範囲は，保佐の場合以上の同意権の範囲を設定することはできない。保佐の対象者より高い判断力のある被補助人について，保佐以上の行為能力の制限は好ましくないからである。具体的には，同意権，取消権については13条1項所定の行為の一部となる。また，日用品の購入，日常生活に関する行為は同意権付与の対処にならないことは，自己決定権の尊重の観点から，後見，保佐と同様，全面的に本人の判断にゆだねられる。

5 任意後見制度

5.1 任意後見制度の意義

任意後見契約とは，本人が契約の締結に必要な判断能力を有している間に，自分の選んだ「任意後見人」に対して，もし自分が精神上の障害により事理を弁識する能力が不十分な状況に陥った場合には，自己の生活，療養看護および財産の管理に関する事務の全部または一部を委託し，その委託に係る事務について代理権を付与することを内容とすることを事前の契約によって予め定めておく委任契約である。家庭裁判所が（任意後見法4条の規定により）任意後見監督人を選任した時からその効力を生ずる旨の定めのあるものをいう（任意後見法2条1号）。

5.2 任意後見制度の概要

こうした後見のための契約は，委任契約（643条以下）によってもできる。しかし，任意後見法では，依頼者である本人（委任者）が判断能力を失った後も，受任者が契約内容を履行することができる。その要点は以下のようである。

(a) 任意後見契約の締結は，必ず公証人による法務省令で定める様式の「公正証書」で作成しなければならない（任意後見法3条）。公証人が関与することにより，適法かつ有効な契約の締結を担保するためである。

(b) 「家庭裁判所が任意後見監督人を選任したときから契約の効力が発生する」旨の特約を付すことが条件とされている（同法2条1号）。本人がぼけてしまった後，後見監督人が選任されて後見人をしっかり監督する体制が整ったところで，はじめて契約が効力を発生することとなる。したがって，任意後見契約を締結した後も任意後見監督人が選任されるまでの間は，契約は効力を発生していないこととなる（いわゆる停止条件付委任契約）。したがって，任意後見監督人が選任される前の段階では，「任意後見契約の受任者」であるにすぎない。

(c) 任意後見監督人を選任する際には，本人が申し立てる場合と本人が表意できない場合を除き，本人の同意を必要とする（同法6条）。自己決定の尊重の観点から，任意後見契約が効力を発生する際にも，できるだけ本人の意思を確認させるというものである。

5.3 任意後見監督人

(1) 任意後見監督人の選任

任意後見契約が登記されている場合において，精神上の障害により本人の事理を弁識する能力が不十分な状況にあるときは，家庭裁判所は，本人，配偶者，四親等内の親族または任意後見受任者の請求により，原則として任意後見監督人を選任する（任意後見法4条1項）。なお，本人以外の者の請求により任意後見監督人を選任するには，本人が意思を表示できないときを除いて，自己決定権の尊重により本人の事前の同意がなければならない（同条3項）。

(2) 任意後見監督人の職務

任意後見監督人は，任意後見人の事務を直接監督し，その内容等その事務に関して家庭裁判所に定期的に報告する。いつでも任意後見人に対する事務報告請求権や，自ら一定の調査を行ったりする事務調査権（同法7条2項），本人に

対する財産状況調査権などもある。また，急迫の事情があれば任意後見人の代理権の範囲内で必要な処分をし，任意後見人と本人との利害が相反する行為につき本人を代表する（同条1項）。

　他方，家庭裁判所も，必要があると認めるときは，任意後見監督人の職務につき必要な処分を命ずることができる（同条3項）。

　なお，任意後見監督人を複数名選任したり，任意後見監督人として法人を選任することも可能である。

(3) 「任意後見人」の職務の開始

　「任意後見人」は，家庭裁判所で任意後見監督人が選任され（同法4条1項），任意後見契約の効力が発生した後，契約の内容に記載された事項について，本人の代理人として法律行為を行う。具体的には，健康診断の受診・治療・入院などの契約締結や費用支払であるとか，福祉施設の入退所に関する契約締結や費用支払であるとか，介護を依頼する契約締結と費用支払といったものが考えられる。代理権を行使するにあたっては，常に本人の意思を尊重し，かつその心身の状態と生活の状況に配慮しなければならない，という身上配慮義務の規定がある（同法6条）。

(4) 任意後見人の解任，任意後見契約の解除等

　任意後見人に不正な行為，著しい不行跡その他その任務に適しない事由があるときは，家庭裁判所は，任意後見監督人，本人，その親族または検察官の請求により任意後見人を解任することができる（同法8条）。任意後見人選任の前後においてその手続は異なる。

　(a) 任意後見監督人の選任前　　本人または任意後見受任者は，いつでも公証人の認証を受けた書面により任意後見契約を解除できる（同法9条1項）。

　(b) 任意後見監督人の選任後　　本人または任意後見人は，正当事由がある場合に限り，家庭裁判所の許可を得て任意後見契約を解除できる（同条2項）。

　(c) 解任や解除などにより任意後見人の代理権が消滅しても，これを登記しない限り善意の第三者には対抗できない（同法11条）。

5.4　法定後見（後見・保佐・補助）と任意後見との調整

　法定後見と任意後見は，重複して利用することはできない。いずれの手続を選択するかは，当事者に委ねられている。任意後見契約を締結して登記がなさ

れている場合に，本人の判断能力が不十分な状況に陥ったときには，原則として任意後見による保護を優先するとされている。これは，自己の後見のあり方を，事前に自ら契約で定めた本人の意思を尊重するためである。ただし，例外的に，任意後見契約が登記されている場合，家庭裁判所は本人の利益のため特に必要があると認めるときに限り後見開始・保佐開始または補助開始の審判をすることができる（任意後見法10条1項）。その審判の請求権者は，通常の請求権者のほかに，任意後見受任者，任意後見人または任意後見監督人をも含む（同条2項）。また，任意後見監督人の選任後に任意後見契約の本人が法定後見開始の審判を受けたときは，任意後見契約は終了する（同条3項）。任意後見監督人が選任される前に，任意後見契約の本人が法定後見開始の審判を受けた場合には，任意後見契約は効力が発生していない状態のまま放置されることとなる。

任意後見監督人を選択するときに，本人が既に成年被後見人・被保佐人・被補助人のいずれかである場合には，家庭裁判所は，当該本人に係る後見開始・保佐開始・補助開始の審判を取り消さなければならない（同法4条2項）。

6　成年後見登記制度

6.1　成年後見登記制度の概要

後見，保佐，補助および任意後見契約に関する新たな登録制度として，従来の戸籍簿への記載にかえて，後見，保佐，補助の登記（後見登記法4条1項）および任意後見契約の登記の制度（同法5条）を新設し，磁気ディスク等をもって調整する後見登記等ファイルに，おのおのの後見，保佐，補助または任意後見契約に関する詳細な内容（同法4条1項・5条）を登記するものとした。

登記の手続は，主に裁判所書記官・公証人の「嘱託」によって行われる。

登記事項に変更が生じた場合などには，当事者の「申請」によって行われることもある。

登記事項の証明が必要になった場合には，プライバシー保護のため，一定の範囲の者だけが登記事項証明書の交付を手数料を納付して請求することができる（同法10条）。

なお，後見登記等に関する事務は，法務大臣の指定する法務局または地方法

務局（それらの支局・出張所を含む）が登記所としてつかさどることとされた（同法2条）。

6.2 成年後見登記制度の内容

(1) 登記所・登記官

後見登記に関する事務は，法務大臣が指定する法務局・地方法務局またはその支局・出張所が登記所として行う（後見登記法2条）。登記所における事務は，指定法務局の法務事務官で，法務局等の長が指定した者が登記官として取り扱う（同法3条）。

(2) 登 記 事 項

(a) 任意後見契約を除く後見等　後見，保佐，補助の登記は，嘱託または申請による磁気ディスクに，4条所定の事項を記載する。すなわち，①後見等の種別，開始の審判をした裁判所，その審判の事件の表示および確定の年月日，②成年被後見人，被保佐人または被補助人の氏名，出生の年月日，住所および本籍，③成年後見人，保佐人または補助人の氏名および住所（法人にあっては，名称または商号および主たる事務所または本店），④成年後見監督人，保佐監督人または補助監督人が選任されたときは，その氏名および住所（法人にあっては，名称または商号および主たる事務所または本店），⑤保佐人または補助人の同意を得ることを要する行為が定められたときは，その行為，⑥保佐人または補助人に代理権が付与されたときは，その代理権の範囲，⑦数人の成年後見人等または数人の成年後見監督人等が共同してまたは事務を分掌して，その権限を行使すべきことが定められたときは，その定め，⑧後見等が終了したときは，その事由および年月日等である。

(b) 任意後見契約の登記（同法5条）　後見登記と同様に，嘱託または申請により，後見登記ファイルに，以下の事項を記載することにより行う。①任意後見契約に係る公正証書を作成した公証人の氏名および所属ならびにその証書の番号および作成の年月日，②任意後見契約の委任者の氏名，出生の年月日，住所および本籍，③任意後見受任者または任意後見人の氏名および住所（法人にあっては，名称または商号および主たる事務所または本店），④任意後見受任者または任意後見人の代理権の範囲，⑤数人の任意後見人が共同して代理権を行使すべきことを定めたときは，その定め，⑥任意後見監督人が選任されたときは，

その氏名および住所（法人にあっては，名称または商号および主たる事務所または本店）ならびにその選任の審判の確定の年月日，⑦数人の任意後見監督人が，共同してまたは事務を分掌して，その権限を行使すべきことが定められたときは，その定め，⑧任意後見契約が終了したときは，その事由および年月日等である。

　(c)　登記の方式　　後見登記等ファイルの記録は，後見等の登記については後見等の開始の審判ごとに編成し，後見開始前の保全処分の登記は保全処分ごとに，任意後見契約の登記については任意後見契約ごとに，それぞれ編成するものとされた（同法6条）。後見登記等のファイルは，戸籍簿のような人を単位として編成する方法（人的編成）ではなく，審判，処分，契約を単位として編成する，いわば事件別の編成をすることとした（ちなみにわが国の不動産登記は，不動産ごとの物的編成による）。

　(d)　変更の登記　　以上に記載された事項につき変更が生じたことを知ったときは，嘱託による登記がなされる場合を除き，変更の登記を申請しなければならないとした（同法7条1項）。さらに，成年被後見人等の親族，任意後見契約の本人の親族その他の利害関係人は，前項各号に定める事項に変更が生じたときは，嘱託による登記がなされる場合を除き，変更の登記を申請することができるものとされた（同条2項）。

　(e)　終了の登記　　㋐　法定後見の場合　　法定後見等に係る登記記録に記録されている成年被後見人，成年後見人，成年後見監督人等は，成年被後見人等が死亡したことを知ったときは，終了の登記を申請しなければならない（同法8条1項）。

　㋑　任意後見の場合　　契約に係る登記記録に記録されている任意後見契約の本人，任意後見受任者，任意後見人，または任意後見監督人は，任意後見契約の本人の死亡その他の事由により任意後見契約が終了したことを知ったときは，嘱託による登記がされる場合を除き，終了の登記を申請しなければならない（同法8条2項）。

　㋒　さらに，登記記録に記録されていない成年被後見人等の親族（家族），任意後見契約の本人の親族，事実と合致した登記をするにつき利害関係のある人は，法定後見等または任意後見契約が終了したときは，嘱託による登記がされる場合を除き，終了の登記を申請することができるものとした（同3項）。

登記事項証明書の交付　後見登記は，この制度が設けられた趣旨（プライバシー保護）から，登記事項証明書の交付を受けることができる者の範囲を限定している（後見登記法10条）。

①　a；自己を成年被後見人等または任意後見契約の本人とする登記記録，b；自己を成年後見人等，成年後見監督人等，任意後見受任者，任意後見人または任意後見監督人（退任したこれらの者を含む）とする登記記録，c；自己の配偶者または四親等内の親族を成年被後見人等または任意後見契約の本人とする登記記録，d；保全処分に係る登記記録で政令で定めるもの

②　a；未成年後見人または未成年後見監督人その未成年被後見人を成年被後見人等もしくは任意後見契約の本人とする登記記録または4条2項に規定する保全処分に係る登記記録で政令で定めるもの，b；成年後見人等または成年後見監督人等その成年被後見人等を任意後見契約の本人とする登記記録，c；登記された任意後見契約の任意後見受任者その任意後見契約の本人を成年被後見人等とする登記記録または4条2項に規定する保全処分に係る登記記録で政令で定めるもの

③　a；自己が成年被後見人等または任意後見契約の本人であった閉鎖登記記録，b；自己が成年後見人等または成年後見監督人等，任意後見受任者，任意後見人または任意後見監督人であった閉鎖登記記録，c；保全処分に係る閉鎖登記記録で政令で定めるもの

④　相続人その他の承継人は，その他の被承継人が成年被後見人等もしくは任意後見契約の本人であった閉鎖登記記録または保全処分に係る閉鎖登記記録で政令で定めるもの

⑤　国または地方公共団体の職員は，職務上必要とする場合

以上の場合，登記官に対し，それぞれ当該各号に定める登記記録について，登記事項証明書の交付を請求することができるとした。

以上の定めによれば，売買，消費貸借の相手方は登記事項証明書の交付の申請をすることができないことになり，取引の安全を害するおそれがある。しかし，前記のように，その交付請求権者を限定した趣旨を損なわないためには，やむをえない。取引の相手方としては，本人に直接尋ねるか，本人，家族から登記事項証明書の提示を受けることで，その情報を確認することになる。したがって，真実は後見開始の審判を受けているのに，これを受けていないと答えたり，本人が能力者を装ったりした場合は，民法20条のいわゆる「詐術」にあたり，「取消

権」が否定される。

7 未成年者の能力の制限

7.1 未成年者

　満20年に達しない者を未成年者という（4条）。ただし，未成年者であっても婚姻をした者は，成年に達したものとみなされる（婚姻による成年擬制（753条），なお未成年者中に離婚してもこの擬制は取り消されないと解すべきであろう——反対説あり）。未成年者が法律行為をなす場合には，原則として，法定代理人の同意を得なければならず（5条1項本文），同意を得ずに単独でなした行為は，取り消すことができる（5条2項）。

7.2 未成年者の同意のいらない行為

　ただし次の行為については，未成年者は，単独でこれをなすことができる。
　① 単に権利を得，義務を免れる行為（5条1項ただし書）。たとえば，負担のない贈与を受けたり，債務の免除を受けたりすることである。したがって，単独で保証人となることはできない。
　② 処分を許された財産を処分すること（5条3項）。では，いったん処分を許された財産により取得した財産は，再度，法定代理人の同意がないと処分できないか。ここにいう「同意」は包括的同意をいい，とくに禁止のないかぎり，再処分行為にも及ぶと解すべきであろう。
　③ 営業を許された未成年者がその営業に関する行為をなすこと（6条1項）。未成年者には，保護者として，法定代理人が付せられる。ここでは，第1次的には親権者（818条・819条）であり，第2次的には後見人（838条）が法定代理人となる。法定代理人は，法律上当然に，未成年者の財産に関する法律行為について，代理権を有している（824条・859条）。また，法定代理人は，未成年者のなす行為につき同意権を有し（5条1項），さらに，未成年者が法定代理人の同意を得ずに単独でなした法律行為を取り消したり（120条），追認したりすることもできる（122条）。

8 制限能力者の相手方の保護の方法

8.1 相手方の保護の必要性

いままで説明したように，制限能力者の行為は取り消すことができる。しかし，取り消すことができる行為もそのまま一定期間 (126条) 放置しておけば有効な行為となり，制限能力者側がこれを取り消してはじめて無効となるのである。したがって，制限能力者が法定代理人の同意を得ないで行為をしたような場合には，その相手方にとってその行為が取り消されるのかそうでないのか非常に不安定な状態におかれる。単に相手方だけでなく，一般取引の安全が害されることにすらなりかねない。

そこで，まず，民法は，取消可能な行為を長い間不確定の状態にしておくのは望ましくないとし，取消権は短期で時効消滅すると規定している (126条)。しかし，この制度でも，相手方は時効期間は不安定な状態におかれることには変わりはない。

8.2 相手方への催告権の付与

そこで，民法は，相手方に制限能力者側に対して，制限能力者がなした行為を取り消すのか取り消さないのか，いわば最後通牒を発する権能を与え，制限能力者側がこれに対して何も返答しなくとも取消しまたは追認の効果を生ぜしめ，相手方を不安定な状態から救い，一般取引関係を安定させるようにしている。相手方がこのような催告をするには，取り消すことのできる行為を示して，これを取り消すかどうかの返事を求めることができる。

制限能力者側が考慮するための期間は1カ月以上の猶予をおかなければならない (20条1項)。

催告の相手方は，①制限能力者が能力者となっていれば，その本人である (20条1項)。②制限能力者である間は，未成年者と被後見人の場合はその法定代理人であり (19条2項)，被保佐人であればその本人である。ただし，この場合は保佐人の同意を得て追認するよう注意することが必要である (20条4項)。

催告に対して，相手方が期間内に追認または取消しの確答を発したときは，そのとおりの効果が生ずる。

後見人が制限能力者の重要な行為について追認するには，後見監督人の同意

を得てしなければならない（20条3項）。確答がなかったときは，制限能力者となった本人および制限能力中の法定代理人に対する催告の場合は追認したものとみなされる（20条1項）。これに反し，追認のため後見監督人の同意を要する事項（特別の方式を要する場合）について，後見人に催告した場合および追認のため保佐人の同意を要する事項について被保佐人に催告した場合は，取り消したものとみなされる（20条3項・4項）。なお，未成年者と被後見人に対する催告は確答がなくても何らの効果も生じない。

8.3 取消権の否定

　制限能力者が取引行為にあたり詐術を用いて相手方に自分を能力者と誤信させた場合は，かかる制限能力者は保護に値しない。むろん相手方は詐欺による取消しを主張したり（96条），不法行為による損害賠償の請求もできる（709条）が，相手方の救済としては制限能力者の取消権を否定してしまうのがより確実であるので，民法はその旨を規定した（21条）。

　能力者たることを信じさせるとは，制限能力者であるのに完全な能力者であると信じさせる場合だけでなく，法定代理人や保佐人の同意を得ていると信じさせる場合も含まれる。

　詐術とは，一般人として通常の知能を有する者が欺罔されてしまうような何らかの術策を用いる行為に出た場合をひろく含む。積極的に戸籍謄本を変造したり，同意書を偽造したりするような積極的詐術手段を用いた場合だけでなく，単に口頭で自分が能力者である旨を陳述する場合も詐術と解される。かつて判例は否定したが，被保佐人の取引相手方が能力に疑念をいだいて質問したのに対して，被保佐人が相手方に対し，「自分は相当の資産があるから安心して取引されたい」と述べた事例（大判昭8・1・31民集12巻2頁「源太郎詐術事件」）において，詐術の成立を認めている。また，被保佐人が，積極的術策を用いた場合にかぎらず，他の言動などとともに，相手方の誤信を強めさせたような場合には，詐術にあたるとするが，単に無能力者であることを黙秘していたのみでは詐術にあたるとはいえないという（最判昭44・2・13民集23巻2号291頁）。

　なお詐術の結果，相手方が能力者と誤信したのでなければ本条の適用はない。

【展開講義 10】 制限能力者が意思無能力でなした行為の効力

　制限能力者が意思無能力でなした行為無効である以上，もはや取り消せないのではないか。しかし，①取消しも無効と同様，法律行為の効果を否認する手段にすぎず，無効の法律行為は無であって取り消しうる余地がないと考えるのは法律的概念を自然的実在と同視するものであること，②取消しや無効が表意者保護のために認められている場合には，当事者が必要に応じてどちらかを主張しうるものとすることが表意者の保護になること，③対第三者関係で効果が異なる場合には当事者の選択を認める実益があることから，取消しは認められると考える。

　では，意思無能力による無効は取引の相手方も主張できるのか。
　意思無能力による無効は「意思なければ法的効果なし」の理由からではなく，表意者本人の保護を目的とする制度とみるべきである。したがって，主張できないと解すべきであろう。（無効の相対化）

　さらに，行為無能力者が意思無能力の場合，無効と取消しのいずれを主張することもできるのか。①無効と取消しに効果の差があり，無効主張の方が表意者に有利である以上，表意者保護のため無効主張を認めるべきである。②表意者側からしか無効主張できないと解すれば，取引安全を害することは少ない。③後見開始の審判を受けていない精神障害者が，後見開始の審判を受けている精神障害者よりも有利であるとすることは不当である。以上の理由により，認めてよいと思う（二重効肯定説）。

　なお，詐欺による取消しと錯誤による無効との二重効についても同様の問題がある。

【展開講義 11】 未成年者の法律行為について，法定の場合以外にも，同意なくして行為能力があることが認められるか

　未成年者の法律行為は，法定代理人の同意のない場合，取り消せる(5条)。しかし，そこでの取消権を与えていることの理由との相関関係より，取引安全の要請が強く，未成年者に単独で行為させても不利益を蒙るおそれが少ない場合には，行為能力を認めてよいのではなかろうか。その理由は以下のようなものである。

　現行民法起草時には，被保佐人のように，一定の行為についてのみ同意を必要とする未成年者（自治産未成年者）の定めをする予定であったが，削除されている。

　①　制限能力者制度は，意思理論の反省として，能力の不十分な者が自己に不利益な取消しをした場合の救済制度と考えるべきである。また，②未成年者に行

為能力を認めなければ，むしろ未成年者の生活の道を閉ざし不利益となる場合があるのではなかろうか。

具体的な場合について検討すると，

(i) 社会類型的行為（自動販売機，運送手段への乗車等，ガス・水道・電気の供給契約）については，常に行為能力があり，取り消せない。

(ii) 保護者のいない未成年者の行為能力については，生活に必要な契約は有効になしうる。

(iii) 許可を得ていない未成年者の営業（とくに商業登記のできない場合）では，具体的場合に応じ，未成年者保護と取引安全の利益衡量を行い，取引安全を優先すべきときは黙示の許可を擬制する。その理由は，5条2項の明文に反すること，未成年者に不利益となる危険が大きいことがあげられよう。

第8章　私権の主体と場所

1　住　　所

◆　導入対話　◆

学生：民法は22条以下で住所について定めていますが，これはどうしてでしょうか。

教師：それは，住所を基準としてさまざまな法律関係が処理されることが少なくないからです。たとえば，民法484条によると，AがBから借金の返済場所を決めないでお金を借りた場合，借主Aは借金を貸主Bの住所で返すことになっています。この場合には，住所は，どこで債務を弁済したらよいのか，つまり債務の履行地を決める基準となっているのです。

学生：ほかに，どのような場合に住所が問題となるのですか。

教師：このほか，住所は，相続はどこで開始するのかという相続の開始場所や，どこの裁判所に訴えたらよいのかという裁判管轄などを決定する基準にもなります。それぞれ，民法883条と民事訴訟法4条を見てください。それで，民法は，22条から24条までにおいて，住所に関する一般的な規定を設けています。

1.1　住所の意義

(1)　生活の本拠

住所とは，各人の生活の本拠をさす (22条)。生活の本拠とは，人の生活の中心場所のことである。ある場所がその人の生活の中心的場所であるといえるためには，定住の事実があればよいとする説（客観説）と，定住の事実のほかに定住の意思が必要であるとする説（主観説）との対立が古くからある。しかし，現在では，前者の客観説が通説であり，判例も客観説に傾いてきていると解されている。

(2) 住所の複数

人の住所は1つに限られるか（住所単一説），あるいは複数認められるか（住所複数説）ということも問題となる。たとえば，Aが神戸に家族と一緒に住んでいて，大阪で事務所を開いて営業を行っている場合，住所単一説によれば，家族と住んでいる神戸がAの住所ということになるであろうが，住所複数説では，家族生活の関係では神戸が住所となり，取引生活の関係では大阪が住所ということになろう。昔と異なり，現代では交通機関の高度の発達や経済活動の活発化などによって人の生活関係が多方面にわたっているので，それら各種の生活関係それぞれについて住所を認めるのが妥当といえよう。これについて判例の態度は明確ではないが，後者の住所複数説が今日では通説である。

【展開講義　12】　学生の選挙権と住所はどのような関係にあるのか

住所は選挙権との関係でも問題となり，公職選挙法9条2項は，「日本国民たる年齢満二十年以上の者で引き続き三箇月以上市町村の区域内に住所を有する者は，その属する地方公共団体の議会の議員及び長の選挙権を有する」と定めている。そして，国会議員の選挙も各人の住所地で行わなければならない。これに関連して，郷里を離れて大学の学生寮に3カ月以上住んでいる学生の選挙権について，その住所は学生寮にあるのか，それとも郷里にあるのかが争われたことがある。昭和28年に，自治庁（現在の総務省）は，郷里から仕送りを受け休暇ごとに帰省する学生の住所は郷里にあるものとして選挙人名簿を作成するよう通達を出し，寮所在地の選挙管理委員会がこの通達にもとづいて基本選挙人名簿を作成したために，これに登録されなかった寮に住む学生Aらが異議を申し立てた事件である。この事件について，最高裁判所は，住所とは原則として各人の生活の本拠をさすとしたうえで，Aらは学生寮で起臥し実家は遠いこと，選挙人名簿調製期日まで在寮期間が最も短期の者でも5カ月間を経過していること，休暇の時は郷里などに帰省するが，配偶者・財産があるわけではなく，休暇以外は実家にしばしば帰る必要もなくまたその事実もないこと，主食の配給も寮所在地で受け，住民登録もそこでなしていることなどを理由に，Aらの生活の本拠は学生寮にあるとした（最(大)判昭29・10・20民集8巻10号1907頁「星嶺寮事件」）。

もし学生の住所が郷里にあるとされれば，選挙のたびごとに郷里に帰らなければならなくなり，選挙権の行使が実質上不可能となるので，最高裁判所の結論は正当であるといえよう。ただ，この事件において，最高裁判所は，民法上の住所

と公職選挙法上の住所とが一致すべきであると考えていたかどうか（もしそうであれば住所単一説を採ったことになり，そうでなければ住所複数説を採ったことになる）については明言を避けている。しかし，人の住所は単一か複数かという問題と本件における学生Aらの住所が学生寮にあるかという問題は本来無関係であり，単一説と複数説のいずれを採ろうとも，本件Aらの住所が寮にあるという結論を出すことができる（米倉・159頁，大村敦志「学生の選挙権と住所」判百Ⅰ21頁）。なお，現在では，住民票が作成された日から引き続き3カ月以上市町村の住民基本台帳に記録されている者が永久選挙人名簿に登録され，原則としてその登録された者が選挙人となるので（公選19条・21条・42条），前述のような問題は通常起こらないであろう。

(3) 本籍と住民票上の住所

住所と区別されるべきものとして，本籍と住民票上の住所とがある。本籍とは，国民の身分関係を登録・公証する公簿（戸籍）を編成する基準となる場所をいい，住所とは無関係である。また，住民票は，市町村によって，その区域内に住む住民の居住関係を公証し，行政事務に役立たせるために作成されるものであり，住民票には各住民の住所が記載されるが，それは，民法上の住所を推定させる有力な証拠として機能するにとどまる。

1.2 居所と仮住所

(1) 居　　所

人が多少の期間継続して居住しているが，その土地との密接の度合が住所に比べて低い場所を，居所（きょしょ）という。居所は，住所の補充としての役割を果たす。第1に，その人の住所が知れない場合に，その居所が住所とみなされる（23条1項）。住所が知れない場合とは，住所がない場合とあっても不明な場合を含む。第2に，日本に住所を有しない者については，日本人と外国人とを問わず日本にある居所が住所とみなされる（23条2項本文）。ただし，準拠法を定める法律に従い外国の住所地の法律が適用されるべき場合には，それによる（23条2項ただし書）。

(2) 仮　住　所

仮住所とは，特定の取引のために当事者が一定の場所を選び，その取引につ

いて住所の代わりとするものをいう。その取引については，選ばれた仮住所が住所とみなされる（24条）。たとえば，金銭の借主Aと貸主Bが借金の返済場所について甲地をBの仮住所とした場合，Aは甲地で借金を返済しなければならない（484条）。

2　不在者と失踪宣告

――――――◆　**導入対話**　◆――――――

学生：私の高校時代の友達の父親が3年前に東京へ出稼ぎに行ったきりで家に帰ってこないそうです。当初の2年間は，3カ月毎に家族の生活費を送ってきていたのですが，今では送金もありませんので，その友人は大学を中退して働いているのですが……。
教師：それは，気の毒な話ですね。それで……？
学生：その学生は一人っ子なんですが，少しでも生活を楽にするために，今母親と住んでいる自宅を人に貸して家賃を取り，自分たちは安いアパートを借りようかと母親と相談しているそうです。
教師：その自宅の所有者名義は誰になっているのですか？
学生：問題はそれなんですよ。家の名義は父親になっていますので，勝手にそれを他人に貸すことができるのかどうか，友達も悩んでいるところなのです。
教師：なるほどね。でも，それについては民法に不在者の財産管理という制度がありますので，それを利用すればいいと思いますよ。
学生：そうですか。安心しました。ところで，仮にその父親がその後も帰ってこなくて，とうとう行方不明になった場合には，どうしたらよいのでしょうか？
教師：そのような場合については，失踪宣告という制度が民法に定められていますので，それを利用することができます。それでは，早速，不在者の財産管理と失踪宣告という制度を勉強してみましょう。

2.1　不在者の財産管理

(1)　制度の意義

　不在者とは，従来の住所または居所を去り，容易に帰ってくる見込みのない者をいう。このような不在者の財産が放置されたままであれば，本人のためだ

けでなく，その相続人や債権者のためにも好ましくない状態が生じる。そこで，民法は，25条以下で不在者の財産管理について規定を設けている。

(2) 財産管理人の選任および改任

(a) 不在者が財産管理人を置かなかったとき，または，本人の置いていた財産管理人の権限が本人の不在中に消滅したときは，家庭裁判所は，利害関係人または検察官の請求によって，その財産の管理につき必要な処分を命じることができる（25条1項）。利害関係人とは，不在者の相続人や債権者のような，不在者の財産の管理につき法律上の利害関係を有する者をいう。検察官は，不在者の財産管理が公益に関わることもあることを考慮して，請求権者とされている。必要な処分の最も重要なものが財産管理人の選任である。なお，不在者本人が後日に管理人を置いたときは，家庭裁判所は，その管理人・利害関係人または検察官の請求によって，先になした命令（財産管理人の選任など）を取り消さなければならない（25条2項）。

(b) 不在者が管理人を置いた場合であっても，後にその不在者の生死が不明になったときは，家庭裁判所は，利害関係人または検察官の請求によって，管理人を改任することができる（26条）。

(3) 財産管理人の職務と権限

(a) 財産目録の調整　①家庭裁判所によって選任された管理人は，その管理すべき財産の目録を作成しなければならない（27条1項前段）。その費用は不在者の財産から支弁される（27条1項後段）。②不在者の置いた管理人についても，不在者の生死が不明になったときは，家庭裁判所は，利害関係人また検察官の請求により前述の財産目録の作成を命ずることができる（27条2項）。

(b) 財産の管理　①選任管理人については，家庭裁判所は，不在者の財産の保存に必要と認める処分を命じることができる（27条3項）。しかし，選任管理人は，原則として103条に定める権限を有し，この権限を超える行為については，家庭裁判所の許可を得ることを必要とする（28条前段）。②不在者が置いた管理人の職務・権限は，不在者と管理人間の契約（委任など）によって決まるが，不在者の生死が不明になった場合において，その管理人が不在者の定めた権限を超える行為を必要とするときは，家庭裁判所の許可を得てすることができる（28条後段）。

(c) 担保提供・報酬など　家庭裁判所は，管理人に，財産の管理や返還につき相当の担保を提供させることができ（29条1項），また，管理人と不在者との関係その他の事情により，不在者の財産から相当の報酬を管理人に与えることができる（29条2項）。これらの処置は，選任管理人だけでなく不在者の置いた管理人にも適用があると解されている。

2.2　失踪宣告

(1)　失踪宣告の意義

　不在者の生死不明の状態が継続し，しかもその死亡の蓋然性が高いのにそのまま放置しておくと，たとえばいつまでたってもその家族は相続ができず，また，配偶者は再婚ができないことになって困ることになる。そこで民法は，不在者の生死不明の状態が一定の期間継続した場合には，その者は死亡したことにして，その者の従来の住所を中心とする法律関係を確定することにした。その結果，その者の財産については相続が開始し，配偶者は再婚が可能となる。これが失踪宣告といわれる制度である。そして，失踪には普通失踪と特別失踪（危難失踪）の2種類がある。普通失踪は，不在者の生死が7年間不明の場合であり（30条1項），特別失踪は，戦争，船舶の沈没，その他の危難（航空機事故，火災，洪水，雪崩など）に遭遇した者が危難の去った後1年間生死不明の場合である（30条2項）。

(2)　失踪宣告の要件

(a)　実体的要件　家庭裁判所が失踪宣告をするためには，まず民法30条により，次の要件がなければならない。

(ア)　不在者の生死が明らかでないこと　生死が明らかでないとは，生存も死亡も証明できないことをいう。

(イ)　生死不明の状態が一定期間（失踪期間）継続すること　失踪期間は，普通失踪では，最後の音信のとだえた時から7年間であり（30条1項），特別失踪では，戦争や船舶の沈没などの危難の去った時から1年間である（30条2項）。

(ウ)　利害関係人によって請求がなされること　利害関係人とは，失踪宣告を求めるについて法律上の利害関係を有する者をいう（大決昭7・7・26民集11巻1658頁）。配偶者・相続人・受遺者・保険金受取人などがその例とし

て挙げられる。したがって，不在者の親友であるというだけで失踪宣告を請求することはできない。なお，検察官は失踪宣告を請求できないと解されている（通説）。というのは，近親の者が本人の帰ってくるのを待っているのに，横あいから国家が失踪宣告の請求をするのは穏当ではないからである。

(b) 手続的要件　さらに，利害関係人の請求があった場合，家庭裁判所は，失踪宣告に先だって公示催告をしなければならない（家審規39条）。不在者および不在者を知る者に届けを促すためである。公示催告の期間は，普通失踪では6カ月以上であり，特別失踪では2カ月以上である（同40条2項）。

(3) 失踪宣告とその効果

(a) 失踪宣告　前述の公示催告がなされたにもかかわらず，不在者の生死が明らかにならない場合に，初めて家庭裁判所によって失踪宣告がなされる。30条1項は「宣告をすることができる」と規定しているが，家庭裁判所は必ず宣告をしなければならないと解されている（通説）。

(b) 失踪宣告の効果　失踪宣告がなされると，不在者（失踪者）は死亡したものとみなされる（31条）。その結果，失踪者の財産については相続が開始し，また，失踪者が婚姻をしておれば婚姻の解消が生じる。さらに，生命保険契約に特別な定めのない限り，保険金の受取人は生命保険金を請求することができる。死亡したとみなされる時期は，普通失踪では7年の失踪期間の満了の時であり，特別失踪では戦争や船舶の沈没などの危難が去った時である（31条）。失踪宣告においては，同時死亡の推定（32条の2）と異なり，たとえば失踪者が生きて還ってきた事実が証明されても，それだけでは死亡の効果を覆すことができない。死亡の効果を覆すためには，次に述べる失踪宣告の取消しという手続をとらなければならない。また，失踪宣告は，失踪者から究極的に権利能力や行為能力を奪うものではなく，失踪者の従来の住所や居所を中心とした法律関係について死亡したものと扱うにすぎない（擬制死亡）。したがって，失踪者が別の場所に住んでおれば，そこでは本人について有効な法律関係が生じる。

(4) 失踪宣告の取消し

(a) 取消しの要件　次の要件が備わった場合には，家庭裁判所は，失踪宣告を取り消さなければならない（32条1項前段）。

図8-1

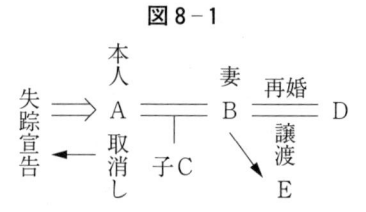

```
        本
失      人       妻   再婚
踪  ⇒  A ━━━━ B ━━━━ D
宣     取       ┃   譲渡
告  ←  消       ┃     ↓
        し    子C     E
```

(ア) 死亡の擬制が事実と反することの証明があること　死亡の擬制に反する事実とは，失踪者が生存していること（失踪者の生存），または，失踪者が31条に定めた時と異なる時に死亡したこと（失踪者の異時死亡）である。

(イ) 本人または利害関係人の請求があること。

(b) **取消しの効果**　失踪宣告が取り消されると，初めから失踪宣告はなかったことになる。したがって，たとえば失踪者Aが生きて還ってきて失踪宣告が取り消された場合，AがBと婚姻をしていたときにはその婚姻は解消せず，失踪者の財産について相続は開始されなかったことになる。そうすると失踪宣告を信頼してDと再婚した妻Bや相続人BとC，さらには，Bから相続財産である土地を買い受けたEは，その利益を害されることになる（図8-1を参照）。そこで，これらの者の利益を保護するために，民法は32条1項後段と2項の例外規定を設けている。まず，後者の規定から述べることにする。

(c) **32条2項が適用される場合**　32条2項は，失踪宣告によって財産を得た者は，失踪宣告の取消しによって権利を失うが，現に利益を受けている限度でのみ財産を返還する義務を負うと定める。失踪宣告によって財産を得た者とは，上例の相続人B・Cのような，失踪宣告の直接の結果として財産を取得した者をいう（通説）。このほか，受遺者や生命保険金受取人なども含まれる。上例のEのような相続人から財産を買い受けた者については，32条1項後段が適用される。したがって，上例のB・Cは，32条2項によって現に利益を受けている限度でのみ財産を返還すればよい。これを「現存利益」の返還といい，703条が定める善意の不当利得者の返還義務（「利益の存する限度」での返還）と同じ意味と解されている（通説）。すなわち，取得した財産がそのまま残っておればそれを，形を変えて存在しておれば（得た財産を処分してお金に換えた場合など）それを限度として返還するというものである。そうすると，財産を処分して得た代金を全部浪費した場合には，現存利益がないことになり返

還義務を免れる。したがって，上例のCについていえば，Cが相続によってAの銀行預金を取得した場合，Cがそのまま預金しておれば預金全額をAに返還し，一部を遊興費に使っておれば残りの預金を返還することになる。

―――――――――――――――――――――――――――――――――――

【展開講義　13】　失踪宣告により財産を得た者が悪意の場合と現存利益の返還

　図8-1のCが悪意の場合でも現存利益を返還すればよいか。ここでいう悪意とは，失踪宣告が事実に反すること，すなわちAの生存または異時死亡をCが知っていることをいう。そして，Cの善意・悪意を問わず，32条2項によってCは常に現存利益を返還すればよいとする有力説がある（高島平蔵「失踪宣告の取消と不当利得」谷口還暦記念(2)69頁）。しかし，通説は，32条2項によってCが現存利益の返還義務を負うのはCが善意の場合に限られ，Cが悪意の場合には，704条によって全利益に利息を付けて返還すべきであると解している（我妻・講義Ⅰ112頁，幾代・41頁，米倉・195頁，内田・第3版98頁以下，四宮＝能見・第7版74頁など）。Cの返還義務の法的性質は不当利得にもとづく返還義務であるが，不当利得においては利得者の善意・悪意で返還義務の範囲が異なるので（703条・704条参照），Cが悪意のときには704条の悪意の受益者と同じ返還義務を負うべきであるとするわけである（山畠正男＝松久三四彦「権利能力の終期」演民46頁，近江・第5版78頁）。その結果，通説によれば，703条と704条がある以上，32条2項は存在意義の乏しい規定ということになる。

―――――――――――――――――――――――――――――――――――

　(d)　**32条1項後段が適用される場合**　　次に，上例のB・E間の土地の売買について述べることにする。前述したように，このB・E間の土地の売買については，32条1項後段が適用される。それによれば，Aに対する失踪宣告がなされた後でその取消し前に善意でなされたB・E間の売買は無効とされないことになる。ここでいう善意は，(c)で述べた悪意とは逆に，失踪宣告が事実に反することを知らないことをいうが，判例（大判昭13・2・7民集17巻59頁）および通説は，32条1項後段が適用されるためには，契約当事者双方が善意でなければならないとする（双方善意説）。失踪宣告が取り消されても契約の効力が認められれば，失踪者は財産を取り戻すことができなくなるので，失踪者を保護するために，契約両当事者の善意を要求することにしたわけである。したがって，

図 8-2

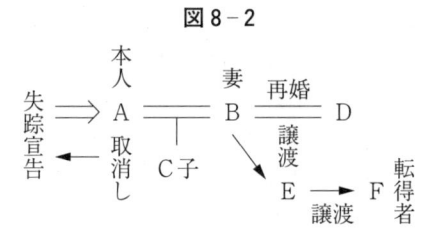

```
          本    妻   再婚
失踪      人   ┌─────┐
宣告  ⇒  A ─ B ─── D
      ←  取   │   譲渡
          消  C子   ↓        転
          し        E ───→ F 得
                      譲渡      者
```

判例・通説によれば，上例の場合，B・Eがともに善意である場合に限り，その売買は有効となり，AはEに対して土地の返還を請求できない。これに対し，最近では，取引の安全を保護するために，契約の相手方が善意であればよいとする説が多数を占めつつある（相手方善意説）。この説によれば，Eが善意でありさえすれば，B・E間の売買は有効ということになる。

【展開講義　14】　Eからの転得者Fが悪意の場合とE・F間の売買の効力

　上例のEからさらに当該土地を買い受けた転得者Fが悪意であった場合，E・F間の売買は有効となるか（図8-2を参照）。これについては，まず，B・E間の売買が有効であれば，Eは絶対的に権利を取得し，転得者Fは，その善意・悪意を問わず有効に権利を取得すると考える立場がある（絶対的構成説）。そして，上述の双方善意説と相手方善意説のいずれもこの立場をとっている（①双方善意・絶対的構成説，②相手方善意・絶対的構成説）。図8-2の場合，①説によれば，B・Eともに善意であれば，Fは，その善意・悪意を問わず，有効に土地を取得でき，②説でも，Eが善意であるかぎり，①説と同様の結果となる。これに対し，Bの処分の効力は当事者ごとに相対的に決定すべきであり，善意者との関係では有効となるが，悪意者との関係では無効となると考える立場がある（③相対的構成説）。この③説では，Eが悪意であってもFが善意であれば，Fの土地取得が認められる。この問題に関する判例は，前述の昭和13年2月7日の大審院判決であるが，これは，図8-2の例でいえば，相続された土地がB→E→Fと譲渡されたが，BとFが悪意であったケースであり，B・Fが悪意である以上Eの善意・悪意を問わず，BE・EF間の各売買は失踪宣告の取消しによって効力を失い，土地所有権はAに復帰するとした。しかし，この判決が①説をとっているのか，B・E・F全員の善意を要求しているのかは判然としない。学説では，①説を採るものもあるが（米倉・208頁，内田・第3版56頁以下，100頁），最近では

②説と③説が有力に主張されている（②説を主張するものとしては，幾代・43頁，四宮＝能見・第7版73頁，加藤・第2版102頁以下，山畠＝松久・前掲論文48頁などがあり，③説を主張するものとしては，高島・前掲論文69頁，新注民(1)396頁（谷口），近江・第5版79頁以下などがある）。絶対的構成を主張する説は，相対的構成説を採れば善意者が保護されなくなることを挙げる。たとえば，図8-2の例でEが善意でFが悪意の場合，相対的構成説を採れば，Fに対するAの土地の返還請求が認められ，その結果，FはEに対して売主の担保責任（561条）を問うことができ，善意者Eの保護が図れないことになるとする。これに対し，相対的構成説の側からは，善意のEは所有権を有効に取得している以上，瑕疵のある権利をFに譲渡したことにならないから，Eの担保責任は発生しないと反論されている。以上のような転得者保護の問題は，この失踪宣告の取消しの場合だけではなく，虚偽表示（94条2項）や詐欺による取消し（96条3項）などの場合にも生じるので，これらを含めて総合的に検討することが必要であろう。

(e) 身分行為と32条1項後段　それでは，BとDとの婚姻は，Aの生還によってどのようになるのであろうか。これについては，つぎのような2つの考え方に大きく分かれている。第1は，32条1項後段には単に「行為」としか書かれていないことから，この後段は身分行為にも適用されると解する説である。これによれば，B・D双方が善意であれば，B・D間の後婚は有効であり，これと矛盾するA・B間の前婚は復活しない。しかし，B・Dの一方または双方が悪意であれば，失踪宣告の取消しによって前婚は復活し，後婚も取り消されるまで残ることになる。その結果，重婚状態が発生し，それは前婚については離婚原因（770条1項5号），後婚については取消原因になる（732条・744条），とする。第2は，身分関係については本人の意思を尊重すべきであることを理由に，32条1項後段は身分行為には適用されないと解する説である。その結果，B・D間の後婚の効力だけが認められ，A・B間の前婚は復活しないことになる。戸籍実務もこの考え方をとっており（昭和25年2月21日民甲520号民事局長回答），学説でも有力になっている。そして，平成8年2月に法制審議会民法部会が法務大臣に答申した民法の一部改正に関する法律案要綱でも，この考え方が案として採用されていた。

2.3 認定死亡

　水難・火災その他の事変によって死亡したのは確実とみられるが，死体が発見されない場合に，その取調をした官公署（海上保安庁，警察署長など）が死亡地の市町村長へ死亡報告をし，これにもとづいて本人の戸籍に死亡の記載が行われる（戸89条・91条・15条）。これが認定死亡といわれるものである。この認定死亡は，死亡の蓋然性が高い場合に一応死亡したものと扱うというだけの処理をするにすぎない。したがって，認定死亡が誤っていた場合，たとえば，海難事故で死亡したと認定されたAが生きて還ってきた場合，本人の戸籍の訂正を経ずに当然に認定死亡は効力を失うと解されている。

第9章　私権の主体となる『組織』——法人制度——

1　法人とは何か

―――――――◆　導入対話　◆―――――――

学生：法人という言葉をよく聞くのですがそれはどのようなものですか？

教師：法人とは人（法人と区別する意味で自然人といいます）ではなく，法律により権利の主人公（主体）として認められたものをいいます。それには，特定の条件を具備した人が集まり組織する団体である社団法人と，人が単独・共同に提供した独立財産からなる「財団法人」の２つがあるんだよ。

学生：では，その社団法人や財団法人は具体的にどのようなものがあるんですか？　また，それはどのようなものですか？

教師：みんながよく知っているものには，社団法人では，「日本相撲協会」，財団法人では，黒柳徹子さんが理事長をされている「トット財団」があります。

　　　社団法人とは，社団であり法人格をもつものをいいます。社団が法人格をもつのはその目的が公益か営利かで異なりますが，前者は，設立者の作成した定款に主務官庁が許可を与えることでできますが，後者は，商法の会社ならびに有限会社法等の規定に従って組織し登記をすると官庁等への届出がなくてもおのおの法人格を取得します。財団法人は，法人を組織する者が「寄附行為（法人の根本原則）」を定め，主務官庁の許可を受けることにより設立されます。これらの法人のうち民法は，もっぱら公益を目的とする法人を対象としています。

学生：では，この法人になるのと，そうではなくクラブ活動のように単に学生団体として活動するのとでは，どの点に違いがあるのですか？

教師：社団法人が設立されると，法人を構成する社員とは別個独立の社会的活動体となります。この点，民法上の組合は権利・義務の主体をあくまで構成員個人におくのに対比されます。財団の事業は理事が監事の任免方法は寄附行為中に定めておかなければなりません。社団法人と財団法人の差は，構成実体の相

> 違によって，自立性と他律性，弾力性と固定性があげられます。ところで，法人の法定要件を具備できず「法人成り」ができないもので，社会的実体として単一に存在し活動している社団・財団の問題，これが「権利能力なき社団」の問題です。なお，今日，法人格の悪用に対処するため「法人格否認の法理」が唱えられていることも付け加えておきます。

1.1 法人の意味とその機能

　自然人（＝個人）ではなく，法律上，人格（法的人格）が認められ，権利能力を与えられているものを「法人」と呼んでいる。その機能は，取引における法律関係の合理的処理と技術的単純化をはかること，ならびに，ある一定の組織が，社会的活動体として認められていることから，法律により，とくに，自然人とは別の，独立した権利・義務の主体となることを認める必要からのものといえる。

1.2 法人制度の発達とその必要性

(1) 法人制度の発展

　近代市民社会は，封建的拘束から，個人を解放するとともに国家以外に団体を作ることを原則として禁止した。万やむを得ず認める場合，特別の法律を制定し特許という形で認めた。その後，資本主義経済の発達は，個人の経済活動の自由を保障することの延長として，19世紀後半には資本の集まりで成り立つ会社組織の設立の自由を承認するにいたった。さらに，20世紀に入ると，資本の市場独占化の傾向が顕著となり，それはひいては世界大戦を生む契機となった。そこで，今日，こうした独占化を防ぐために，市場独占の禁止という法制策が多くの国々において採用されてきている。

　以上のような歴史をたどり今日，法人のはたす役割は，ますます重要となってきている。他方，この法人格のあることの弊害（法人格の悪用）も問題となっている。

(2) 法人制度の必要性

　今日における各種の取引は，個人の能力をはるかに超えたところにある。たとえば，そこで，一定の活動目的をもった人の結合体として団体，ならびに一

定の目的のための独立財産を成立させ，その存在があたかも人と同様に1個の私法上の社会的主体として活動することが必要となった。

2　法人理論——法人が権利義務の主体となるのはなぜか——

　法人は決して自然人と全く同一であることはないのであり，自然人と同じく権利・義務の主体として扱われるとしても，全く同じに考えることはできない。問題となる点をあげてみると，
　①　ある団体に対し法的人格を与える者は誰なのか
　②　団体が法的人格を認める基本的理由は何か
　③　法的人格ある団体の活動範囲はどこまでか
である。
　①では，それがもし国家なら国家の法人格の根拠が問題となり，国家の法人格を認めないとすると，国家の人格の問題をいかに理解するかという問題が生ずる。
　②においては，法人格を認める基本的理由を団体自身の統一的活動の確認の意味か，反対に，法人格付与により初めて団体の統一的活動が始まるのか等が論点となろう。
　③では，法人存在の目的に限りその限度を越えた活動のすべてを法人の行為でないとみるのか，それとも，法人活動の範囲を自然人と一応同一視し，法人の目的によって制限するのがよいのかが問題となる。以上あげた諸点は，実は，別個独立の問題ではなく，しかも，その底流には法人（団体）についての理解の差異があると思われる。すなわち，団体を自然人と全く同一であるといわないまでも，少なくとも，社会心理の中でそれ自身の生命・精神を持った有機的実在体であるとするなら団体が人格を持つことは団体自体の活動からであり，法はこの活動の容認のために法人制度をつくったということになる。これに対して，団体には生命・精神もなく法が実在しないものに便宜的に実在すると擬制したものであるとすれば，団体は一種の白昼夢ともいえそうである。以上のことから，法人の法的人格の性質をどう理解すればよいのかが重要課題となってくる。この法人の本質を論ずる諸学説を沿革順にならべると，①法人擬制説，

②法人否認説（受益者主体説，無主財産説，管理主体説），③法人実在説，ということになろう（【展開講義 15】参照）。この考え方を見ると，何よりも個人の自由が尊重されるべきであるとの考え方では，団体は個人の自由を拘束して社会の進歩を妨げるものとなり，権利義務の主体は，自然人たる個人に限るべきで，自然人以外に権利義務の主体となれるものは，とくに法律において自然人に擬せられるものに限るというふうになる（法人擬制説）。さらに，この考え方をさらにおし進めていくと，法人が権利義務を取得するといっても，結局は個人に帰属するのであり，法人は何ら実体のないものではないかという考え方に到達する（法人否認説）。

しかしながら，私たちの社会生活においては，個人は決して孤立するものではなく，いろいろの関係で結合し生活している。また，その結合により個人以上の能力を発揮してきたことも明らかである。このような結合が独自の社会的作用をもつ以上，それ自体１個の社会的実在であり，権利義務の主体となることができるのだという考え方がでてくる（法人実在説）。

3　法人格があることの具体的意味

法人格があることの意味は，大きく分けて２つある。

第１に，法律関係を単純にすることができる。すなわち，団体自身に独立の権利の主体性を認め，権利や義務の帰属先が，その団体の構成員とは別の「法人」に帰属させることができる。

したがって，第２に，個人の財産と，団体の財産を分離する。権利や財産の帰属関係をみると，それは，社団や，財団に帰属し，構成員や，財団の管理者には帰属しない。したがって，所有不動産は法人名義で登記できるし，義務も社団や，財団が負担することになり，構成員や代表者個人が負担しない。もし，法人の代表者により，その法人の目的内の行為から他人に損害を生じさせた場合，団体や，財団に帰属する財産により責任を負担することになる。原則として，構成員や代表者個人の財産には及ばない。さらに，対外的行為や，訴訟関係も団体や財団名義で行うことができる。

88　第9章　私権の主体となる『組織』——法人制度——

【展開講義　15】　なぜ，団体が法人格を取得するのか

　基本講義でも述べたように，(1)ある団体に対し法的人格を与えるものとは誰か，(2)団体に法人格を認める基本的理由は何か，は，法人をめぐる問題の端緒である。そこで，これに関する学説を紹介し，検討する。

　(1)　法人擬人説

　およそ権利には主体があり，権利者のいない権利は存在しないから，権利の主体は自然人でありそれに限られる。ところが，事実上権利主体なく活動する財産があることから無主体の財産が生ずることは避けがたく，法理論と事実との衝突が発生する。この衝突の解決手段として，独立財産に法人格を与えるならその間隙をうめることができる。以上を前提に，法人は単に技術的に法律により自然人に擬制せられたものにすぎないとする考え方である。サヴィニーの主唱にかかるものであるが（現代ローマ法体系2巻），その要点は，団体の内容と形式とを分け，団体の内容は，団体自体の性格により規定され，法的人格という団体の形式は法律がこれを与えたものであるとすることにある。

　(2)　法人否認説

　以上に対し，法人擬制説の極端な形態が，法的人格だけにとどまらず，団体の実在自体まで否認したため，それでは強いて法的人格を認める積極的理由がないとの見解が生じた。法人の社会的活動の実質は，社団の構成員個人か財団を構成する財産である。したがって，社団・財産それ自体を法的主体性あるものとする必要はないとする。この見解は，法人格のない独立財産の活動をいかに説明するかで説が分かれる。これは，教会財産の帰属についての論争と軌を一にする。すなわち，財産によって利益を受けるものが主体であるとする受益者主体説によれば，教会の財産が貧民のものであり，ただ教会が貧民のために管理するにすぎないとの見解と符合する，財産の管理者を主体であるとする管理者主体説（教会の財産は管理者たる司教・一司祭等の私物であるとの考えに由来する），財産自体が主体であるとする目的財産説（無主財産説）（教会の財産は神もしくはイエス＝キリストのものであるとの見解の系統をひくもの）である。

　(3)　法人実在説

　法人は，法律が擬制したものではなく，自然人とならび法的人格を認められるに値する社会的実在であるとする。ドイツの法学者ギールケ（Gierke, 1841-1921）の提唱にかかるものである（Ottovon Gierke, Das deutsche Genossenschaftrecht）。彼は，ゲルマン社会の歴史を検討することから特定種類の団体の

社会的実在の意味内容を明らかにし，法的人格が無から有を作出するものではなく，初めから実在する団体の活動を法的に承認したことを説いた。すなわち，国家といえども実在なきものに人格を附与し実在を擬制する権限はない。しかし，実在する団体を無視し，法的人格を否認することは無意味であると主張した。なお，この説には法人を自然人と同じ統一体としての意思・固有の生命を持ち社会的有機体とみる有機体説（ギールケ）と，サレーユ（Saleilles, 1855-1912）の提唱した，法人は有機体説のいうように必ずしも意思の主体として存在するのではなく，権利主体とにふさわしい法律上の組織体として実在するとする組織体説（組織）に分かれる。両者の違いは，法以前の団体をそのまま法の世界でも肯定するのに対して，組織体説では法的技術により1つの組織体としてふさわしい実在体として再構成する。

　今日における団体の作用を見るとき，どの考え方によるのがよいであろうか。民法を実在説の立場から考えることにどのような実益があるだろうか。たしかに，法人の理事が他人に損害を加えたときに法人自身の賠償責任を認めることができるか，という重要な問題がある。理論的には実在説でなければ肯定できないように思われる。ただし，現行民法は明文をもって肯定している（44条）ことから問題を生じないようにも思える。しかし，44条につき，もし擬制説をとれば，これを理論に反した便宜的な規定とみることとなり，実在説をとれば理論上当然の規定ということになる。法人の行為能力の範囲の問題も，直接には43条の解釈によって決められるが，擬制説によれば，とくにその法人の目的として列挙された行為に限るとの傾向を示し，実在説によれば，法人の社会的作用からみてある程度妥当な範囲に拡張する傾向をもつことになる。このように擬制説をとるか，実在説をとるかは実際的にも重要なことといえる。

【展開講義　16】　法人格否認の法理の意義と機能

　法人であることは，法律関係から生ずる義務（債務）は法人に帰属し，法人の構成員には及ばない。そこで，この法人格があることを悪用する場合がある。そもそも法人は，それが法の擬制であるか否かにかかわらず，社会公共の便益のために認められているのであるから，法人格を否定し，その構成員に直接，責任を負担させることが必要となる。

　法人格否認の法理とは，ある一定の法人につき，その存在を全面的に否定するのではなく，一応法人としての存在を認めながら，特定の具体的事件において法人格を否認し，その背後にある実体に即した法律的取扱をすることをいう。

この法理が適用される場面を考えると，

① 法人格を利用することにより法を潜脱したり，契約上の義務を回避したり，債権者を詐害するように，法人格が濫用されるような場合，ならびに，

② ある会社が個人または親会社により完全に支配されている場合など法人格が全くの形骸にすぎない場合が考えられる。

判例をみると，①の例として，賃貸借を解除され明渡しを請求された事案で，賃借人とされる新会社が旧会社と実質において同一である事情があるときは，新会社は旧会社と法人格を異にするという実体法上・訴訟法上の主張は信義則に反し，許されない（最判昭48・10・26民集27巻9号1240頁）とし，法人格の濫用を認めなかった。また，②の例では，株式会社が，税金の軽減を図る目的で設立され，実質が全くの個人企業にほかならない場合，これと取引をした相手方は，会社名義でなされた取引であっても，会社としてか個人としてなされたかが判然としないようなときには，会社の法人格を否認してその取引を背後者たる個人の行為と認めて個人の責任を追及することができるとし，法人格の形骸化した場合にこの法理を適用した（最判昭44・2・27民集23巻2号511頁）。

そのほか，手形上の責任または不当労働行為責任を回避する手段として形式上いったん会社を解散し，実質的に前の会社と異ならない新会社を設立した場合，経済的一体関係にある子会社による，親会社株式の取得保有の場合なども問題となる。

4　法人の種類

4.1　社団法人と財団法人

社団法人とは，一定の共同目的をもつ人の集まりからなる団体で，かつ法人格を有するものをいう。社団法人には構成員としての社員は存在する。法人としての行動の決定は，社員自身が行わず，法人の最高意思決定機関である社員総会によってなされる。これに対して，民法上規定されている団体に「組合契約」がある（667条以下）。組合においては，集団がその構成員から独立した存在ではない。対外的な法律関係は，組合員全員が組合を代表し，対内的には，組合員相互の契約関係として成り立っている点で法人とは異なる。

財団法人とは，一定の目的のために結合している財産の集合体に対し法人格

が与えられたものをいい，財産の提供者とは別個独立の権利主体となる。財団法人の中心はあくまで，その「財産」であるから，社団法人のような社員はいない。財産の運用・管理という点が問題となる。その財産管理のための法技術は財団法人と信託とがある。したがって，財産がどのような目的のために提供されたかということに，その法人の目的・活動は拘束されることになる。

現行法では，社団法人は，その目的が，公益を持ったもの，営利を持ったもの，その中間的なものに区別され，公益社団法人は民法により，営利社団法人（＝会社）は原則として商法により規律される。今日，この両者に中間的なものもあり，これらは特別立法により規律されている（宗教法人・学校法人）。これに対して，財団法人は，公益を目的とするものに限られる。

4.2 公益法人と営利法人

公益法人とは，祭祀，宗教，慈善，学術，技芸等，公益に関する事柄をその目的としている法人であり，不特定多数人の利益を目的とする（34条）。公益を目的とするとは，積極的に社会全体の利益を目的とし，営利を目的とせず，たとえ収益（利益）があった場合でもこれを構成員に分配しないことをいう。民法上の法人はすべて，この公益を目的とする団体でなければ法人格は付与されない。たとえば，日本相撲協会などは収益事業を行っているが，これによる収益は当該団体に帰属する。

営利法人とは，営利を目的とし，その構成員たる社員に利益の分配を図ることが，究極の目的となっているものをいう。株式会社は，利益をあげた場合には，株主に1株あたり〇〇円の配当をしている。営利法人を規律しているのは会社法である。

なお，同業者間の相互扶助とか，構成員の共通の利益の増進を図る等など，公益とともに営利をも目的としたり，いずれの目的も持たないものについて，特別法によって，法人格を付与するものがある。たとえば，消費生活共同組合，農業共同組合，労働組合などである。

両者の主な違いは，設立につき，公益法人では，「主務官庁の許可」を要するが，営利法人では会社法に則って手続がなされれば法人格を取得する。設立後の監督は，前者では主務官庁，後者は自主的管理が第1である。

4.3 公法人と私法人

従来，公法人と私法人との区別が行われた。公法人とは，国家の統治作用の一部を分担する法人のことをいい（国・地方公共団体など），そうでない法人を私法人と呼んでいる（会社・私立学校など）。しかし，今日，公法と私法の区別のあいまいさならびに，両者の区別の実益としての裁判管轄，国家賠償法の制定によりこの区別の実益はほとんどない。

5 法人の設立と消滅

◆ 導入対話 ◆

学生：法人の設立を順を追って説明してください。
教師：法人を設立するには，申請から許可にいたるまでの段階を簡単に示すと次のようになります（雨宮孝子・公益法人設立・運営52頁）。
　このような段階を経て設立されることになります。法人を立ち上げるには結構時間がかかるんです。

前段階―任意団体―任意の団体活動の積み重ね。
　↓
第1段階―設立準備―会員募集，寄附確認，設立構想と準備。
　↓
第2段階―設立相談―主務官庁に行き設立構想を説明，相談，協議。
　↓
第3段階―設立内諾―主務官庁の内諾と指導で設立準備具体化。
　↓
第4段階―設立総会―定款・寄附行為―設立代表者等を決定。
　↓
第5段階―書類作成―省令に基づき適正な書類を作成する。
　↓
第6段階―設立申請―主務官庁に設立許可申請書類を提出する。
　↓
第7段階―設立許可―設立許可申し受ける。

5.1　法人の設立

社団法人と，財団法人の権利能力取得は，きわめて法政策の問題である。とくに，自然人と違いその法律関係が瞬時に決まるわけではなく，法人設立と消滅には準備のプロセスがあり，その間の法律関係が問題となるからである。

法人の設立から消滅までのプロセスを図解すると以下のようになる。

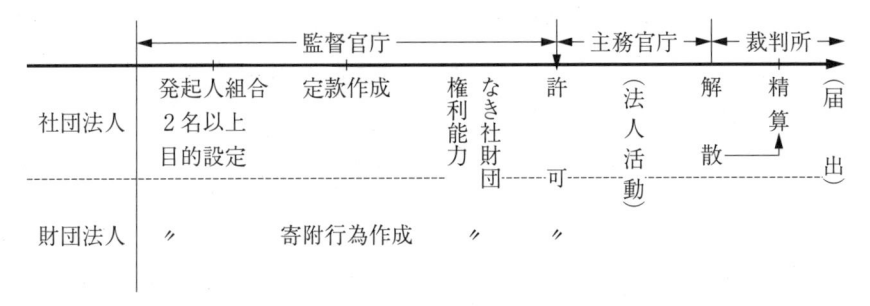

	←―――――監督官庁―――――→	←―主務官庁―→	←―裁判所―→
社団法人	発起人組合 2名以上 目的設定　定款作成　権利能力なき社団財団　許可	(法人活動) 　解散	精算　(届出)
財団法人	〃　　　　　寄附行為作成　　〃　　　〃		

5.2　法人の設立の考え方

法人の設立に関しては，種々の考え方（立法）がある。法人の設立に関しあえてその規制の強弱により順番をつけるとすると以下のようになろう。もっとも規制の弱い「自由設立主義」，ついで，「準則主義」，「認可主義」，「許可主義」，そして，もっとも規制の強い「特許主義」，である。

以上のほかに，法律上当然認められる「当然設立主義」，国家が設立義務を課す「強制主義」とがある。

　(a)　自由設立主義　　設立について国家が全く関与しないものをいう。旧民法はこの考え方を採用していたが，今日のわが国には全くみられない。

　(b)　準則主義　　法律の定める一定の組織を備え一定の手続により公示することによって設立を認めるものである。営利法人としての「会社」（商52条2項・57条・58条）や，労働組合（労組11条），建物区分所有者の管理組合法人（区分所有47条1項）がそれに当たる。

　(c)　認可主義　　一定の組織を備え，法律の要件をみたしている場合には法人の設立を必ず主務官庁が認可しなければならないとするものである。JA（農協59条以下），生協（生協57条），健康保険組合法（健保29条以下），医療法人（医療44条・45条）学校法人（私学30条・31条），宗教法人（宗法12条〜14条＝認証）など特別法上の法人についてこの主義が採られる。

なお，認可，不認可については「許可主義」と異なり，裁判所に訴えて争うことができる。

(d) 許可主義　民法において，公益法人を設立するには，主務官庁の許可を得てこれを法人とすることができると定めている(34条)。すなわち，法人の設立について，主務官庁の自由裁量による許可主義の立場をとっている。かつては，団体ないし財産の結合体に国家の承認を必要としてきた。しかしながら，法人の設立につき，こうした許可主義は，団体設立の自由を奪うことになり，民法の自由主義と相反するともいえるし，一般的にみても古い考え方といえる。

(e) 特許主義　特許主義とは，個々の法人を設立するために特別の法律を制定するものであり，日本銀行その他公社・公団・公庫等がその例である。

(f) 当然設立主義　法律上当然法人格が認められる特殊なものである。国(国庫)，地方公共団体(自治2条1項)，地域団体，相続人不存在の際の相続財産法人(951条)にその例がある。

(g) 強制主義　法人の設立を何らかの理由により，強制しあるいは組合への加入を強制するものである。弁護士会，弁理士会はそれに当たる。これは，団体結成の強制である。

相続人不存在の場合の相続財産法人(951条)がある。

法人設立の以上の仕方の中で，わが国は，民法その他の法律により，主務官庁の許可がなければ法人の設立が認められてはいない(d)の方法を採っている(33条＝法人法定設立主義)。

5.3　公益社団法人・財団法人の設立

(1)　公益社団法人の設立

公益社団法人の設立行為には，次の3つの条件が必要である。①会員相互の利益だけでなく，積極的に公益を目的とし，営利を目的としないこと(34条)，②法の定める事項を記入した定款という書面の作成をすること(37条)，③主務官庁の許可を得ること(34条)，である。

社団法人の設立行為は，法人を設立しようとする共同目的に向けられた2人以上の者の意思の合致により成立する。

(2)　公益財団法人の設立

公益財団法人の設立は，以下の3つの条件が必要となる。①公益を目的とす

ること，②2つの寄附行為すなわち，一定の財産の出捐（経済的負担）と法の定める事項を記入した寄附行為（法人の根本規則）という書面が作成されること，③主務官庁の許可のあることである。財団法人の設立は社団法人と異なり1人でも可能である。出捐された財産は，遺言により設立する場合を除き(42条2項)，法人設立と同時に法人に帰属する (42条)。また，財団法人の設立者が目的と資産だけを定め，名称・事務所・理事の任免に関する事項を定めず死亡した場合，死者の意思を達成させるため，裁判所が利害関係人または検察側の請求により，これらを決定し法人を設立させることにしている (40条)。なお社団法人・財団法人でないものが，その名称に，社団法人・財団法人という名称とがこれとまぎらわしい文字を使用することは禁じられ，これに対し罰則を設けている (35条・84条の3第4項)。定款・寄附行為の変更 社団法人は，その定款がなくては成立しない。いったん成立すると，総会により意思決定し，必要に応じその組織の修正を伴いながら自主的活動を行う。したがって，定款の変更もこれにのっとって変更できる。しかし，定款はその法人の根本規則であるから，その変更には厳格な手続を要求する。総社員の4分の3以上の同意を得，かつ主務官庁の同意を必要とする(38条)。なお，その定数は定款で変更できる(同条1項ただし書)。これに対して，寄附行為の変更は，原則として変更できない。財団法人の理事は，寄附行為規定に従い，寄附行為に定められている設立者の意思の実現者にすぎず，社団法人のような法人の活動を自由に決定する総会という機関を持たないからである。なお，寄附行為中にその変更に関する規定があればそれに従うことになり，その限りで寄附行為の変更が可能になる。

6 法人の登記と住所

◆　導入対話　◆

学生：民法上の法人の住所とか，その代表者など，法人の内容を一般の人はどのようにして知ることができるのですか？

教師：民法は，一定の組織をもっている法人がその組織を備えているかどうかを監督し，活組織内容を一般に知らせるために法人登記の制度を設けています。したがって，法人登記を見ることによって分かるのです。

6.1 法人の登記

民法上の法人は一定の組織を有する。しかし，この組織を備えているか否かの監督と組織内容の一般人への周知のために，登記制度を設け，一定事項の記載を，一定期間内になすことを要求している。登記すべき事項により，設立登記（45条1項・46条1項），事務所新設，移転の登記（45条3項・48条），変更登記（46条2項），解散登記（77条1項）がある。民法が定める登記事項には，目的・名称・事務所・設立許可の年月日・存立時期を定めたときはその時期・資産の総額・出資の方法を定めたときはその方法・理事の氏名，住所である。民法は，これら登記が理事，清算人により確実になされるために，これを怠った場合には過料に処することにしている（45条1項・46条2項・47条・48条・84条）。では，登記をしなかった場合，その法人の設立とかかわるのか。民法は，これら登記をしなかった場合には，その登記なき事項につき，第三者に対抗できないという不利益を伴うようにしている（45条2項・46条2項後段）。

6.2 法人の住所

法人も自然人と同様に一定の土地を中心に社会活動を行う。民法は主たる事務所の所在地をもってその法人の住所とした（50条）。

7 法人の組織と管理

◆ 導入対話 ◆

学生：人の場合，自分で決めたことを自分で行い，その責任を自分でとればいいのですが，法人の場合は，誰が行い，誰が責任をとるのでしょうか。また法人の機関にはどのようなものがあるのですか？

教師：法人の機関としては，社団法人，財団法人共通なものとして，法人の代表機関としての「理事」，理事の職務執行を監査する「監事」があります。その他，社団法人には，法人の最高意思決定機関としての「社員総会」があります。

学生：理事が法人を代表するとはどのような意味ですか？

教師：考え方が分かれるところですが，理事の行為の効果はことごとく法人について生ずるとの見解が通説です。

7.1 法人の組織

　法人が独立の人格者として社会的に活動するには，法人の意思決定，その意思にもとづく活動と，内部の事務処理をする一定の組織を必要とする。これを法人の機関という。法人には，理事，監事，社員総会の3種がある。すなわち，法人に常置・必須の執行機関で，法人の根本規則にもとづき，対内的には，法人の事務執行 (53条) を，対外的には，法人の代表者であり (53条・54条・55条・57条)，内・外部の事務を処理する機関としての理事，法人の意思を決定するものとしての社員総会，その行動を監督する監事である。しかし，法人の種類によりこの機関はさまざまである。社団法人では，最高意思決定機関としての社員総会を有するが，財団法人は，設立者（寄附行為者）の意思（設立意図・目的）に拘束され，かつ，社員の不存在によりこの機関はない。なお，法人は定款・寄附行為で以上のほかの機関（評議員会等）を置くことができる。ところで，法人は，自然人と同じく法的人格が認められているが，法人自体が現実の行動をするわけではない。実際には，法人の内部的・外部的事務は，法人に代わって，いずれも自然人が行う。これを，法人の執行機関という。執行機関としては，理事がその代表である。また，理事が欠け，または定員に不足を生じた場合，損害を生ずるおそれがあるとき選任される仮理事 (56条)，法人と理事との利益相反行為につき特定事項について選任される特別代理人 (57条)，法人の代表機関ではないが，理事の特定の職務行為について，理事の選任により，代理人となる理事選任代理人 (55条) がある。いずれも，利害関係人または検察官の請求で裁判所が選任する。なお，法人の代表機関ではないが理事の選任により，理事の特定の職務執行につき代理人となる理事選定代理人がある (55条)。

```
        社団法人                    財団法人
    ┌─────┼─────┐              ┌─────┐
   理事  社員総会  監事           理事    監事
```

7.2 理　事

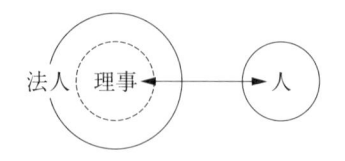

法人　理事　→　人

(1)　理事の法人における地位

(a)　理事と法人　　理事は社団法人・財団法人に必須・常置の機関であり(52条1項)，その員数・任期には制限はないが，その選任方法は定款・寄附行為によって定まる (37条・39条)。

(b)　理事となれる資格　　自然人であり公権を剥奪された者，公権を停止されている者は民法法人の理事とはなれない。

(c)　理事と法人との関係　　委任類似の契約関係と解され (通説)，委任に関する規定が準用される。したがって，理事は法人に対し善管注意義務を負う (644条準用)。理事の氏名・住所は登記事項で，その任免・退任は登記がないと第三者に対抗しえない (46条2項)。理事は，定款・寄附行為および社員総会の決議により職務を遂行するが，その職務権限は対外的には法人の代表権であり，対内的には事務執行権である。

(2)　理事の代表権

理事の行為は，法人の行為として認められるものでなければならない。

理事の代表権には以下のような制限がある。①定款または寄附行為の趣旨に反しないこと，②社団法人では社員総会の決議に従うこと，③法人と理事の利益相反する場合 (理事個人の債務につき，法人が保証をなす等)，理事には代表権はなく，特別代理人を選任し代表させる (57条) ことである。

理事は自ら業務を執行するのを原則とするが，定款・寄附行為・総会の決議で特に禁じられていないかぎり復任権を有する (55条)。この理事選定代理人は，法人の機関でなく法人の代理人であり理事はその選任・監督につき法人に対し責任を負担するとされている。

(3)　内部事務の執行

理事は法人の一般事務を執行し内部組織の維持に当たる。理事数人ある場合には，その事務執行は原則として多数決による (52条2項)。

理事の行う事務としては，法人の登記，財産目録の調整，社員名簿の作成と備付，社団法人の場合の社員総会の招集である。以上の各場合につき，理事には単独に代表権を有し，これらに制限があっても，そのことを知らない第三者には，代表権のないことを主張して責務を免れることはできない（対抗できない）。

(a) 「法人を代表す」の意味　民法は理事は「法人を代表す」とのみ規定する。この「代表」の概念につき「代理」とみるか，文字どおり「代表」とみるかにつき論議がある。理事の代表行為は，法人の事務一切に及ぶ。代表方式は，各理事単独代表を届出制とするが，集中代表方式を否定するものではなく，自治的選択を認めている（53条ただし書）。

(b) 代表の形式　代表形式は民法にとくに規定を置いていないことから，原則として，理事の規定によるべきと解される。よって，「××法人理事何某」として法人の名によりなされるときは法人の代表者としての行為となり，単なる個人名義において行われる場合は理事個人の行為ということになろう。

(4) 理事の代表行為とその制限

法令，定款・寄附行為・総会の決議などの法人の自治規範により定められた目的遂行に必要な範囲に限られる（43条）。理事の代表権の制限として民法は，①理事の多数決での共同代表（52条），②あるいは全員での共同代表，③総会議決を条件とする代表，④理事長を選任し，この者に代表権を与え，平理事の代表権を制限するという形式が考えられる。

(5) 権限外の行為

法人は理事の範囲を超えた代表行為の取扱いにつき第三者に対し責任を負うのか，それとも単に理事個人の責任とするかは問題である。法人の定款・寄附行為・総会の決議違反の場合は，理事は内部的には義務違反の責任を負う。外部的には，理事の代表権が包括的であり，その制限が外部より認識できない等から，善意の第三者には対抗できない（重過失ある相手方・第三者は含まれない）。悪意の第三者との関係では無権代理の法理による制限違反行為は外部的には表見代理の法理によるべきであろう。なお，理事と法人とが利益相反する事項については理事は代表権を有せず，裁判所選任の特別代理人が法人を代表する。これに反する行為は，無権代理とみるべきだと思われる（反対・判例は無効と

いう)。

7.3 監　　事
　定款・寄附行為において，また，総会の決議によって置くことができる。理事の職務執行を各自単独で監督する機関である (58条)。監事の職務は以下のようなものである。①法人の財産状況，②理事の業務執行の状況の監査，③財産の状況または業務の執行に不都合あることを発見した場合の総会または主務官庁への報告義務ならびに，この報告をなすため必要ある場合の総会招集である。

7.4 社員総会
(1) 社 員 総 会

　社員総会とは，社団法人においてのみ存在し，かならず置かなければならないその法人の最高意思決定機関である。

(2) 社　員　権

　社団法人の構成員である社員により構成される。社員の社団法人における権利を社員権という。この社員権は，社団そのものの維持管理に参画するいわゆる共益権が主要な内容である。自己が利益を受ける権利（自益権）の意味はほとんどない。なぜなら，この社員権は譲渡性がなく，相続性もない。ただし，この権利が多数決によって奪うことができるか否かは問題となる。

(3) 総会の議決

　定款で理事その他の役員に委任したものを除いて社団法人の事務はすべて総会の議決により行われる (63条)。法人の意思決定は，各社員の平等の表決権の行使によってなされるのを原則とする (65条)。総会では，あらかじめ通知をした事項についてのみ決議することができる (64条)。決議は出席社員の多数決による。ただし，特別の規定ある場合にはそれによる (38条1項・69条)。また，総会においてのみなしうる事項として，定款の変更 (38条)，任意解散 (68条2項1号) がある。重要な事項であり，法人の存続にかかわるからである。

(4) 総会の招集権者

　総会の招集権者は理事であり，理事は少なくとも毎年1回社員の通常総会を開くことが義務づけられている (60条)。さらに，必要があれば臨時総会を招集できる (61条)。また，理事が招集を怠ったときは監事に (59条4号)，ならびに社員にも，総社員の5分の1以上の賛成により，会議の目的たる事項を示して

請求したときは，理事に臨時総会を招集させることができる。

(5) 招 集 手 続

招集手続は少なくとも5日前に会議の目的たる事項を示し定款に則って行う(62条)。

(6) 法人の組織の変更

社団法人の定款の変更は，社員総会の決議と主務官庁の許可によりなしうる(38条・46条2項)。これに対し財団法人では，原則として設立者の意思に永久的に拘束されるので組織の変更はなしえない。ただし，寄附行為において，その変更のための規定を定めている場合には例外となる。

第10章　法人の活動

1　法人の能力とその有する権利・義務の範囲

◆ 導入対話 ◆

学生：では，法人はどのようなことができるのですか？　人間と同じような無能力者制度のようなものもあるのですか？

教師：各種の法人は，権利主体となることにより，これまでとは異なり，それを構成する人とは独立して独自の活動を行うことになります。そこで，各種の法人は，生まれつきいかなる範囲で権利義務を持つことができるかが問題となります。法人は自然人と異なり，性，年齢，親族関係というような自然人の天然の性質からでてくるものはないんです。

　また，法人が権利主体としての地位があるのは，法律によるから，その権利能力の範囲も法律の制限があることはいうまでもないんです。ですから，当然，制限能力者制度というものもありません。さらに，法人はある目的の下に生まれたのですから，その目的以外のものは，原則として制限されることも付け加えられるんです。

　法人は，設立されることにより，その設立者または個々の構成員から独立した社会的活動体となるのであるから，法人の行為は，当然に，定款もしくは寄附行為によって定められた目的の範囲内の行為に限られ，その範囲内にある限り，そのまま法人自身の行為となる (43条)。

　では，法人が，どのような範囲の権利義務をその成立からもつことができるのであろうか。これについては，法人に対する見方により異なる。しかし，以下の点において，いわゆる人（自然人）と異なり，性質，法令，ならびに目的による制限がある。

1.1 制限される範囲の態様

(1) 性質による制限

法人は，自然人とは異なり，性・年齢・肉体などを前提とする権利（生命権）を享有することはできない。ただし，独自の社会的実体を有している以上は，名称権や名誉権などといった人格権は認められなくてはならないであろう。判例には，法人の名誉権が侵害され無形の損害が生じた場合においても，右損害の金銭評価が可能である限り，710条の適用があるとするものがある（最判昭39・1・28民集18巻1号136頁）。

(2) 法令による制限

法人は一定の作用を社会に対して及ぼし，その作用は，法人の存在目的を中心とする。したがって，権利能力の範囲についてもこの目的に制限されることはいうまでもない。法人が権利の主体としての地位を有するのは，法律の規定にもとづいている。したがって，権利の範囲についても法律の制限に従うとする（43条）。

(3) 目的による制限

法人は，目的的な存在であるから，定款，寄附行為に定めた目的外のものは享有できない（43条）。

(4) 「目的の範囲」の判断基準

43条を考えるにあたり，次の諸点を注視する必要があろう（詳細は，注解民Ⅰ総則(1)184頁以下（橋本）参照）。

① 目的による制限をした趣旨は何か，
② その法人が営利法人か否か，
③ とくに非営利法人の場合には構成員の福利と合致するか，そして，
④ 取引の安全，当事者間の信義公平との関係である。

判例からその点を探ると，営利法人では，会社の目的自体に包含されない行為であっても，目的遂行に必要な行為は，目的の範囲に属するとする（最判昭27・2・15民集6巻2号77頁，最判昭30・11・29民集9巻12号1886頁）。

この点について今日の状況に決定的な影響を与えたのが，「八幡製鉄政治献金事件」である。会社による政治資金の寄附は，客観的・抽象的に観察して，会社の社会的役割を果たすためになされたものと認められる限り，会社の権利

能力の範囲に属する行為であるという（最（大）判昭45・6・24民集24巻6号625頁）。

非営利法人の場合については，農業協同組合の組合員以外の者への貸付において，それが組合の目的と全く無関係のものであり，したがって，定款に違反するということを双方が承知してなされたときは，右貸付は組合の目的範囲内に属しないとするという（最判昭41・4・26民集20巻4号849頁）。他方，公益法人であり強制加入団体である税理士会が政治献金した総会の議決を無効とする（最判平8・3・19民集50巻3号615頁）。

以上の点を考えるに，法令ならびに定款または寄附行為に定めた「目的自体」は，限定されたものであっても，それは，法人の社会的作用を述べているものである。したがって，「目的自体」と「目的の範囲内」とは区別すべきで，権利能力の範囲を決定する「目的の範囲内」というのは，目的として挙げられた事項に限定されず，これら目的遂行に適当な範囲内の全般にわたるといえる。

1.2 法人の不法行為責任

(1) 責任負担の要件

民法は，「理事その他の代理人」がその職務を行うにつき他人に加えた損害を法人が賠償する責めを負うと規定する（44条）。この規定は一般に，法人自身の不法行為責任について定めたものと解されている。

法人が責任を負担する要件は，以下のものである。

① 「理事その他の代理人」の加害行為であること　「理事その他の代理人」とは，法人の代表機関の意味である。「その他の代理人」とは，理事と同じく代表機関の地位を有する仮理事（56条），特別代理人（57条），清算人（75条）をさす。しかし代表権をもたない監事，社員総会は含まれない。理事から委任を受けた理事選定代理人は含まれず，支配人や，任意代理人らの加害行為は，715条1項により法人の責任が生ずるにすぎない（四宮・121頁等は，法人の不法行為責任に関し，法人の実体的契約を視すべきとして，責任媒介者を法人の代表機関に限定することに疑問視する。なお，大判大6・4・7民録23輯690頁参照）。

② 「その職務を行うについて」他人に損害を加えたこと　「その職務を行うについて」とは，715条の「その事業の執行について」とほぼ同意義である。代表機関が全く個人的になした行為は法人の責任を生じない。また，

職務の意味について，本来，職務行為には第三者への不法行為を含んでいないとの理由からこれを排斥するのではなく，広く解すべきとされている。すなわち，外形から観察し，職務に属するとみられる行為は，代表者の意図とかかわりなく，その職務行為と適当な牽連性をもち，社会通念上法人の目的を達成するためと認められる行為を含むと解されている。その加害行為は事実行為（違法な刑事告訴），ならびに法律行為（理事が目的範囲外の行為をした，とくに，市町村の首長・収入役の越権行為）の形式をとる場合もある。たとえば，村議会の議決を欠き，また，法律に違反する村長の手形振出行為は，外見上村長の職務行為に該当する（最判昭37・9・7民集16巻9号1881頁）。もっとも，地方公共団体の長のした職務権限外の行為が外形からみてその職務行為に属するものと認められる場合であっても，相手方が，その職務に属さないことを知り，または知らないことについて重過失あるときは責任を負わない（最判昭50・7・14民集29巻6号1022頁）。

③ 法人の機関の行為が不法行為の成立要件を備えていること（通説・709条参照），である。

(2) 責任の内容

上記3つの要件をみたすとき，法人は賠償責任を負い，それ以外の場合には，行為者自身が賠償責任を負う。

(3) 個人の責任

法人が不法行為責任を負う場合，その行為をした機関個人の責任はどうか。擬制説では法人の不法行為は機関の行為であるから，機関個人が責任を負うのは当然となる。実在説では，機関の行為は法人の行為であるから理論的には法人のみが責任を負うことになる。しかし，機関の行為は，他方で法人の行為という面をももっているから，機関個人の責任も生ずるという（大判昭7・5・27民集11巻1069頁）。

(4) 法人と機関個人の責任関係

両者の責任は，いわゆる不真性連帯債務の関係に立つ。被害者は両者に全損害の賠償を請求できる。そして，法人が賠償した場合，機関個人に対して求償権を有することはいうまでもない。なお，「目的の範囲外」の行為による場合は，法人は責任を負わないが，被害者保護のため，その事項の決議に賛成した

社員，理事およびそれを履行した理事その他の代理人は連帯して責任を負うとした（44条2項，展開講義18参照）。

【展開講義　17】　法人の行為目的の範囲とその制限

(1) 問題の所在

43条は，「法人は……定款又は寄附行為で定められた目的の範囲内において，権利を有し，義務を負う」と規定している。そこで，民法は本条によって法人のなにを制限しようとしているのかが問題となる。すなわち，43条が，単に「権利を有し義務を負う」と表現していることから，同条が権利能力，行為能力のいずれを制限するものであるのか，または，理事の代表権を制限するにすぎないものなのかである。

(2) 学説の変遷

学説をみると，①法人においては自然人のように権利能力と行為能力との差は生じないから，両者の区別の必要も実益もないとし，行為能力概念を否定し権利能力の制限とみる見解（民法立案担当者の見解・服部栄三『株式の本質と会社の能力』121頁）。②法人実在説に立ち，法人は権利能力の範囲内で現実の権利義務を取得するのであり，法人の行為もその範囲に制限されるとし，権利能力のみでなく，行為能力をも制限するものとの見解，行為能力のみを制限するものとみるもの（我妻・講義Ⅰ155頁，柚木・(上) 302頁）。③法人は性質上，法令上の制限を受ける以外，自然人と同一の権利義務を取得でき，目的による制限は，法人のできる行為の範囲にすぎないとし，行為能力制限説（末川博『判例民法の理論的研究①』7頁以下，谷口知平「公益法人のあり方について」私法4号84頁以下，我妻・案内Ⅱ91頁）。そして，④法人擬制説に立ち，43条は法人（理事の代表権）の活動とその結果の帰属が制限されているとするもの（川島・112頁，四宮・能見（第6版）118頁），等がある（なお，会社につき，会社の代表機関のなしうる行為についての法人に対する内部的義務を定めたものにすぎないとするものがある（上柳敏郎「会社の能力」『株式会社法講座Ⅰ』109頁））。

(3) 検　討

以上4つの考え方は，それぞれ法人の本質をどのようにみるかによってその差異があらわれている。しかし，ここでの問題は，理事の具体的な行為が法人としてのどのような評価を受けるのかにつき，いかなる差異を生ずるかにある。すなわち，法人の代表者が目的の範囲外の行為をしたときの行為である。取引の安全

という面を配慮すると，④の考え方に魅力がある。なぜなら，表見代理として処理しうることが可能となるし，少なくとも無権代理の追認の余地が生じえよう。しかし，この考え方には次のような批判が生ずる。法人の目的は，登記により公示されているのであり，表見代理成否のポイントである「正当理由」の判断にあたり否定される場合が少なくないのではないか，また，取引の安全を強調しすぎないかである。もし，取引の安全をいうなら，目的の範囲を広く解することにより目的を達成しうるのではないかとも考えられる（幾代・123頁以下）。判例は，目的による制限の具体的範囲につき，営利法人にはゆるやかに，非営利法人は少し厳格に解している。営利法人について判例理論を総合すると，定款の目的を制限的にみるのではなく，目的たる事業を遂行するに必要な事項すべて目的の範囲内に含まれるとする。最高裁大法廷は，製鉄会社が特定政党に政治献金をした事案で，株主からの定款所定の目的の範囲外であるとの主張に対し，「会社による政治資金の寄附は，客観的・抽象的に観察して，会社の社会的役割を果たすためになされたものと認められるかぎりにおいては，会社の定款所定の目的の範囲内の行為である」と判示するにいたった（最(大)判昭45・6・24民集24巻6号625頁「八幡製鉄政治献金事件」判百Ⅰ（第3版）30頁）。非営利法人では，営利法人に対するよりやや厳格である（詳細は，石田『判例と学説』143頁以下参照）。

　ところで，民法上の法人は公益を目的としているから，公益とは何かということが，民法法人が存立していくうえでの基礎となる。したがって，積極的にボランティアを行う，災害時に寄附をする等の行為は，その法人の存立を危くする以外はその目的の範囲に入ると考えるべきであろう。

【展開講義　18】　法人の不法行為と機関個人の責任

　では，直接の加害者である機関個人の責任はどうか。
　判例・学説ともに肯定している。法人学説との関係法人の不法行為責任をどう理解するかについては，法人学説との関係で学説の対立がある。まず，実在説の立場により，法人は行為能力を持ち，かつその行為能力は法人の目的達成のためのすべての手段を含むことから，この手段である行為が不法ならば，その不法行為は法人の行為といわねばならず，44条は，法人の当然持つ不法行為能力を定めたものとするものである（我妻・講義Ⅰ161頁，松坂・40頁）。これに対し，擬制説，否認説の再評価という観点より，法人の行為ならびに不法行為はありえず，民法44条は，理事その他代理人の加えた損害について，法人の賠償責任を認めた政策的規定である，とする見解が主張されている（川島・126頁以下，幾代・130頁，四

宮・110頁以下)。この考え方は，法人の技術的性格を重視しつつ，法人とその機関たる理事とは一応別個の法人格者として取り扱おうとする点に特徴があり，民法44条の法人の不法行為責任は被用者の不法行為についての使用者責任（715条）と同様の，他人の行為についての賠償責任の一類型として理解しようとするものである。

【展開講義　19】　民法44条と110条との関係

　法人の代表機関が権限を逸脱して取引した場合に，これを，①法人の不法行為として処理すべきか，②法人の表見代理責任（110条）で処理すべきかが問題となる。

　判例は，村の収入役が銀行を欺いて村議会の決議の限度を越えて金銭を借り入れた行為につき，表見代理の成立を否定し，村の不法行為として賠償責任を認めた（大判大10・11・14民録27輯2011頁）。他方，収入役が置かれているため，現金出納の権限のない村長が村名義で他人から金銭を借り入れて受領したケースでは，村の表見代理の成立を認めている（最判昭46・6・13民集25巻4号455頁）。

　学説では，①この問題を代理権がない場合の相手方保護の問題とみて，表見代理責任のみを適用するとの見解（川島・130頁，柚木・(上) 339頁），②取引の安全を一層強く保護するため，まず110条の適用を考慮し，その適用が否定されたときに44条の適用を吟味すべきであるとする見解（我妻・講義Ⅰ165頁），③こうした行為は不法行為と取引行為とが複合した取引的不法行為であるから，相手方において，110条と44条の責任を選択できるとするもの（川井健「法人の不法行為・表見代理」演民93頁以下，森泉章・判百Ⅰ33頁）がある。今日，取引の保護をはかるとは取引安全をいうのであり，それは取引を有効にするのがもっとも適切といえ，110条の適用を優先して考えるべきで，したがって，②説が妥当であるが，取引的不法行為という概念を提唱し，44条と1110条を選択させ私的自治を貫こうとする点から③説に魅力を感じる。

2　法人の消滅

◆　導入対話　◆

学生：人間の場合，その権利能力の消滅は「死亡」ですが，法人の場合はどのよ

うな原因で，消滅するのですか？
教師：法人は解散によってその目的遂行のための活動をやめます。解散事由には社団法人と財団法人に共通なものと，社団法人に特有なものとがあります。

2.1 法人の消滅原因＝解散

(1) 社団法人・財団法人に共通の解散事由は，①定款・寄附行為により定められた解散事由の発生，②法人の目的たる事業の成功または成功不能，破産，③設立許可の取消し，である（68条）。

(2) 社団法人特有の解散事由としては，①総会において，総社員の4分の3以上の承認による解散の決議，②社員が1名もいなくなった（欠亡）場合，である。

2.2 清算法人の職務と能力

解散した法人の財産関係の整理手続を清算という。解散した法人は，清算の目的の範囲内において，その清算結了まで，なお，清算法人として存続し，従来の法人と同一性を失わない（73条）。そして，清算が結了したとき，清算人は，主務官庁に届出する義務を負い（83条），これにより名目ともに法人は消滅する。

3 いわゆる「法人格なき社団」・「権利能力なき社団」・中間法人・特定非営利活動法人

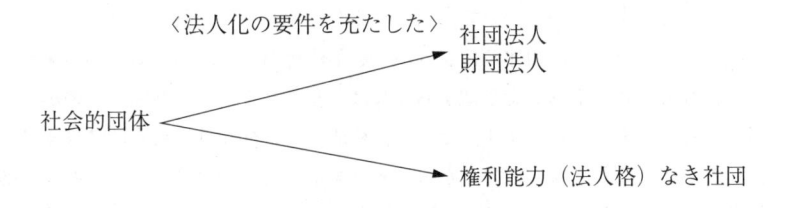

```
                  〈法人化の要件を充たした〉  社団法人
                                              財団法人
      社会的団体
                                              権利能力（法人格）なき社団
```

◆ 導入対話 ◆

学生：権利能力なき社団というのをよく聞くのですがそれはどのようなものですか？　また，民法には法人制度を設けているのに，なぜこのようなものがあるのですか？
教師：私たちの社会には営利を目的とするものではないが，かといって社会公共

のための公益を目的とするともいえない団体があります。たとえば，スポーツクラブ，趣味の同好会，同業者団体，商店連合会また，ボランティア団体などです。これらの団体は多くの団体員（クラブ員とか組合員）を有し，通常多数決によって団体の活動を決め，代表者の下に活動しています。また，団体自身の財産（運動場・体育館・〇〇会館）をもっている場合には，その実体は社団法人と異なるところはないのです。しかしながら，営利をも公益をも目的としないことから商法や民法によっては，法人格を与えることができません。そこで，こうした団体を権利能力なき社団または，法人格なき社団といっています。

学生：権利能力なき社団が民法上の法人でないとしますと，民法上，そうした団体をどう扱うのですか？

教師：この権利能力なき社団を，法律上どのように扱うかについて議論のあるところです。法人ではない団体だから，組合に関する規定（667条）を適用すべきだという考え方もあります。しかし，組合においては，その構成員個人の色彩が強いものですから，構成員の一人一人に帰属しますから，実体からして，いわゆる権利能力なき社団とは離れたものではないでしょうか。権利能力なき社団の実体は，法人格がないだけで社団法人とほとんど異ならないのですから，民法の社団法人に関する規定をできるだけ適用してもよいといえます。したがって，こうした民法の規定を適用してよい団体の要件を考える必要があるといえましょう。

学生：では，権利能力なき社団が得た貸し金は誰のものですか，また借金はだれが負うのですか？

教師：だから，社団の資産は社団自体に属し，社団員各自は総会を通じてどのようにして管理すべきかについて参画しうるだけであって，個々の財産について持分権をもたないし，団体の代表者がもし不法行為をし，第三者に損害を与えた場合も第三者に不利益を及ぼすおそれはありませんから，社団法人の場合と同様に考えてよいといえます。ただ，権利能力なき社団は，形式的にはやはり権利の主体となりえないのですから，所有する建物について登記をしたり，契約書に署名したりする場合は，社団の名だけですることはできません。代表機関である自然人の名でしなければならないとされています。

3.1　権利能力なき社団の意義と問題点

社会的に単一体として存在し活動している社団・財団であり，法人法定主義

のため法定要件を具備することができず，法人となれないものを権利能力なき社団（非法人社団）という。しかし，実際上の必要から，今日の学説はできるかぎり法人としての取扱いがなされるべきと考えている。また，民事訴訟法上（46条・58条），税法上（所税1条7項，法税1条2項）において独立の法的主体としての取扱いがなされている。

では，何が問題となるのか。この権利能力なき社団の内部関係については（組織内部の運営），原則として民法の社団規定を類推適用することに異論はない（幾代・147頁，四宮・139頁，注民(3)42頁（森泉））。しかし，①権利能力なき社団の成立要件はどのようなものか，②民法の社団法人の規定をどこまで類推適用しうるのか，については問題となる（阿久澤・Law School 127号52頁）。これは，権利能力なき社団が権利主体の証たる公示のみならず，物権取得の公示を欠いていること，ならびに，債権関係についてもこの「法人」が表面に現われてこないという点をどのように考えていくのか。そして，そのことから，構成員の利益と取引の相手方との利益の衝突をどう調和させるのか，という問題である。

3.2 権利能力なき社団の認定

(1) 認定の要件

認定要件について学説は，組合との違いを前提に以下のようにいう。

① 団体としての組織を備えていること，
② 代表選出の方法，
③ 総会の運営，財産管理の方法等

が規則によって確定している，ことを挙げている。学説には，権利能力なき社団に，社団法人の規定と組合の規定のいずれを適用すべきか，という問題にはあまり実益はなく，権利能力なき社団の要件は，すべてその効果より考えるべきとするものもある。

判例には，「権利能力なき社団といいうるためには，団体としての組織をそなえ，そこに多数決の原則が行われ，構成員の変更にもかかわらず団体そのものが存在し，しかしてその組織によって代表の方法，総会の運営，財産の管理その他団体としての主要な点が確定」している必要があるという（最判昭39・10・15民集18巻8号671頁，最判昭42・10・19民集21巻8号2078頁，最判昭49・9・30民集28巻6号1382頁。これに対し，最判昭55・2・8は，沖縄の血縁団体であるいわゆる門中に

ついて，前述の最高裁判決よりも弾力的判断を示している。すなわち，「組織が不文の慣行により確立され，門中の構成員の特定も可能であればよい」とする（民集34巻2号138頁）。今後の方向として妥当といえる。なお，阿久澤・講座Ⅰ237頁以下参照）。

(2) 民法規定の類推適用

では，民法のどの規定を類推適用すべきであろうか。判例では，権利の主体の問題で，33条が，また，仮理事の選任について56条が問題となった。判例には，理事の代表権についての53条・54条の類推適用を認めるもの（福岡高判昭32・12・14高民集10巻11号639頁），法人の不法行為能力についての44条に関するもの（長野地判昭42・3・28労民集18巻2号237号）がある。

権利能力なき社団はあくまで民法上の法人とは異なり公示手段をもっていないから，当然に社団法人と同一視することには疑問があるから，具体的事例ごとにその解決を図ることが必要であろう。

(3) 残された問題

(a) 社団財産の帰属　社団員による持分処分の自由・分割の請求ができるか，ならびに社団の債権者からの責任追及と社団員の責任限度である。これについても「権利能力なき社団」が組合に近いものか否か，また，営利団体に近いものか否か，等を考慮しつつ考えていかねばならない。組合に近いものであれば構成員に責任を負わせてよく，利益が構成員に分配されるなどの営利団体性を帯びているときは無限責任を負わせてもよいと思われる。

(b) 社団財産の公示　判例・実務では，社団名義の登記，代表者肩書付の個人名義の登記も認められない。学説には，債権者保護の見地より社団名義の登記をすることが望ましい等の意見が多い（星野・302頁，加藤一郎『新民法演習①』75頁）。

3.3　その他の法人

(1) 中間法人・中間法人法

中間法人は，公益も営利も目的としない法人である。公益目的の社団・財団は民法その他の法律（私立学校法，社会福祉法，特定非営利活動法人法など）上の公益法人となりうる（34条）。また，営利目的の社団であれば商法などにより営利法人となれる。

中間法人については，従来，一般的な法制度が存在しなかったので，特別法

（農業協同組合法，労働組合法など）によって法人格が取得するみちが存在しない場合には，いわゆる権利能力なき社団として法的に処理されることとなっていた。しかし，中間法人法（平成13年6月15日成立，平成14年4月1日施行）は一般的に，同窓会などの公益性を直接もたない中間法人にも法人格を取得するみちを開いた。中間法人法では，中間法人は「社員に共通する利益を図ることを目的とし，かつ，剰余金を社員に分配することを目的としない社団であって，この法律により設立されたもの」（2条1号）としている。そして，法人の債権者に対して社員が責任を負わない類型（有限責任中間法人）と責任を負う類型（無限責任中間法人）とを規定している。

社員の共益権として，総社員の議決権の10分の1以上を有する社員は有限責任中間法人に対し，会計帳簿および会計の書類の閲覧または謄写を請求することができる（中間法人法69条）。また，社員は有限責任中間法人に対し，書面によって理事の責任を追及する訴えの提起を請求することができる（中間法人法49条）。

有限責任中間法人には1人または数人の監事を置かなければならない（中間法人法51条）（中間法人法の詳細については，相澤哲＝内野宗揮編『わかりやすい中間法人法』参照）。

(2) ボランティアとNPO（特定非営利活動法人）法（平成10年3月25日成立，同年12月1日施行）

ボランティア活動などの社会貢献活動を行う民間非営利組織（Non Profit Organization）に法人格を付与する根拠となる特定非営利活動促進法（NPO法）が平成10年に成立・施行された。

特定非営利活動法人として法人格を取得するための要件の1つとして，特定非営利活動を行う団体であることが要求される。特定非営利活動はこの法律の中で限定されている。すなわち，「1　保健，医療又は福祉の増進を図る活動　2　社会教育の推進を図る活動　3　まちづくりの推進を図る活動　4　文化，芸術又はスポーツの振興を図る活動　5　環境の保全を図る活動　6　災害救援活動　7　地域安全活動　8　人権の擁護又は平和の推進を図る活動　9　国際協力の活動　10　男女共同参画社会の形成の促進を図る活動　11　子どもの健全育成を図る活動　12　前各号に掲げる活動を行う団体の運営又は活動に

関する連絡，助言又は援助の活動」である。

　設立については，特定非営利活動法人を設立しようとする者は設立の認証を受けなければならない（非営利活動10条）。また，その法人の成立は，設立登記をすることによって成立する（同法13条1項，有馬嘉宏「特定非営利活動促進法について」ジュリ1138号44頁以下参照）。

【展開講義　20】　法人理論の目指すもの

　法人擬制論は，基本的視点を，対外関係処理の法技術とみ，構成員や機関諸個人の法主体性をはっきりみようとするものであり，法人実在説では，実在としての団体性に注目する点に相違がある。そして，これらの説は，それぞれの依拠する社会思想ならびに法思想をバックボーンに持つものであり，それぞれの時代においての団体について説明するには意義があったといえる。

　ところで，団体をめぐる法律関係を処理するためによりよいと思われる方法は，自然人に対する法律の態度と同じく，団体そのものを法律上一単位として扱うことにあろう。こうすれば，契約の締結等，権利・義務の主体となることも，団体の名において行うことができるし，訴訟においても同様の処理がなしうる。その点から法人論を考え直すなら，法人制度は団体をめぐる法律関係を処理せんがための法律技術とみることもできる。また，法人における財産の帰属という側面においても，構成員個人の財産と団体の財産とは分離・独立のものとして管理・運営されるという点から財産上の権利・義務が誰に帰属するのか，ということを定めるための法律技術ともいえる。

　以上のことから，今日，法人理論の再検討を迫るものが少なくない（森泉章「法人制度の問題点」『団体法の諸問題』参照，篠塚昭次「法人論争の終結」『論争民法学2』246頁以下）。

　たしかに，法人制度も法制度である以上，社会生活における実在性という観点と，法律技術という観点をぬきにはできない。いずれにしても，法人制度を，法人として対社会関係上生じうるであろう現象を具体的にみて，内部関係の法技術的な取扱いを考慮したうえ，その取扱いを法的に確定していく必要があろう。

4 「一般社団法人及び一般財団法人に関する法律」の概要

4.1 公益法人制度の改革とその方針

(1) 公益法人は，これまで民法において，その設立から消滅まで規定してきた。しかしながら，休眠法人等の諸問題が生じ，それを解決するためには何らかの施策が必要との観点に立ち，平成16年行革方針等に基づき，民法上の法人は残しつつ（特例民法法人）が，公益法人制度について，以下のような方針の下，法律を定め整備することとした。

(2) 一般的な非営利法人制度の改革方針一般

① 社団形態の法人と財団形態の法人の2種類とし，その行う事業の公益性の有無にかかわらず，準則主義（登記のみ）によって簡便に設立が可能となるようにする。なお，剰余金を社員または設立者に分配することを目的とすることはできない。

② 社団形態の法人に関しては，社員となろうとする者2名以上が共同して定款を作成し，社員総会および理事は必ず置かねばならず，定款で理事会，監事又は会計監査人の設置を可能とする。なお，定款で，基金制度の採用が可能とする。

③ 財団形態の法人については，設立者が，定款を作成し，かつ設立時に300万円以上の財産を拠出すること，評議員および評議員会制度を創設するほか，理事，理事会および監事は必ず置かねばならない。また，定款で会計監査人の設置が可能とする。

④ その他，理事等の法人または第三者に対する責任に関する規定等を整備する。貸借対照表等の公告を義務付ける。大規模な法人については，会計監査人の設置を義務付ける。社員による代表訴訟制度のほか，合併，訴訟，非訟，登記，公告及び罰則等に関する所要の規定を整備する。

さらに，公益社団法人，公益財団法人としての認定およびこれらに対する監督等に関する法律として，下記のものを設けることとした。

(3) 公益性を有する法人の認定等に関する制度の設置

① 法人の認定等について，不特定かつ多数の者の利益の増進に寄与することを目的とする事業（公益的事業という）を行う法人を，行政庁（内閣総理大臣

または都道府県知事）が認定する。

　行政庁は，認定及び認定後の法人（公益認定法人）に対する監督を，民間有識者の意見に基づき実施する。

　②　公益認定法人の認定基準等または遵守事項としては，下記の項目が指針となっている。

　(ｱ)公益的事業費，(ｲ)理事の資格（同一親族等が理事及び監事の一定割合以上を占めない），(ｳ)事業計画，(ｴ)社員・役員名簿等の備え付け等，(ｵ)残余財産の帰属（国または類似目的の公益認定法人等に帰属させる），

　(ｶ)欠格事由としては，ａ）以前に認定を取り消され一定期間を経過していない法人等である場合，ｂ）役員が暴力団員である法人，ｃ）役員に一定の処罰歴がある法人等については認定されない。

　(4)　現行公益法人等の新制度への移行（整備法）

　①　現行公益法人は，新法施行日において，一般社団・財団法人法の施行により，民法は大幅に改正される（2007年版の六法参照）。そのため，これまでの民法法人はその根拠を失うため，一般社団・財団法人法の規定により，一般社団法人，一派財団法人として存続することとなった。すなわち，新法の規定による社団または財団として存続させ，「社団法人・財団法人」というこれまでの名称を使用できる（整備法42条）ほか，現行の所管官庁が引き続き指導監督するなど，現行の公益法人と同様の取扱いをする。これにより存続する法人を「特例民法法人」という。

　②　特例民法法人は，新法施行日から５年の間に（整備法44条～45条），現行の所管官庁を経由して，公益性を有する法人としての認定を申請または新法の適用される通常の社団または財団への移行の認可を申請することができる（整備法44条・47条・98条・99条・102条・103条）。そして，これらのいずれの申請も認められない場合または申請を行わない場合には解散する。

　③　特例民法法人が通常の社団または財団に移行する場合には，移行の際に保有していた財産の一定額について，構成員等への分配等を制限する観点から一定の規制する。

　したがって，新法は，剰余金の分配を目的としない社団および財団について，その行う事業の公益性の有無にかかわらず，準則主義（登記）により簡便に法

人格を取得することができる一般社団法人および一般財団法人に関する制度を創設し，その設立，組織，運営および管理についての規定した．

4.2 一般社団法人および一般財団法人制度の創設

(1) 前述したように，このような指針から，一般社団・財団法人制度が創設されることとなった．そこで，この制度についての概略を述べておく．

ここで，新たな法人制度における法人を，「一般社団法人」，「一般財団法人」としたのは，剰余金の分配を目的としない限り，幅広い活動を行う団体につき，公益性の有無にかかわらず，登記によって一般的に法人格を付与するものであり，公益認定をうけた「公益社団・財団」法人と区別する意味から，また，従来の民法法人も特別民法法人として，「社団・財団法人」の名称を用いることから（整備法42条）その名称にした．

① 一般社団・財団の法的性格

一般社団・財団の法的性格は，法人である（法3条）．法人は，それぞれの成立根拠法を必要とする．そこで，一般社団・財団法人法が法人成立のための根拠法であることを示している．

② 法人格の取得

これまでの民法上の法人と異なり，認可主義を採用せず，準則主義により設立される．一般社団法人および一般財団法人は，その行う事業の公益性の有無にかかわらず，準則主義（登記）により簡便に法人格を取得することになる（法3条）．

③ 法人の名称

名称中に一般社団法人または一般財団法人という文字を用いなければならない（法5条1号）．

一般社団法人は，その名称中に，一般財団法人と誤認されるおそれのある文字を（法5条2号），一般財団法人は，その名称中に，一般社団法人と誤認されるおそれのある文字を使用してはならない（法5条3項）．これは，一般社団・財団法人と誤認されるおそれのある名称等を使用させず，取引の安全，相手方の誤認を避けるためである．たとえば，株式会社がその商号で，「一般社団」という文字を使用できない（罰則がある＝法344条3号）．

一般社団法人または一般財団法人以外の者が，その名称または商号中での誤

認されるおそれのある文字を使用してならない（法6条・7条）。

　また，不正の目的で，他の一般社団法人又は一般財団法人と誤認されるおそれのある名称又は商号を使用してはならない（法7条1項）。これに反し利益侵害が生じた場合又は生じる恐れがある場合には，その利益侵害等に対し，侵害停止又は予防を請求できる（法7条2項）。

　さらに，自己の名称を使用して事業又は営業を行うことを他人に許諾した場合には，当該一般社団法人又は一般財団法人が当該事業を行うものと誤認して当該他人と取引をした者に対し，当該他人と連帯して，当該取引により生じた債務を弁済する責任を負う（法8条）。

(2) 一般社団法人

① 一般社団法人の成立

　(ア) 一般社団法人の社員になろうとする者（設立時社員）が，共同して定款を作成し，その全員がこれに署名し，または記名押印する（法10条1号）。この定款は，これまでと異なり，電磁的記録によっても可能である（法10条2号前段）。この電磁的記録とは，HD，MO等に記録されたものが考えられる。

　(イ) 発起人は，社員2名以上で設立でき，設立時の財産保有規制はない。

　(ウ) 一般社団法人は，その主たる事務所の所在地で設立登記をすることにより成立する（法22条）。この登記は，その主たる事務所の所在地において，目的，名称，主たる事務所および従たる事務所の所在場所，存続期間または解散の事由，代表理事の氏名および住所，理事会設置に関する事項，監事設置の旨および監事の氏名，会計監査人設置ならばその旨および会計監査人の氏名または名称等である。

　この点は，民法法人より厳格かつ詳細になっている。

　(エ) 定款の必要的記載事項

　一般社団法人の定款は下記のものが定められる必要がある。すなわち，目的，名称，主たる事務所の所在地，設立時社員の氏名又は名称および住所，社員の資格の得喪に関する規定，公告方法，事業年度を記載し，または記録しなければならない（法11条1号）。

　公証人の認証を受ける必要がある。

② 機　　関

社員総会および理事は必須常置の機関である。

定款の定めによって理事会，監事又は会計監査人の設置をすることができる。

③ そ の 他

　(ア) 資金調達および財産的基礎の維持を図るため，基金制度を採用することができる。

　(イ) 社員による代表訴訟制度に関する規定を置かなければならない。

(3) 一般財団法人

① 一般社団法人の成立

　(ア) 設立者は，設立時に300万円以上の財産を拠出し設立する。

　(イ) 財団の目的は，その変更に関する規定を定款に定めない限り，変更することができない。

② 機　　関

　(ア) 理事の業務執行を監督し，かつ，法人の重要な意思決定に関与する機関として，評議員および評議員会制度を創設する。

　(イ) 評議員，評議員会，理事，理事会および監事は必須常置の機関であり，定款の定めにより，会計監査人を設置することができる。

第11章　私権の対象とその限界——物——

1　物の意義

◆　導入対話　◆

学生：民法は85条以下で私権の対象としての物について定めていますが，私権の対象は物に限られるのでしょうか？

教師：実は，私権の対象は物だけではないのです。所有権に代表される物権の対象は，基本的には物ですが，債権の対象は，債務者という特定の人の行為なのです。さらに，著作権や意匠権や特許権などの知的財産権の対象は，著作やデザインや発明などの精神的創造物ですし，人格権では，名誉や氏名や身体的自由といった人格的利益がその対象になります。

学生：それでは，なぜ民法では私権の対象として物だけが定められているのですか？

教師：今述べましたように，私権の対象にはさまざまなものがあり，私権の対象に関する一般的な規定を設けることは困難ですので，その代表的あるいは典型的なものとして物についてだけ規定をおいているのですよ。といいますのは，物権では，もちろん物が基本的に対象になりますが，債権でも，物の引渡しを目的とする債権などのように，間接的に物に関わる債権があるからなのですよ。

1.1　有体物

　民法における物とは，有体物を意味する (85条)。有体物とは，空間の一部を占める外界の物質，すなわち，固体・液体・気体のいずれかの形態をとって存在する物質をいう (通説)。このように有体物を固体・液体・気体に限定すると，電気・熱・光などのエネルギーや発明・デザイン・著作などの精神的創作物，いわゆる無体物は，物に含まれないことになる。そこで，有体物を固体・

液体・気体に限るとする通説の考え方は，今日の社会的・経済的事情に適合しないという批判がなされている。これに関連して，かつて電気が物に当たるかどうかが問題となったことがある。それは，いわゆる盗電が旧刑法366条の窃盗罪に当たるかが争われた事件であり，大審院は，電気は有体物ではないが，五官の作用によって存在を認識でき，容器に収容して独立の存在をもたせることはもちろん，容器に蓄積してこれを所持し場所を移転するなど人力をもって支配することができ，可動性と管理可能性を有しているので，窃盗罪の客体になると判示した（大判明36・5・21刑録9輯874頁。なお，この問題は，現行刑法245条が電気を財物とみなしているので，現在では立法的に解決されている）。本来これは刑法解釈の問題であり，民法85条とは関係のないものである。しかし，上述の通説に批判的な見解は，上の判決を1つのきっかけとして，有体物を法律上排他的な支配が可能なものととらえて有体物の概念を拡張し，無体物にも所有権の成立を認めるべきことを主張する。この見解は，85条を広く権利の対象に関する規定とみて，有体物概念の拡張を説くものである。しかし，同条を所有権の対象たる有体物に関する規定ととらえるならば，あえて有体物概念を拡張する必要はないことになる。というのは，発明・デザイン・著作などの精神的創作物については，それぞれ特許法・意匠法・著作権法などの特別法規の権利（特許権・意匠権・著作権など）の対象としてとらえれば足り，あえてそれらについて所有権の成立を認める必要はないし，また，電気・熱・光などのエネルギーについては，必要に応じて物に関する規定を類推すればよいと考えられるからである。

なお，有体物であっても，人間による支配可能性のないもの（たとえば太陽や星など）は物ではない。また，生きている人間の身体は，権利の対象にはならないので，物ではない。ただ，死体や遺骨は物であり，その所有権は相続人に帰属するが（大判大10・7・25民録27輯1408頁），その内容はもっぱら埋葬・祭祀・供養などを営むことに限定され，所有権の放棄は許されない（大判昭2・5・27民集6巻307頁）。

1.2 物の個数

物の個数については，とりわけ一物一権主義が問題となる。これは，物権の客体に関する原則であり，1個の物権の客体は1個の独立した物でなければならないという原則をいう。そして，この原則から，次のような2つの原則が派

生してくることになる。第1は、1個の物の一部には独立の物権は成立できないという原則である。たとえば、A所有の建物の大黒柱についてBが所有権を持つといったことは認められない。第2は、複数の物全体の上に1個の物権は成立できないという原則である。たとえば、Cが100冊の蔵書をもっている場合、この100冊の蔵書全体の上に1個のCの所有権が成立するのではなく、書物1冊ずつについてCの所有権が成立する。このような一物一権主義という原則は、1個の物の上には同じ内容の物権は1個しか成立できないという物権の排他性に由来するものである。

なお、この一物一権主義のもとにおいては、物の個数を決定する基準が問題となるが、これについては、2で土地と建物を説明する際に触れる。

【展開講義 21】 集合物の上に1個の物権の成立を認めることができるか

通常の取引観念においては個々の物として扱われる複数の物が継続的な共同の目的によって結合され、取引上一体として取り扱われる場合、このような複数の物の集合を「集合物」と呼んでいる。前述の一物一権主義のもとでは、このような集合物の上に1個の物権の成立を認めることはできない。しかし、資本主義経済の発達にともない工場などの企業の物的施設が巨大化し、そこにおけるさまざまな物の結合が客観的に単一の経済的価値をもつようになると、法的にもこれを一体として扱う必要が生じてくる。とりわけ、客体の交換価値の把握を目的とする担保取引においてこの要求が強い。というのは、集合物全体の上に1個の担保権を成立させることによって、個々の物の交換価値の総和では得られない大きな価値を把握することが可能となるからである。そこで、ある種の企業財団や企業の総財産が各種の財団抵当法や企業担保法によって1個の担保権(財団抵当や企業担保権)の客体となることが認められている。さらに、取引実務においては、これらの特別法によって認められたもの以外の集合物、たとえばある店舗内または倉庫内の商品全部といった集合動産を一括して譲渡担保に提供することが行われている。そして、このような集合動産においては、それを構成する個々の商品は設定者によって売却され、同種または異種の商品によって補充されるというように、個々の動産が流出・流入を繰り返すことによって、常時その内容を変動するという特質を備えている。このことから、集合動産の譲渡担保の有効性をめぐって解釈論が展開されている。その詳細は、担保物権法にゆずるが、近時の支配的な学説は、対象となった集合動産全体を1個の集合物ととらえ、その上に1

個の譲渡担保が成立すると解している（集合物論）。そして，最高裁も，「構成部分の変動する集合動産についても，その種類，所在場所及び量的範囲を指定するなどなんらかの方法で目的物の範囲が特定される場合には，一個の集合物として譲渡担保の目的となりうるものと解するのが相当である」として，集合動産の譲渡担保の有効性を認めるにいたっている（最判昭54・2・15民集33巻1号51頁，同旨最判昭62・11・10民集41巻8号1559頁）（品川孝次「従物・附合物・附加物・集合物」演民109頁以下，千葉恵美子「集合動産の譲渡担保」判百Ⅰ（第4版）206頁以下）。なお，法人による動産の譲渡（集合動産に譲渡担保が設定された場合も含まれる）については，平成16年改正の「動産及び債権の譲渡の対抗要件に関する民法の特例等に関する法律」によって，動産譲渡登記ファイルに譲渡の登記を行うことができ，この登記がなされたときは民法178条の引渡しがあったものとみなされる（同法3条1項）。

1.3 物の分類

民法は，物の分類として，不動産と動産，主物と従物，元物と果実の3つを規定しているが，それ以外にも，融通物と不融通物，可分物と不可分物，消費物と非消費物，代替物と不代替物，特定物と不特定物といった分類がある。前三者については2以下で説明するので，ここでは，融通物と不融通物以下の分類について一覧表で示しておくことにする。

①	融通物	自由に取引の対象とすることができる物
	不融通物	取引の対象とすることが制限されている物 ⓐ国や公共団体の所有に属しその使用に供される公有物（官庁の建物など） ⓑ一般公衆の共同使用に供される公用物（道路・公園・河川など） ⓒ法令によって取引を禁止されている禁制物（阿片・偽造貨幣など）
②	可分物	分割によって性質や価値が著しく損なわれない物（金銭・土地など）
	不可分物	分割によって性質や価値が著しく損なわれる物（牛・馬・絵画など）

③	消費物	1回使用されれば再度の使用ができなくなったりその所有者が変更したりする物(飲食物・金銭など)
	非消費物	1回使用されても再度の使用が可能で、しかも、その所有者が変更しない物(土地・建物・機械など)
④	代替物	一般の取引においてその物の個性が重要視されず、同種の他の物によって代えることができるとされる物(新刊書・金銭など)
	不代替物	一般の取引において個性が重要視され、同種の他の物によって代えることができないとされる物(土地・建物・中古品など)
⑤	特定物	具体的な取引において当事者が物の個性を重要視し、同種の他の物と代えることができないとした物
	不特定物	具体的な取引において当事者が物の個性を重要視せず、同種の他の物と代えることができるとした物

2 不動産と動産

2.1 不動産と動産の区別の意味

民法は、86条において物を不動産と動産とに区別している。このように不動産と動産とを区別することの意味は、両者の法律上の取扱いが異なることにある。民法における不動産と動産の取扱いの主な違いを挙げれば、次のようである。

① 物権変動の対抗要件は、不動産では登記であるが(177条)、動産では引渡しである(178条)。

② 動産には即時取得の規定(192条)が適用されるため、動産の占有者を所有者であると過失なく信じてその動産を買い受けた者は、原則として所有権を取得する。これに対し、登記には公信力がないため、登記名義人を所有者であると過失なく信じてその不動産を買い受けても、原則として所有権を取得することができない。

③ 不動産には物権編に規定されているすべての物権が成立するが、動産には用益物権(地上権・永小作権・地役権・入会権)や抵当権は成立しない。

④ 不動産に関する権利の得喪を目的とする行為を被保佐人がするには、保

佐人の同意を得なければならないが，動産では重要な動産に関する権利の得喪を目的とする行為についてだけ保佐人の同意が必要とされる（13条1項3号）。

⑤　所有者のいない不動産は国の所有になるが（239条2項），所有者のいない動産は無主物先占の対象となる（239条1項）。

2.2　不　動　産

不動産とは，土地とその定着物をいう（86条1項）。そこで，以下では土地と定着物とに分けて説明する。

(1)　土　　　地

(a)　土地の意義　　土地は，地表面を中心として，人の支配や利用の可能な範囲でその上下（地上と地下）を含む立体的なものと解されている（207条参照）。したがって，地中の岩石・土砂・地下水などは，土地の構成部分ということになり，土地の所有権はそれらにも及ぶ。しかし，金鉱石・銀鉱石・鉄鉱石・石炭・石油などの一定種類の鉱物については，地下資源の確保や濫掘による弊害を考慮して，採掘取得権は鉱業法によって国に留保されている（鉱業2条・3条）。したがって，鉱業法の適用を受ける鉱物には，土地所有権の効力が及ばず，土地の構成部分からはずれることになる。

(b)　土地の個数　　土地の個数は，登記簿上の記載によって人為的に決定され，登記簿上1個の物として1つの地番をつけて登記されている土地が1個の土地とされる。これを一筆の土地と呼んでいる。土地の個数は自由に変更することができ，一筆の土地を数筆の土地に分割する不動産登記法上の手続を分筆といい，逆に数筆の土地を合わせて一筆の土地にする手続を合筆（がっぴつ）という（不登39条以下）。したがって，前述の一物一権主義からいえば，一筆の土地の一部を売却する場合には，分筆の手続をして2個の土地とすることが必要となる。しかし，判例は，売主が一筆の土地の一部を事実上区分しておれば，その部分は譲渡の目的となり，買主が有効に所有権を取得することを認めている（大(連)判大13・10・7民集3巻476頁，最判昭30・6・24民集9巻7号919頁など）。また，判例は，一筆の土地の一部について所有権の時効取得も認めている（大(連)判大13・10・7民集3巻509頁）。学説も，これに反対していない（通説）。ただし，以上のいずれの場合にも，分筆の手続をして当該部分を一筆の土地としな

ければ所有権移転登記をすることができない。

(2) 定 着 物

(a) 定着物の意義　定着物とは，土地に継続的に付着し，しかも付着して使用されることがその物の取引上の性質と認められるものをいう。定着物は，①常に土地とは別個の不動産と扱われる独立定着物，たとえば，建物と立木（りゅうぼく），②常に土地の一部をなし，独立の物とは認められない従属定着物，たとえば，石垣・溝・敷石など，③土地の一部をなすが，一定の場合には土地とは独立の物と扱われる半独立定着物，たとえば，立木法の適用を受けない樹木の集団・個々の樹木・収穫前の農作物などの3種類に分けられる。以下では，これらのうちで重要な建物と立木について説明する。

(b) 建物　(ア) 独立の不動産　建物は，常に土地とは別個の独立した不動産と扱われる。民法上このことを定めた明文の規定はないが，370条や388条は土地と建物が別個の物であることを前提とした規定であることから，このように解されている。そして，不動産登記法上も土地と別個の登記がされる。したがって，土地上に建物が存在していても，土地上の所有権その他の権利は建物に及ばないし，また，建物上の所有権その他の権利も土地には及ばない。同一人Aが土地と地上建物を所有している場合，土地と建物には別個の所有権が成立し，それらがAに帰属していることになる。

(イ) 建築中の建物　建築中の建物について，それが建築過程のどの段階から独立の不動産になるかが問題となる。裁判では，建築途中の未完成建物がA→Bに売却され，買主Bが建物を完成したが，売主Aが自己名義で所有権保存登記をし，Aの債権者による競売で第三者Cがこれを買い受けた場合に，Bはその建物の所有権をCに対抗できるかということが争われることが多い。この場合，Bが買い受けた時点ですでに建築途中の建物が不動産になっておれば，Bは登記がなければ所有権取得を第三者Cに対抗できないが（177条），Bのもとで不動産になったとすれば，原則としてBがその所有権を原始取得したことになり，A名義の登記は無効になる。この問題は，結局のところ，売買当時の建物の状態が，不動産としての法的処理をするのに適した段階に達しているかどうかの判断によって決定される。判例は，木材を組み立てて屋根をふいた段階ではまだ法律上建物とはいえないとするが（大判大15・2・22民集5巻99頁），

工事中の建物であっても屋根および囲壁ができれば，床や天井ができていなくても建物とみることができるとする（大判昭10・10・1民集14巻1671号）。

(ウ) **建物の個数**　建物の個数は，土地とは異なり登記によって定まるのではなく，まったく社会通念によって決定される。通常は，1棟の建物が1個の建物として登記される。しかし，分譲マンションなどの区分所有建物については，「構造上区分され……独立して……建物としての用途に供することができる」それぞれの区画部分（マンションの各室）が1個の建物として扱われる（建物区分1条参照）。

(c) **立木**　土地に生育したままの樹木の集団で，「立木ニ関スル法律」（立木法）による所有権保存登記（立木登記）をしたものを立木という（立木1条1項）。山林などの土地に生育したままの樹木の集団は，本来土地の一部であり，土地から独立した物とは扱われない。しかし，このような樹木の集団を土地に付着させたままで土地とは別個の物として取引する慣行が，わが国において古くから存在していた。そこで，明治42年に上述の立木法が制定され，樹木の集団は，所有権保存登記をすれば，土地に生育した状態で土地から独立した不動産とみなされることになった（同法2条1項）。その結果，立木は，土地に生育した状態で土地から切り離して譲渡または抵当権の目的物になることができる（同法2条2項）。さらに，立木登記をしなくても明認方法（たとえば樹皮を削りあるいは標札を立てて，これに所有者の氏名を墨書するなど）を施せば，そのような樹木の集団も，土地とは別個の独立した物と扱われる（大判大10・4・14民録27輯732頁，最判昭34・8・7民集13巻10号1223頁など）。なお，明認方法について，詳細は物権法にゆずる。

2.3　動　産

(1) 動産の意義

不動産以外の物はすべて動産である（86条2項）。仮植中の樹木や建設用足場などのように，土地に付着していても定着物でない物は動産である。しかし，船舶や自動車などは動産ではあるが，権利の公示方法が登記や登録であり（商法686条・687条・848条，自動車抵当法3条・5条），特別法によって一般の動産と異なる取扱いがなされている。

(2) 特殊の動産

(a) 無記名債権　商品券・乗車券・入場券などのように，債権者が記名されておらず，その証券の所持人が権利者とされる債権を無記名債権という。この無記名債権は，本来物ではないが，債権と動産である証券とが一体をなしているので，動産とみなされる（86条3項）。

(b) 金銭　金銭は動産の一種であるが，他の動産と異なり，一定量の価値を表象するにすぎない。したがって，通常金銭は物としての個性をもたないので，動産に適用される規定の多く（178条・192条など）は，金銭には適用されない。すなわち，現に所持している者がその金銭の所有者と扱われ，即時取得の規定は適用されず，支払（引渡し）を受けた者が無条件にその金銭の所有者となる。

3　主物と従物

3.1　主物と従物の意義

たとえば，家屋と畳・建具・エアコン，庭と石どうろうなどは互いに独立した物であるが，両者の間に，一方（前例の畳・建具・エアコン・石どうろう）が他方（前例の家屋・庭）の経済的効用を継続的に助けるという関係がある場合に，前者を従物，後者を主物という。このように，2個の物の間に主従の結合関係がある場合には，その法律的運命についても同一に取り扱い，両者の結合関係が破壊されないようにすることが望ましい。このことから設けられた制度が民法87条の主物・従物である。87条1項により，従物となるためには，①継続的に主物の経済的効用を助けること（主物の「常用に供する」こと），②主物に付属すると認められる程度の場所的関係にあること，③主物と同一の所有者に属すること，④主物から独立した物であること，という4つの要件を備えることが必要である。なお，主物と従物は，ともに動産・不動産を問わない。

3.2　主物と従物の効果

従物は主物の処分に従う（87条2項）。たとえば，主物について売買契約が結ばれた場合，従物も売買の目的物に含まれることになる。しかし，87条2項は，当事者の意思を推定した規定であるので，当事者が従物を売買から除外する特約をすれば，従物は目的物に含まれないことになる。このほか，主物の上の抵

当権の効力が抵当権設定後の従物にも及ぶかどうかが問題とされているが、これについては、担保物権法にゆずる。なお、87条2項は権利についても類推適用される。たとえば、抵当権の実行により借地上の建物が競落された場合、その建物のための借地権も、建物の「従たる権利」として競落人に移転する（最判昭40・5・4民集19巻4号811頁）。

4 元物と果実

4.1 元物と果実の意義

物から生じる経済的な収益を果実といい、果実を生じる物を元物（げんぶつ）という。果実は、天然果実と法定果実とに分けられる。天然果実とは、元物の用方（経済的用途）に従って産出される物をいい（88条1項）、野菜・果物・牛乳・羊毛・鉱物・岩石などがこれに当たる。つぎに、法定果実とは、物の使用の対価として受け取る金銭その他の物をいい（88条2項）、地代・家賃・利息などがこれに該当する。

4.2 果実の帰属

(1) 天然果実の帰属

天然果実は、元物から分離した時に元物とは独立の物となり、分離の時に収取権を有する者がその所有権を取得する（89条1項）。収取権者は、元物の善意占有者（189条1項）・所有権者（206条）・地上権者（265条）・永小作権者（270条）・留置権者（297条）・不動産質権者（356条）・使用借主（593条）・賃借権者（601条）などである。

(2) 法定果実の帰属

法定果実は、これを収取する権利の存続期間に従い、日割計算で取得される（89条2項）。たとえば、賃貸中の家屋の所有者Aがそれを月の10日にBに売って引き渡したとすると、10日までの当月の家賃は売主Aが、11日以降の家賃は買主Bが取得することになる。もっとも、これは、新旧の所有者A・B間での家賃配分の仕方を定めているにすぎない。その家屋の賃借人に対しては、家賃の支払期日に所有者であった者がいったん全額の支払を請求でき、その後当事者A・B間で上のような計算にもとづいて清算することになる。

第12章　権利の変動総説

1　権利の変動

◆　**導入対話**　◆

学生：先生，お互いに名前も知らない，通りすがりの人同士で，一方が権利を取得したり，他方が義務を負ったりするのは，どのようなことが原因として生じるのですか？　また，その関係が，また再び「赤の他人」となることもあるのですか？

教師：そうだね，たとえば，お互いに名前も知らない，通りすがりの人同士は何ら関係ないのに，たとえば，「ガンをつけた」といいがかりをつけて，相手に傷を負わせると，たちまち法律関係（権利義務の関係）が生じます（不法行為）。つまり，加害者は被害者に治療費，入院費，仕事を休んだことによる損害などを損害賠償しなければならなくなります。また，弁護士さんに契約により紛争の解決を依頼したのに約束の日になっても解決のための仕事をしなかったり，依頼者に損害が生じた場合，弁護士はその損害を賠償しなければならなくなります。さらに，銀行から借りた金銭を期日に返すと，貸主と借主の関係はなくなってしまう。このように，いろいろな原因で，権利が発生し，そして，消滅していくんだ。民法は，そのような権利の発生・変更・消滅を総称して，「権利の変動」と呼んでいます。

　そこで，この章では，こうした権利の変動原因のうち，人の「意思」にもとづくものについて，その構造，その関係について学習します。少しばかり抽象的ですが，しっかり学んで下さい。

　私法上の権利は，ある原因（目的）によって，発生し，変更され，消滅してゆくというプロセスをたどる。これを権利者の側からみれば，権利の取得，変更，喪失ということができる。

民法上の規制は、われわれの生活の「権利」を中心に行っていることから（権利本位システムという）、民法では、どのような権利をいかなる場合に認め、それらの権利がどのような場合に消滅するのかについて考える必要がある。

2　法律行為を学ぶ準備

2.1　法律関係

われわれの社会生活がすべて法律の規制を受けるものではない。たとえば、約束は守らなければならないというようなことは、通常、道徳とか慣習によって規律されるものであろう。しかし、借りた金銭は返さなければいけないということを、各個人の道徳・慣習に任せていたのでは、各個人の道徳・慣習が異なれば大きな問題を生ずることになる。したがって、これは、一律に法律の力によって保障し、解決していく必要がある。こうした社会生活において、法律の規制を受ける生活関係を、「法律関係」という。

2.2　法律要件と法律効果

　　　　　　法律要件　→　法律効果（権利の変動）
　　　　　例：売買契約　→　代金請求権・目的物請求権等

たとえば、上記の売買のような法律関係を単に道徳・慣習による力で売主の代金請求権とか、買主の目的物請求権を保障するとすれば、どれだけの実効性があるか不明である。そこで、法により保障する必要が生ずることになり、その装置として、民法は次のような規定の仕方をする。

すなわち、「もし～ならば、～である」という形である。権利を得たり、権利を失ったりした具体的な社会生活関係が、「もし～ならば」という要件に適合した場合には、「～である」という結果（効果）を生じ、すでに生じていた法律関係は変動して、「～である」という新しい法律関係になる（このことを法律関係の変動という）。

この「もし～ならば」という法律関係変動の原因たる要件を法律要件といい、「～である」という結果を法律効果という。

したがって、実際の訴訟においては、この「もし～ならば」という法律要件

をさまざまな事実から選び，法律的に，権利と義務の関係に再構成して，立証することになる。

2.3 権利変動のかたち

権利を得たり，失ったり，権利に変動を生じたりすること，これを，権利の取得，喪失，変更または，単に権利の変動といい，その形はいろいろである。

(1) 権利の取得

まず，権利を取得する場合としては，父親が死亡したためそのもっていた建物や財産が自分のものになったり，他人から建物を買う場合のように，もともと特定の権利が存在しており，それを受け継いで手にいれる場合もある。これを承継取得といい，そのうち，相続の場合のように，1つのみの権利にとどまらず，父親のもっていた権利をそっくりそのまま受け継ぐという場合を包括承継，そうでない場合を特定承継という。しかしまた，これとちがって，他人の権利を受け継ぐのではなく，たとえば山で鳥を撃って自分のものにする，というように，他人の権利にもとづかないで，まったく新たに権利を取得する場合もある。これを，前主の権利を前提にしないで独立して，全く新しいものとして，権利取得するということから，原始取得という。

(2) 権利喪失の形

他方，権利の喪失の場合も，大地震で自分の家屋があとかたもなくつぶれてしまったというように，権利そのものがまったく姿を消してしまう場合もあるし，他人に自分の家屋を売ったためその家の所有権を失うというように，権利を他人に移転することによって，自分はそれを喪失する場合とがある。前者を絶対的喪失，後者を相対的喪失という。

(3) 権利変更の形

権利に変更を生ずるとは，権利がそのまま権利として残っていながら，その目的や作用に変化を生ずることで，たとえば，利息のついていない貸金が利息つきの貸金に変わったり，他人に対して特定の物の引渡しを求める権利につき，相手方が不履行したため，損害賠償を求める権利に変化してしまう，というような場合である。前に述べた，他人が権利を承継取得したのも，権利の面からみれば，その主体が変わって権利に変更を生じたといえる。

```
  法律事実 ─→
           法律要件 ⇒ 法律効果（権利の変動＝発生・変更・消滅）
  法律事実 ─→

       申込み ─→
  例：         売買契約 ⇒ 代金請求権・目的物請求権等
       承 諾 ─→
```

2.4 権利変動の原因（＝法律要件）と法律事実

(1) 法律事実とは

それでは，このような権利の変動は，いったい，どういう原因（法律要件という）で生ずるのであろうか。

権利変動の原因である法律要件を形作るものを「法律事実」という。これにも，さまざまなものがある。前にも述べたとおり，大地震で家屋が倒壊したとか，時の経過により権利が消滅した（167条）というように，ある自然的な事実（人の死亡—882条，りんごの木からりんごが採れるような果実の分離—89条もそれにあたる）によって権利の喪失が生ずる（これを事件と呼ぶ）。

さらに，違法行為である，債務不履行（415条），不法行為（709条）が権利発生の原因となることはいうまでもない。しかし，なんといっても，法律事実の主なものは，土地を買うとか，他人に何かを与えるとかいうような場合がいちばん多いであろう。このように権利の得喪変更を生じさせることを意図してなす適法行為としての意思表示による場合である。上記の図の売買契約を例にとると，申込・承諾という法律事実から構成されている。こうした行為を法律行為という。

(2) 法律行為の種類

ところで，法律行為には，たとえば，ある人が他人に物をあたえるという意思を表示しさえすれば，法律が権利変動の効果を生ずるとする「遺言」がある。これを単独行為という。また，法人の設立の場合のように，何人かの同じ意思表示が集まって権利変動の効果を生ずる，合同行為と呼ばれるものもある。しかし，なんといってもいちばん多いのは，「契約」という2人の相対した意思表示が結び合って権利変動の効果を生ずるかたちのものである。

なお，意思表示以外の意思表現行為として，催告というような意思の通知や，社員総会招集の通知のような観念の通知，また，山で鳥を撃つというような非表現行為としての先占（239条）により権利を取得することもある。

第13章　法律行為総論

1　法律行為の意義と性質

───── ◆　導入対話　◆ ─────

学生：先生，聞き慣れない言葉に「法律行為」という言葉があるのですが。

教師：そうですね，もともとドイツ語のRechtsgeschaeftの翻訳ですから，日常用語としては全くといってよいほど使いません。ところで，私たちは，毎日数えきれないほど大勢の人と出会い，数えきれないほどたくさんの品物に囲まれて生活しています。でも，それらの人や物のすべてが，何らかの法律的な接触（つながり）をもっているとは限りません。たぶん，大多数の人は"他人"，でしょうし，とりまく物のほとんどは，自分とは直接関係のないものばかりではないでしょうか。ところで，ある人が誰かと法律的につながりがあるということは，その人が相手に対して何らかの権利を持っているということを意味します。商品についても同じことがいえます。法律的なつながりのことを権利関係といいます。権利を相手側からみると義務でもありますから，権利義務関係ともいいます。そこで，法律行為とは，そうした生活関係のうち，意思表示による権利変動関係を学ぶことになります。

学生：では，こうした法律行為にはどのようなものがあるのですか。また，誰でもできるのですか？

教師：権利変動の原因のなかで，法律行為は意思表示を必ずともなう，最も重要なものです。これをその要素である意思表示の形により分けますと，1個の意思表示で法律効果を生ずる「単独行為」，最低2個の意思表示を必要とし当事者の数だけ意思表示のある「契約」，さらに法人の設立の場合のように，複数の意思表示がある一定の共同目的のためになされる「合同行為」に分類できます。たとえば，遺言は1個の意思表示からなる法律行為です。また，意思表示をするとは，一定の法律効果の発生することを求めてその期待を外部に表明することですから，その判断をすることができるだけの能力が必要となります。

> そこで，こうした判断できる能力を備えていないと考えられる人については，一人で法律行為をすることを一律に制限しています。たとえば，20歳未満の者がたとえ成年者以上の判断能力を持っていたとしても，その者が単独でなした契約は取り消しうる行為となり，取り消されると最初からそうした契約はしなかったと扱われます。

(1) 法律行為とは，法律によって行為者の希望どおり（ある土地の所有権を取得したい，売却したい，抵当権を設定し金銭を借りたい，など）の法律効果（私権の発生・変更・消滅）が認められる行為をいう。法律行為が効力を生ずるにはまず，成立のための要件（成立要件）と，有効であるための要件（有効要件）とを必要とする。

(2) 法律行為の成立要件は，当事者・目的・意思表示が存在することである。これらのうちの1つでも欠けていた場合には，法律行為は成立しない。

次に成立した法律行為が有効であるためには（有効要件），当事者が権利能力・意思能力を有し，目的（内容　中味）が，確定・可能・適法かつ社会的に妥当（90条違反でないこと）であること，および，意思表示の内容が内心の意思とくいちがっていないこと（意思の不存在や瑕疵ある意思表示ではないこと），が必要である。これらの要件の1つでも欠く場合には，有効な法律行為とはならない（無効または取消し）。

(3) 目的に関する有効要件のうち，目的の確定というのは，目的のすべてが確定していなくとも，当事者の定めた標準ないし解釈により確定しうるものであればよい。これは，法律行為の解釈の問題である。目的が不確定な法律行為は無効である。可能というのは，法律行為の成立時において不能（原始的不能）でないことをいい，実現不能なことを目的とした法律行為は無効である。また，適法というのは，強行規定（公の秩序に関する規定・90条参照）に反しないことであり・強行規定に反する法律行為は無効である。さらに，社会的妥当性というのは，公の秩序（国家社会の一般利益）・善良の風俗（社会の一般的道徳観念）に反しないことである。公の秩序および善良の風俗は，一体的に扱われ，「公序良俗」ともいう。公序良俗に反する行為の態様は種々あるが，賭博行為であるとか，妾契約や売春契約などがこれにあたる。公序良俗に反することを

目的とした法律行為は無効である（90条）。この無効は，絶対的なものであり，その追認を許さず，また，誰に対しても主張（対抗）することができる。

また，行為の外形は適法なものであるが，行為者がその動機に不法な目的を有していた場合には（殺人のために刃物を買うとか，賭博の資金として金を借りることなど），相手方がその動機を知っていたり，知りうる状態にあったときにのみ，その法律行為は無効となる（動機の不法）。

2 法律行為の類型と準法律行為

2.1 法律行為の要素である意思表示の態様による分類

意思表示の態様により法律行為を分類すると，単独行為，契約，合同行為の3つに分類できる。

(a) 単独行為　1当事者1個の意思表示で成立するものである。相手方のあるもの（取消し（123条）・解除（540条1項）・債務免除（519条），同意（5条）など），と相手方のないもの（寄附行為（39条）・遺言（960条以下），権利の放棄（938条以下））とがある。単独行為は，相手方の承認（諾）は不要である。したがって，相手方の意思を無視して一定の法律効果を生じさせることから，相手方に不利益を与えかねない。そこで，原則として民法に規定ある場合のみ認められる。

〇 ─────→ □

(b) 契約（双方行為）　相対立する2個以上の意思表示の合致（通常，申込みと承諾による意思の合致）により成立する法律行為である。法律行為のなかで，最も重要なものである。たとえば，贈与（549条）・売買（555条）・賃貸借（601条）などがある。民法は，典型的な13種の契約について規定している（549条以下）。

〇 ──→ ←── □

(c) 合同行為　複数の当事者の意思表示が同じ目的（同方向に向けられた）をもち，その合同によって成立する法律行為である。たとえば，社団法人の設立行為がそうである。

目的
↗ ↑ ↖
○ □ △

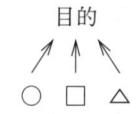

2.2 意思表示の形式による分類

法律行為の要素として一定の形式または物の交付が要求されているか否かによる分類である。これには，前者を要式行為，後者を要物契約という。

(a) 要式行為と不要式行為　法律行為の形式は問わないのが原則であるが，当事者に慎重さを期するためとか，法律関係を明確にさせておくために要式行為とされるものがある。たとえば，定款作成（37条），寄附行為（39条），保証契約（446条2項），婚姻（739条），認知（781条），遺言（967条以下），などがある。

(b) 要物契約　物の交付が有効要件となっている法律行為をいう。民法では，質権設定契約（344条），消費貸借契約（587条），使用貸借契約（593条），寄託契約（657条）がそれである。信用概念の発達していない時代の，比較的古い形式の契約に多い。

2.3 法律行為の効果内容による分類

(a) 物権行為　物権の変動を目的とする行為をいう。所有権の譲渡とか，抵当権の設定のように，履行という債務者の行為を必要とせず，直ちに，内容が実現される。

(b) 債権行為　債権の発生を目的とする行為をいう。たとえば，売買とか請負のように債務者の履行行為（給付）をまって終局的な内容が実現される。

(c) 準物権行為　債権の発生を除き，物権以外の権利変動を内容とする法律行為をいう。たとえば，債権譲渡とか，債務免除がそれである。これらは，債権行為のように履行という債務者の行為を必要とせず，直ちに，内容が実現される。

2.4 当事者が互いに対価的な財産の経済的負担をともなうか否かによる分類

(a) 有償行為　売買，賃貸借，請負のように，自己の経済的負担に対し対価の得られる法律行為をいう。原則として，売買の規定が準用される（559条）。これらの行為は双務（方）行為であるから，同時履行の抗弁権（533条），危険負担（534条・536条），瑕疵担保責任（570条），契約の解除（540条以下）等が適用される。

(b) **無償行為** 贈与,使用貸借のように自己の経済的負担に対する対価の得られない法律行為をいう。無償行為は当事者に慎重さを期するため,また,法律関係を明らかにするために要物性((2)(b))が要求される。有償行為に比べてその拘束力など法律効果の保護が薄いという特徴がある。

2.5 その他の分類

以上の他,給付行為がその原因と不可分か否かによる分類として,有因行為,無因行為の分類,法律効果の発生が行為者の生前か死亡かによる分類として,遺言や死因贈与のような死後行為と生前行為の区別もある。

3 準法律行為

準法律行為とは,一定の人の精神的内容を表すことが必要であるが,その法律効果は,当事者の意思とは独立に直接法律の規定により定まる行為をいう。表現行為と事実行為(非表現行為)とに分けられる。表現行為には,たとえば,催告(20条・153条・541条等)のような意思の通知とか,債権譲渡の通知のようなある事実の通知である「観念の通知」と感情の表現としての「感情表示」(宥恕(ゆうじょなど(寛大な心で話すこと,見のがすのような))=民旧814条2項)がある。非表現行為とは,住所の設定とか,埋蔵物発見のように,一定の外形的行為により生じた結果によって,法律上の意味が与えられる行為である。

問題は,どこまで,法律行為に関する規定が類推適用されるかである。原則としては,その規定の趣旨が類推を許すのか,また反対に類推適用が許されるかを考慮する必要がある。当事者の主観に関係なく一定の効果が認められる民法93条~96条の規定の類推適用は許されない。

4 法律行為自由の原則とその修正

4.1 法律行為自由の原則

現代においては,われわれの生活は大部分は,契約その他の法律行為によって処理される。消費者は衣食住を求めるために売買とか貸借関係を結び,労働者は賃金を得るために使用者と雇傭契約を締結したりする。しかし,今日われ

われが，ある程度自由に契約を締結したりできるというような状態は，歴史的にみればそう古いことではない。フランス革命前では，人は生まれながらの地位とか階級（農民，農奴，商人，貴族）にしばりつけられ，私有財産を所有することも，自由に契約することも制限されていた。現在のような状態は，近世法が，個人に私有財産権を認め，その意思活動の自由を承認したことによって生じたものである。

法律行為自由の原則とは，私人相互間の法律関係はもろもろの人間の欲するところに従い設定し，規律することが合理的であるという考え方である。すなわち，意思活動の自由を意味する。その内容は，法律行為の内容の①実行の自由，②相手方選択の自由，③内容決定の自由，④方式の自由である。

法律行為が自由であることは，法律が私的自治を認めていること，それにより，たとえば，契約がなされれば法律はそれを承認し，それにより作られた関係に法律的拘束力を与えることに意味がある。

4.2 法律行為自由とその修正

われわれが，私有財産を所有し，契約などによってそれを自由に処分できるということが，われわれの生活や文化を向上させた。しかし，この私有財産制度と契約自由の原則は，一方において資本主義の発達をもたらし，他方，経済的に富める者と貧しき者を生むことになった。さらに，現在において，われわれが職業に就くに際して，その労働条件は，使用者である企業の画一的に定めるところに従わねばならないし，住居や生活資料を手に入れる場合にも，その契約内容は，持てる者または企業等が一方的に定めることに従わざるをえない。そのことは，実質的に経済的強者にしか自由はないともいえる。

そこで，こうした欠陥を是正するために，私的自治原則を否定するのではなく，これを積極的に承認するとともに，私権といえども社会における公共性・公益性の中にあるという考え方によって修正をする必要がある（1条1項，小松隆二・公益学研究会編『市民社会と公益学』参照）。その方法は，契約の成立からその内容，効力にいたるまで国家の干渉を一定程度認めること，ならびに，法律行為の解釈において，合理的な観点による修正・訂正を考える必要がある。

5　法律行為の成立と有効の区別

　法律行為は私的自治達成の法律手段であり，その必須の要素である意思表示の内容に応じた法律効果が与えられる。そのためには，まず法律行為が外形的に成立する段階があり，いったん成立した法律行為がその内容に従い法律上の効力を生ずる段階があると考えられる。前者を成立要件，後者を有効要件と呼んでいる。古くはこの両段階を区別しないで，有効か無効を考えていた。

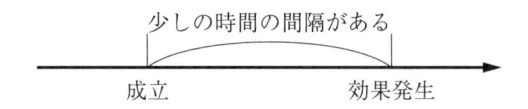

```
          少しの時間の間隔がある
      ⌒⌒⌒⌒⌒⌒⌒⌒⌒⌒⌒
──────┼──────────────┼──────→
      成立              効果発生
```

　成立要件と有効要件の区別について考え方は種々に分かれているが，大きく分けると2つになる。

　①　成立要件を，法律行為が外形的に成立するために必要な要件とし，法律行為が効力を生ずるために必要なその他の要件をすべて有効要件とする考え方，

　②　法律行為自体の成立に必要だと考えられるものを成立要件とし法律行為の外部にあって，しかも法律効果の発生のために必要だとされるものを有効要件とする考え方，である。

　このような区別をする実益は，停止条件付法律行為のように，成立したが効力は発生しない場合のあることによる。また，法律行為としては成立しているが，その無効原因が当事者の一方当事者にのみある場合，その責任を追及できるとする考え方（契約締結上の過失理論）が一般的であることにもよる。

6　法律行為の成立要件と有効要件の意義

　(a)　**成立要件**　すべての法律行為について必要とされる要件として，人の法律行為らしい外観をもった動作があればよい。たとえば，いつ引き渡すか等の細かな取り決めまで必要としない。すなわち，当事者・目的・意思表示の3つの要素が外見上存在しておればよい。なお，要物行為では，物の引渡しに必要な特別的成立要件として，法律の個々の規定によって定められているものもある（587条・593条・657条）。

(b) 有効要件　　すべての法律行為に関して，効力の発生に必要な要件である。
(ア) 当事者に関する要件　　当事者が行為能力を有することを必要とする（有力説）。
(イ) 法律行為の目的　　その目的が，①確定し，②可能であり（不要説もある），③適法かつ，④社会的にみて妥当であることである。
(ウ) 意思表示　　意思の不存在（93条・94条・95条），意思表示に瑕疵（96条）のないことである。なお，相手方のある法律行為については，意思表示が到達することが必要である（97条）。

特別的有効要件として，①代理行為につき，代理権が存在すること（99条以下），②条件付き，期限付法律行為につき，条件の成就・期限の到来など（127条・135条）がある。

7　法律行為の目的（内容）

法律行為は，私的自治，私的生活，利益の追求を達成するための法律上の手段である。この手段により実現しようとする事柄を法律行為の目的あるいは内容という。

法律行為が有効となるには，その目的に以下の内容をクリアーしていることが必要である。

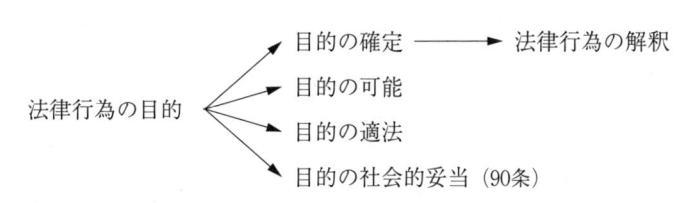

法律行為の目的
- 目的の確定 ───→ 法律行為の解釈
- 目的の可能
- 目的の適法
- 目的の社会的妥当（90条）

7.1　目的の確定性

(a) 目的の確定の必要性　　法律はある人が法律行為によって企図した結果の実現に助力するものであるが，その企図された内容が不明瞭なものでは，法律がその実現に助力しようにもできない。そこで，当事者が行った法律行為が，①たとえば，ある土地を使用したいとの企図があっても，買って使用するのか，

借りてなのか，どのような法律的手段の実現を目的にしているのか，また，②どのような内容をもっているのか（賃貸借か，それなら1カ月いくらの賃料か等）を明らかにし，不十分な点があれば補充する必要がある。もしこれらが後で述べる手段を用いても明らかにならなければ無効な契約（法律行為）となる。

　(b)　法律行為解釈の任務　　ところで，ある人が法律行為によって一定の効果が発生することを欲するということは，正確には，法律行為の要素である意思表示によるのであるから，意思表示の本当の目的はどういうものであったかによって決まるといえるから，当事者の内心の真意は何であったかを探ることが法律行為の解釈であると考えられがちである。しかし，当事者の真意が何であったかを探求することは，大変むずかしい作業である。さらに一歩進んで考えてみると，われわれが契約などをする場合，言語なり文字なりで自分の意思を発表し，それが一般的に理解される内容のもとで契約としての効果を生ずるのである。以上のことから，法律行為の解釈とは，行為の目的内容が行為自体から明確でないかぎり，このように外形的に行われた言語なり，文字がどのような意味をもつのかを明らかにし（事実関係の明確化），それらの事実がどのような意味をもつかを評価してやる（法的評価）ことである（野村豊弘「法律行為の解釈」講座Ⅰ291頁以下。裁判官の契約改定，無意識的不合意と錯誤の関係等についても言及している）。

　(c)　解釈基準　　それでは，このような外形的行為を判断するにあたっては，何を標準とすべきであろうか。まず第1に当事者がその行為によって，どのような経済的もしくは社会的目的を意図したのかを考える必要がある。当事者の中心的目的は何かということである。

　さらに当事者の法律行為について解釈するためには，契約書や，話した言葉，動作など当事者の意思表示のための表現，当事者の行為の目的，慣習はなかったか，あればどのような慣習であったかを検討することも必要である。その他，任意規定や条理も解釈の標準とされる。これらのものについては展開講義で説明する。なお，法律行為を解釈してみて，その内容が法律上または社会観念上実現の不能のものであれば，その法律行為は無効となる。

【展開講義　22】　法律行為の解釈基準

(1)　当事者の意思表示のための表現，当事者の行為の目的

　法律行為の解釈において，まず第1に参考としなければならないものである。当然，当事者の達成しようとした経済的，社会的目的に従って解釈しなければならない。その際，当事者の使用した言語にこだわらず，当時の諸般の事情を参考にして，全体からみて，できるだけ矛盾のないように解釈する必要がある。

(2)　事実たる慣習

　たとえば，特定の商品の売買の引渡条件については，その業者間においてだけでなく，それと取引をする者との間にも知れわたっている慣習も多い。その場合，取引をする者は，普通には，その慣習に従う意思で契約をするから，その契約の内容もその慣習に従って解釈されなければならない，民法は，この慣習が公序良俗にも強行規定にも反しないもので，当事者がこの慣習による意思をもっていたと認められる事情がある場合には，事実たる慣習として法律行為解釈の標準となると規定している（92条）。判例には，当時，東京都内には，地価が騰貴し，公租公課が増加，またその地代が近隣のそれに比較して著しく低い状態となったような場合には，地主は，借地人の同意を得なくとも，相当の地代値上げをすることができるという慣習のあることを認め，とくにこれを排斥する合意のないかぎり，借地人がたまたまこの慣習の存在を知らなくとも，地主はこの慣習を援用できると判示したものがある（大判大3・10・27民録20輯818頁）。

(3)　任意規定

　法令には，公の秩序に関する事項を定める規定と，公の秩序に関係のない事項に関する規定で当事者がこれと違った内容の法律行為をするときは，その適用がないものとがある，前者を強行規定といい，後者を任意規定という。当事者の意思の内容が，任意規定と異なるときは，任意規定は適用されない（91条）。たとえば，物権法は一般に強行規定であるから，物権法に定められている以外の物権を創りだすことはできないが（175条），債権法は一般に任意規定であるから，当事者間で，債権法の規定と異なった効果を生じさせることにしてもさしつかえない。ただ，当事者の意思表示の内容が不明瞭であったり，欠けていたりした場合には，任意規定でもって，それを解釈したり，補充したりすることができる。

(4)　条理・信義誠実の原則

　民法は，権利の行使および義務の履行は，信義則に従うべきものと定めている（1条2項）が，これは当然のことであって，この信義誠実の原則（条理）も，

法律行為解釈の標準となる。たとえば，借地問題で，請求されしだいいつでも立退きますというような，借地人にとっても，社会経済上も不利な約款が，単に印刷された借地証書に存在する場合には，これは例文にすぎないもので当事者を拘束する力がないとした判例があるが，これも条理を標準として解決された例である。

7.2 目的の可能性

(1) 原始的不能・後発的不能

法律行為の目的が実現不能であれば，法はそれに助力することはできないから，かかる法律行為は無効である。目的が不能かどうかは社会観念により決せられ，必ずしも物理的不能に限らない。また，可能かどうかは法律行為成立時を標準として決せられるから，成立当時に不能（原始的（はじめから）不能）であれば無効となるが（2002年1月よりわが国の母法の1つであるドイツ民法はこの概念を採用しないことにした），成立後に不能（後発的不能）となった場合は，履行不能の問題を生ずるだけで，法律行為は無効とならない。

(2) 一部不能・全部不能

法律行為の目的の一部が不能な場合に，その部分が無効なことはもちろんだが，それによって残部も無効となるかは問題である。不能な部分が全体の法律行為にとって重要な意義（その部分のない限り成り立たないなど）をもたないかぎり，残部は有効と解すべきである。

7.3 目的の適法性

(1) 強 行 法 規

目的が強行規定に違反する法律行為は無効である（91条の反対解釈）。

強行規定とは公の秩序に関する規定であり，当事者の意思によって排除することができないものをいう。したがってその反対を任意規定という。ある規定が強行規定か否かの判定は，規定の文理上明らかであれば（175条）問題ないが，そうでない場合は，それぞれの規定の趣旨や制度の目的に照らして決めるほかない。

(2) 取締法規違反行為

また，強行法規違反行為は取締法規違反行為とは区別することを要する。強

行法規に違反した場合は，私法上の効力は否定されるが，刑罰の制裁は受けない。これに対し，取締法規は行政上の目的から一定の行為を禁止し，あるいはそれが無制限に行われるのを取り締まるものであるから，これに違反した者は処罰されるが，私法上の効力は必ずしも否定されない。私法上無効である旨が法律に規定されている場合，たとえば，都道府県知事の許可を得ないでなされた農地の売買，賃貸借の解除または解約（農地3条1項・4項・20条1項・5項・92条）は問題ないが，その他の場合は法規の立法趣旨などから判断するほかない。一定の営業を営むについての行政官庁の許可（風俗営業法2条，古物営業法2条，質屋営業法2条），届出もしくは登録（貸金業等取締り，建築業法4条）の要求など，警察上の取締りを目的とするものは，これに違反しても私法上の効力には影響ないものと解すべきである。しかし，法規違反行為の結果が直接に人の生命や健康を害する危険性を伴う場合（公益に反するケース）は，公序良俗違反として無効となる（最判昭39・1・23民集18巻1号37頁）。また，法律が特別の資格を有する者に限り一定の企業や取引を許している場合に，その名義を他人に貸与する契約（いわゆる名板貸契約）は一般に無効である。ただし，名板借人が第三者とした取引は有効とみるべきである（大判昭9・3・23民集13巻318頁）。

経済統制法規に違反した場合の私法上の効力は問題である。結局はそれぞれの法規の立法趣旨から判断することになるとし，判例は統制価格に違反した売買は超過部分のみが無効となるものと解すべきである（最判昭31・5・18民集10巻5号532頁）。しかし，今日，いわゆる公益，すなわち，国民・住民全体，地域や社会全体の益をも考え，判断すべきといえよう。

7.4 脱法行為

(1) 脱法行為の意義

脱法行為とは，強行法規に直接に違反することはないが，他の適法行為の形式を利用することによって，実質的には違反目的を実現する行為である。

(2) 脱法行為と規定

脱法行為は，法律上，明文をもって無効とされる場合もある。たとえば，利息制限法を超える高利を天引・手数料・調査料などの名目で支払わせる契約は脱法行為として無効であり（利息制限法2条），また地代家賃統制令の統制額を超える地代・家賃を権利金や礼金の名目で支払わせる契約も無効である（地価

統制令12条)。明文がない場合は，それぞれの場合に応じて具体的に判断しなければならない。たとえば恩給法11条は，恩給権を譲渡したり担保に入れたりすることを禁じていた。そこで恩給を担保にして借金する場合，債権者に恩給の取立を委任して恩給証書と取立委任状を交付し，その受領した恩給を債務の弁済に充てさせ，元利を完済するまでその委任を解除しない旨の契約をするという回避手段によって，実質的に担保の目的を達成することが行われた。判例は，このような行為を脱法行為として無効とし，債務者はいつでも契約の無効を主張して恩給証書と委任状の返還を請求しうるものと判示している（大判昭7・3・25）。しかし現在では，昭和29年の「国民金融公庫が行う恩給担保金に関する法律」により，「法律ヲ以テ定ムル金融機関」に対しては恩給権を担保に供しうることとなっている（恩給法11条1項但書）。

(3) 譲渡担保と脱法行為

譲渡担保が脱法行為となるか（詳しくは，『導入対話による民法講義（物権法）〔第2版〕』非典型担保の項参照）

動産の譲渡担保においては，債権担保のため，目的物の所有権は債権者に移転するが，占有は債務者にとどめておき，債務が履行されない場合に流質するのであるから，345条および349条の強行法規を回避する結果となる。そこで判例は，かつてこれを脱法行為としたが，今日では判例・学説ともに有効と解している。その理由づけとして，一般に次のようにいわれる。すなわち，右の規定は動産を質という法的手段によって担保する場合についてのみ適用さるべき規定であるから，所有権の移転という手段による動産担保については法令に規定がないこととなる。したがって譲渡担保は，法令に規定のない事項に関して成立した慣習法上の制度であって，脱法行為ではないとする。しかし，このような見解はすでに法規の解釈の限界を越えている。譲渡担保は，担保制度の不備是正についての取引の要請から，慣習が法令の委任なしに，任意法規のみならず強行法規をも排除して，その効力を貫く一例とみるべきである。

7.5 目的の社会的妥当性（公序良俗）

(1) 公序良俗の意義

法律行為はその目的が個々の強行法規に反しなくても，法律行為の内容が公の秩序善良の風俗（公序良俗という）に反するときは無効とされる（90条）。

公の秩序とは国家・社会の一般的利益（公益）をいい，善良の風俗とは社会の一般的道徳観念（モラル）を指すものとされるが，実際上，両者の範囲は大部分において重なり，また理論上，強いて区別する実益もない。両者は一体をなして法律行為の社会的妥当性を意味する。したがって，法における「公益（公共の福祉）」とは何か，また，私法（民法）における私益の限界がどのあたりにあるのかを示すものといえる。

(2) 公序良俗概念の機能

公序良俗という概念は，それ自体，法の根本理念を示すきわめて抽象的・包括的なものである（一般条項としての性質）。その具体的内容は，多分に流動的で，社会の制度や，国民の道徳観念の変遷，時代により変わりうるものである。

したがって，以上のことから，公序良俗の観念は，法と社会との間のずれを調整する機能を担う。しかし反面，この概念が白地性，抽象的であることから，適用の結果を予測することが困難であることによって法的不安定性を生じる危険がある。したがって，公序良俗の内容を可能な限り具体化・客観化することが必要となる。このためには，従来から集積された判例が重要な機能をもち，これを分析して，類似の事件ごとに類型化し，それぞれの類型について，判決の考え方とその評価を見出すことが必要となる。

(3) 公序良俗の類型

判例に現われた主な事例を以下のように分類することができる。

(a) 人倫に反する場合　母子が同居しないという契約や，配偶者ある男が将来妻と離婚して別の女性と婚姻するという予約などのように，親子や夫婦間の人情・道義に反する法律行為は無効である（大判大9・5・28民録26輯773頁，大判昭18・3・19民集22巻185頁）。

(b) 正義の観念に反する場合　盗品等の売却を委託する契約や競売または入札に際して不正な申合せをする談合行為などのように，犯罪その他の不正行為を助成する法律行為は無効である。また，名誉毀損をしないことの対価として金銭を与える契約などのように，行為そのものは公序良俗に反しなくても，対価と結びつくことにより正義の観念に反すれば，やはり無効である（大判大8・11・19刑録25輯1133頁）。

(c) 他人の無思慮，窮迫に乗じて不当の利を得るもの　ドイツ民法はこう

した法律行為の無効を明文で規定する（ド民138条2項）。わが民法でも公序良俗違反として無効であることはいうまでもない。消費貸借の貸主が借主の窮迫に乗じて，短期間の弁済期を定め，借主をして期限に弁済しないときは貸金額の8倍以上の価格を有する不動産を代物弁済とすることを約束させる契約などがこれにあたり，こうした契約は暴利行為として無効となる（最判昭38・1・18民集17巻1号25頁）。

(d) 自由・人格を不当に害する場合　芸娼妓契約が典型的なものである。判例は芸娼妓契約を金銭消費貸借（前借金）と稼働契約の2つの部分に分け，後者は無効だが前者は必ずしも無効とならない，としてきた。その後，最高裁判所は態度を変更して，前借金は稼働の対価としてこれと不可分の関係にあるから稼働契約の無効は契約全部の無効をきたす，と判示するにいたった（最判昭30・10・7民集9巻11号1616頁）。

(e) 営業の自由を過度に制限する場合　使用者が被用者に対し，解雇された後も使用者と同一営業を営まないことを約束させたり，営業譲渡人が譲受人に対し，同一営業を営まない旨の特約をすることは，それが個人の営業の自由を過度に制約することになる場合は無効である（大判昭7・10・29民集11巻1947頁）。

(f) 著しく射倖的な場合　一部の者だけが偶然の利益を得て他の者は，損失だけをこうむる著しい射倖的契約は無効である（大判昭13・3・30民集17巻578頁）。賭博契約がその典型である（宝くじ・競輪・競馬のような公営ギャンブルは除かれる）。

(g) 取引法秩序に反する場合　行為内容または手段が取引通念に反し社会的に不当であるというような競争取引の妨害，行為内容または手段が一方当事者に不利なものである場合（消費者取引），取引の価格等が妥当でない（給付の不均衡），契約の一部の条項が一方当事者に不利な場合である。この場合には，その全部を無効とする場合と一部を無効にすればよい場合とがある（中舎寛樹「民法90条における公序良俗違反の類型」『公序良俗違反の研究』216頁）。

(4) 動機が公序良俗に反する場合

たとえば賭博のための金銭貸与や，殺人のための凶器の購入など，法律行為の動機が公序良俗に反する場合，その法律行為の無効をきたすであろうか。法律行為において，動機が表示されているか相手方に知れている場合には法律行

為も不法性を帯びて無効となるが，そうでない限りは相手方保護のため無効とならないと解すべきである。

(5) 公序良俗違反行為の効果

公序良俗に反する行為は絶対的に無効であり，その追認は許されない。なお，近時，この無効にも一部無効（違反部分のみ無効）である場合があることを示唆するものがある（中舎・前掲（注1）26頁参照）。また公序良俗に反する無効な法律行為の履行として給付がなされた場合は，原則として不法原因給付となるので，給付したものの返還請求は認められない（708条）。

(6) 公序良俗違反の将来

公序良俗違反は，私法の私的自治・契約自由の考え方を大きく制限するものである。また，今日の公序良俗違反のケースの特徴は，(2)(g)の場合に加えて，個人の権利の保護を図るために90条違反を活用するケースが増えてきている（山本敬三『公序良俗論の再構成』）。その視点は，憲法における個人の基本権を支援するため，また消費者に対する情報提供の過度の不足を公序良俗違反として構成する。以上のことは，私（民）法の秩序目的である私益から，その限界として公益（民法上では公共の福祉）を求めることの必要性がある。そのためには，法律（学）における「公益」とは何か，そして「公序良俗」との関係を考える必要があろう。いうまでもないが，ここでいう「公益」とは，いわゆる「国益」とは異なることはいうまでもない。

第14章 意思表示と法律行為

1 意思表示総論

◆ 導入対話 ◆

学生：最初の講義で民法の基本原則として私的自治の原則を勉強しましたが，意思表示はそれとどんな関係があるのですか？
教師：私的自治の原則とは，法律関係が地位や身分によって決まるのではなく，人は意思のみによりて拘束されると宣言したんだ。
学生：すると，権利を得たり，義務を負うのは，その人が判断した場合に限るというわけですか？
教師：そうだよ。それを表現したのが，意思表示なんだ。
学生：そうか，意思表示を起点として，契約は契約者の自由な判断によってなされなければならない……。
教師：そこから，少し意思表示を考えてみよう。

1.1 意 思 表 示

(1) 意　　義

　土地の売買契約を締結する場合，たとえば，商業団地ができるから土地の値上がりを期待できる（「動機」という）と考えて，心で「土地を買う」という決定（効果意思）をし，それを相手に伝えようとして（表示意思），それを何らかの方法（口頭，手紙，電話等）で相手方に表示する（表示行為）。

　意思表示で重要なのは，このうち効果意思と表示行為である。表示意思は睡眠中の言動を意思表示から排除する説明の道具にすぎない。効果意思は宗教的（神様おねがい）・道徳的（マナーを守れ）・社会的な（友人になりたい）関係を欲する意思であってはならない。表示行為とは，積極的な（明示的）行為（口頭，

手紙，電話等）だけではなく，態度で示す消極的な（黙示的）行為でもよい。

このような意思表示は「法律行為」の基礎となる。意思表示は，法律行為として，意思表示の方向に応じて単独行為（取消し・解除など）・契約（売買契約，賃貸借，請負など）・合同行為（社団設立行為）のほか，どのような権利・義務を発生させるかに応じて財産行為・身分行為や，法律行為に特別な方式を必要とするかに応じて要式行為・不要式行為など多様に分類されている。

(2) 意思表示における意思と表示

意思表示の効果の根拠が表意者がそれを「望んだ」（内心で効果意思の決定した）ことにあるとすれば，（効果）意思が重要ともいえる。しかし，意思は内心にとどまる限り法的な意味を持ちえない。これを外部から認識可能なものにする手段が要求される（表示行為）。

冗談（心裡留保）で，「取引をでっちあげる」ために（通謀虚偽表示），思い違い・言い違い（錯誤）で意思表示なされたり，騙されて（詐欺），脅かされて（強迫）意思表示をした場合のように，表意者が望んだ意思と外部に表示されたことが一致しない場合が生じる。民法は，これらの場合を，表示に対応する意思がない（欠缺の）場合（93条以下）と，表示に対応する意思はあるが，その意思は外部からの干渉（詐欺・強迫）によって生じた（瑕疵ある）場合（96条）とに分けて，その効果を規定している。

(3) 意思欠缺と意思表示の解釈

意思と表示が一致しない場合，意思表示の効果は発生しない。意思と表示が一致するか否かは，効果意思と解釈によって確定された表示の意味内容が一致するかである。表示の意味内容の確定のための（意思表示の）解釈において主観と客観のいずれを重視するかについては見解が分かれる（解釈における意思主義と表示主義に関しては，【展開講義 22】参照）。

いずれの立場においても，心裡留保と錯誤の問題が生ずるのは，表示が表意者の効果意思と解釈によって確定された表示の意味が異なる場合である。たとえば，冗談でベンツを売るといったとしても，表意者がいつも自分の日本車をマイベンツといっていると相手方が理解できたのであれば，真のベンツではなく，マイベンツ（日本車）が売買の目的物として確定できのであるから，心裡留保の問題は生じない。また，10万円と書くつもりで，100万円とうっかり書

いてしまった場合でも，相手方がそれを10万円であると認識していれば，錯誤の問題にはならない。これらの場合，相手方がその当事者の意図した同じ意味でこれを理解しているのであるから，意思表示の表示は，両当事者が共通して意図した意味を持つものとして解釈され，心裡留保・錯誤の問題ではない。

1.2 意思主義と表示主義

　意思表示の効力をめぐって意思主義と表示主義の対立がある。表示意思における意思の要素を重視する立場によれば，表示に対応する意思が欠ければ意思表示の効力が否定される。表示を重視する立場によれば，表示がある限りなお効力が維持される。民法典は，意思表示が効力を有するためには意思と表示のいずれも必要であるとの考え方に立ちつつも，画一的に処理をするのではなく，各類型において当事者と第三者との利益を調整した解決を図っている（折衷主義）。

　心裡留保の場合，表示主義的立場から原則として有効とし，相手方が悪意・有過失のとき，それを制限している。通謀虚偽表示の場合，当事者間では無効とし，意思主義的立場をとるも，善意の第三者に無効を主張できないとする点では，表示主義的である。錯誤の場合，無効とするのは意思主義的であるが，法律行為の要素に錯誤ある場合に限って制限をしている（四宮・186頁）。

　しかし，これらの規定を前提としても，具体的な要件・効果については，意思の要素を重視する見解と表示ないし表示に対する信頼を重視する立場で見解が分かれている。

1.3 電子取引での意思表示

　電子取引においてやりとりされるデジタル化された情報も従来の法律行為ないし意思表示，準法律行為等と同じである。その伝達方法が新しい形態をとっているにすぎない。

　しかし，電子取引においては，人間の意思や判断が介在しない形で電子データを伝達する場合がある。たとえば，常時各店舗における商品の売上げの状況と在庫量を監視し，そのデータにもとづいて当該商品の納入業者に対して一定量の注文を行うようにプログラムされたコンピュータによって自動発注される場合，伝統的な意思表示論によれば，表意者には，個別の発注データに関して意思表示の構成要素とされる効果意思も，表示意思も欠けているから，この自

動発注のデータを表意者の意思表示と認めることができない。

　これをどう考えるかは問題である。コンピュータが個別のデータメッセージを表示するようにプログラムを組んだのは人間である。その限りでコンピュータによるデータメッセージの表示も，それを自己の意思表示として利用する権限を有する者の意思表示と認めることもできる。いずれにせよ，電子取引の発展によって理論的に検討すべき問題である。

2　心　裡　留　保

―――――――◆　導入対話　◆―――――――

学生：先生少し問題が生じて困っているんです。私（＝A）が父から貰って使用しているコンピュータをBがうらやましがるんです。そこで，Bが買うはずがないと思い，冗談に売る気もないのに「100万円出すなら売ってあげる」と言ったところ，Bは，「買う」と言って100万円を持ってきたのです。私は100万円と引換えにコンピュータをBに引き渡さなければならないのでしょうか。

教師：冗談半分か，困らせるつもりかはわからんが，友人をからかうからそんなことになるんだ。きみは「意思表示」を勉強したね。意思表示の効力はどこにあるのかな。契約はなぜ守らなければならないのかな。

学生：えーと，意思表示は効果意思・表示意思・表示行為が必要でした。私は売るということを言ってしまった。だから，表示行為はある。でも，先生，私はコンピュータを売るつもりはなかったんです。

教師：そこだよ。効果意思を持っていない表示行為（真意ではない意思表示）をした場合の問題として考えてみなさい。そこで問題となるのは，私は売る意思はなかったと言っているが，友人のBはどう考えたかな。

　　　きみはコンピュータを問題にしているが，きみがもし土地を1,000万円で売ると言った場合はどうなるだろうか。少し考えてみてよ。

2.1　心裡留保による意思表示

　心裡留保とは，上記の例で，Aがコンピュータを売る意思がないのに売ると表示したように，表意者が真実を心の内に留保し，表意者自ら表示に対応する意思がないことを知りながらその意思表示をすることをいう。相手方をだます

か，単なる冗談で相手方が気づくことを期待してなしたか，戯れ言でいったかなど，理由や意図は問わない。

心裡留保による効果の否定を主張するためには，①効果意思を欠く意思表示をなすこと，②意思がないことを表意者自ら知っていること，が必要である。表意者が「意思」のないことを知っていて表示している点で，「虚偽表示」と共通し，表意者自身がそれに気づかず意思表示をしている「錯誤」と区別される。

サラリーマンがキャバレーのホステスと親しくなりたいと思って，金品を与える約束をホステスとした場合，それが冗談であり効果意思を欠く意思表示とも理解できるが（東京高判昭53・7・19判時904号70頁参照），契約の拘束力（契約は守られねばならない）との関係で考えれば，道徳的には義務であるが，法的には契約の完全な拘束力の発生を予定しない（サラリーマンが自ら進んで履行すれば，有効な債務の履行となるが，ホステスから裁判所に訴えて履行を強要することができない）特殊な契約関係が発生したともいえる（自然債務）場合（大判昭10・4・25新聞3835号5頁，いわゆる「カフェー丸玉」事件）もあることに注意しなければならない。

2.2 心裡留保による意思表示の効力

(1) 心裡留保の原則と例外の効果

(a) 原則　　原則として有効である（93条本文）。表意者が効果意思がないことを知りつつあえて表示しているから，表意者を保護する必要はない。むしろ，表示に対する相手方の信頼を保護する必要性があることから，有効としている。

(b) 例外　　相手方が表意者の真意を知っていたか，あるいは過失によって知らなかった場合には，相手方の信頼を保護する必要はない。本来の原則に戻り，意思表示は無効となる（93条ただし書）。

この場合，相手方が表意者の真意（つまり意思のない事実）を知っていれば足り，何が真意なのかを具体的に知っている必要はない。「相手方が表意者の真意を知り又は知ることができた」ことは，表意者が立証する責任がある。

立証責任とは，自分に有利な効果を得ようとする者がその事実について裁判官を納得させ（証明し）なければならないことをいう。表意者が無効を主張するのは意思表示の効果を免れる利益があるから，表意者が立証責任を負う。表

意者が裁判官を納得させることができなければ，相手方が「表意者の真意を知っていたか，あるいは過失によって知らなかった」とはいえないことになり，有効として取り扱われる。

　93条ただし書により無効な場合，表意者Aが無効を主張しないにもかかわらず，相手方Bまたは第三者が無効を主張できるとする見解もある（幾代・242頁）。しかし，心裡留保の無効は表意者保護のためであり，相手方が売買の申込みが心裡留保によるものと知りながら承諾をした場合には，相手方の承諾も心裡留保となるから，自分の承諾が心裡留保である旨を主張すれば足りるのではないか。

　(c)　心裡留保の場合，不法行為が成立するか　法律行為として無効となるから，損害賠償責任は原則として問題とならない。しかし，相手方が善意無過失である場合，不法行為の成立を認め，後は過失相殺で処理することもできる（幾代・242頁）。

　(2)　心裡留保した表意者と第三者との間の効力

　導入対話事例の場合，心裡留保によりコンピュータの売買契約は無効であるとき，BがコンピュータをCに譲渡したならば，Aは契約の無効を第三者Cに対しても対抗できるか。コンピュータのように動産の場合であれば，第三者に即時取得（192条）が成立する可能性もある。しかし売買の目的物が，不動産（土地・建物）の場合には登記に公信力がないので，とくに第三者の保護が問題となる。

　表意者が自ら知りながら（真意にもとづかない）意思表示を行い，それによって表示に対する第三者の信頼を惹起した場合，虚偽表示と第三者との関係と共通していることから，94条2項（虚偽表示における第三者保護規定）が類推適用され，動産・不動産いずれの場合であっても，Cが善意であれば，無効をCに対抗できないと解されている。

2.3　民法93条の適用範囲

　心裡留保はすべての法律行為に適用されない。法律行為でも，婚姻・養子縁組などの身分行為の場合，本人の意思が，とくに尊重されるから，93条の適用はなく，これらの行為は常に無効である（養子縁組につき，最判昭23・12・23民集2巻14号493頁）。相手方のない単独行為には，93条の適用を否定する見解もある

が，93条は適用され，相手方がいないからただし書は適用されず，常に有効である（幾代・243頁）。さらに，多数の者の権利義務に影響を及ぼすような団体法的な行為や厳格な方式が要求される行為の場合には，客観的な表示がとくに尊重され，心裡留保があっても常に有効とされる（とくに商法は会社設立または新株発行の際の株式の申込みの場合について，93条ただし書の適用が排除される旨規定している。商法175条5項・280条ノ14第1項参照）。もっとも，これ以外の団体法の上の法律行為について同様に考えてよいかは問題は残る。

なお，代理あるいは法人の代表者がその権限を濫用して自己または第三者の利益を図るために代理行為をした場合には，代理意思は有しているので，心裡留保の直接適用にはならないが，相手方がその濫用の意図を知りまたは知りうべかりしときには，本人は93条ただし書の類推適用により代理行為の無効を主張しうる（代表取締役の権限濫用につき，最判昭38・9・5民集17巻8号909頁。代理人の権限濫用につき，最判昭42・4・20民集21巻3号697頁）。

3　通謀虚偽表示

◆　**導入対話**　◆

学生：友人Aは親から相続した土地を持っていたのですけど，Sに以前に借りた金を期日に返済できず，Aの土地を強制執行される危険があったので，Bに事情を話して土地をBに売却したことにし，登記をBに移したそうなんです。そんなことができるんですか？

教師：登記官は書類がきちんとそろっていれば，受付をしなければならないから，AからBへの登記はできちゃうんだな。もっとも，それをやると，刑法違反（刑法96条の2）になるけどね。

学生：民法では何も問題にはならないのですか。Bが自分名義になった登記を利用してCに売却していたら，どうなるんですか？

教師：そうだね。問題ありそうだね。

3.1　通謀虚偽表示による意思表示

通謀虚偽表示とは表意者が相手方と通じてなす真意ではない意思表示をいう。

導入対話事例のように，強制執行（差押え）を免れるために他人と通謀して売買を仮装し，その他人に不動産の登記名義を移す場合などがその典型例である。

効果意思がないことを知っていた点で「錯誤」と異なり，「心裡留保」と共通しているが，相手方と「通謀」がある点で心裡留保と異なる。

通謀虚偽表示になるためには，①効果意思を欠く意思表示がなされたこと，それにもかかわらず，②有効な意思表示が存在するような外観を作り出したこと，そして，③ ①・②について相手方との間に通謀があること，の3つの要件が必要である。

(1) 効果意思を欠く意思表示であること

導入対話事例の売買契約のように，Aは売る意思もないのに，相手方Bも買う意思もないのに，それを知りつつ仮装の売買契約をした場合である。

虚偽表示の場合，当事者は，外形的に作り上げたものを意欲しないだけではなく，外形とは異なる法律効果を積極的に意欲していることがある。たとえば，（税金対策で）贈与をする意思をもって外形的には売買を仮装した場合などである。この場合，外形行為（売買）の背後に隠された真の意思にもとづく行為（贈与）を「隠匿行為」という。隠匿行為（贈与）は，それ自体の要件が満たされている限り有効である。しかし，売買契約は虚偽表示となる。

さらに，当事者が意図する目的以上の権利を与える場合がある。これを信託的行為という。債権を取り立てる目的だけのために債権を譲渡する場合（取立てのためにする債権譲渡），担保のために権利を譲渡する場合（譲渡担保）である。これらの場合には，当事者は外観どおりの効果「譲渡」を発生する真意はあるので，当事者の経済的目的（取立て・担保）を越えた譲渡の部分は虚偽表示ではない。

(2) 意思表示があったとの外観の存在

導入対話事例のように差押えを免れるために仮装の売買契約をした場合であれば，登記の移転があれば足りる。意思表示があったと一般人が知りうる，それらしい外観であれば足りる。仮装の金銭消費貸借（要物契約）に伴い，不動産の質権設定契約が行われたが，金銭の授受・登記・引渡しがなかった場合でも，虚偽表示になる。しかし，動産の質権の場合は，成立に引渡しが要求されるだけではなく，その後も引渡しが存続しない限り，動産質権の設定があった

とは社会的に認められないので，外観作出については引渡しが必要である。

(3) 相手方との間に通謀があること

虚偽表示の「通謀」とは，真意にあらざる表示をなすことについての合意をいう。第三者をあざむく意図までは要しない。動機や目的は問わない。導入対話事例の場合のように，単に相手方が所有権の名義人になることについて承諾した場合にも「通謀」が認められる（最判昭41・3・18民集20巻3号451頁）。

しかし，単に相手方が知るだけの場合や，双方心裡留保の場合には，当然には虚偽表示とはいえない。

3.2 虚偽表示の当事者間の効力 (94条1項)

(1) 原状回復義務

虚偽表示は無効であるから，互いに原状回復義務が生じ，虚偽表示の外観を取り除くための協力義務が生ずる（この外観除去請求権は，不当利得返還請求権・物権的請求権の性質を併せ持つと解されている。幾代・250頁）。導入対話事例の場合，仮装譲渡人Aは登記名義の回復を相手方Bに請求しうる。

導入対話事例においては，仮装の売買契約にもとづく登記の移転は刑法に違反するから，公序良俗違反（90条）となり，不法原因給付になるのではないかという問題もある。判例はこれを否定している（最判昭41・7・28民集20巻6号1265頁）。

(2) 虚偽表示の撤回

虚偽表示は無効であるから，それを撤回することは無意味である。しかし，虚偽表示の無効は空白ではなく，第三者に対する関係では有効として取り扱われることもあるから，それを回避するために虚偽表示を撤回する実益がある。

撤回した場合，残存する虚偽表示の外形を取り除かない限り，善意の第三者に撤回を対抗できない（最判昭44・5・27民集23巻6号998頁）。第三者が予想できない不利益を被るおそれがあるからである。

3.3 虚偽表示の第三者に対する関係 (94条2項)

(1) 善意の第三者には無効を対抗できない

虚偽表示の無効は「善意」の「第三者」には対抗できない。本来保護すべき権利者である表意者（仮装譲渡人など）が自らの虚偽の外観を作り出したのであるから，外観を信頼した第三者の保護が優先される。

「善意」とは，第三者が利害関係を持った時点で虚偽表示であることを知らなかったことをいう。その後に虚偽表示であることを知っても保護を妨げない。「善意」の立証責任は第三者にある（最判昭41・12・11民集20巻10号2168頁）。

善意につき過失がなかったことまで必要か。これに関しては，【展開講義23】を参照。

(2) 「第三者」の範囲

(a) 第三者とは　　第三者とは，虚偽表示の当事者およびその一般承継人以外の者であって，「虚偽表示によって作られた外形に基づいて，新たに独立した法律上の利害関係を持つに至った者」をいう。「新たに取引関係に入った者」と限定するのは，94条2項が取引の安全のための規定だからである。

第三者とは，仮装譲受人Bから目的物を譲り受けたC（最判昭28・10・1民集7巻10号1019頁），目的物に抵当権や利用権の設定をした者（大判昭6・10・24新聞3334号4頁），目的物の差押債権者のように，外形である仮装売買にもとづいて新たに独立した「目的物に具体的に」法律上の利害関係を持った者である。

これに対して，次の者は第三者とはいえない。①仮装譲受人の一般債権者（大判大9・7・23民録26輯1171頁）は仮装売買による目的物に具体的な利益を持ったわけではない。②一番抵当権が仮装で放棄された場合に順位が上昇して自らが一番抵当権者になったと誤信した二番抵当権者は，虚偽表示の「外形に基づいて新たな」法律上の利害関係に入ったのではない。③代理人や法人の理事が虚偽表示をした場合における本人・法人（大判大3・3・16民録20輯210頁）のほか，債権の仮装譲受人から取立てのために債権を譲り受けた者も，仮装譲受人から「独立」の法律上の利益を取得したものではない（大決大9・10・18民録26輯1551頁）。

Aから土地を仮装で譲り受けたBがその土地の上に建物を建ててCに賃貸した場合，AはCに対して虚偽表示の無効を主張できない。建物賃借人Cは，仮装譲渡された土地につき法律上の利害関係を有しないからである（最判昭57・6・7判時1049号36頁）。しかし，AはBに土地の利用権があるような外形を自ら作っているのであり，CはまさにこのBの敷地利用権を前提として建物の利用に関する契約を締結した。Bの敷地利用権が否定されればCの利用権も覆されてしまうという関係にあるのであるから，Cも「第三者」と認めるべきだとい

(b) 登記の有無　善意の第三者が保護されるためには，対抗要件を必要としない。第三者が善意の場合，AとBとの売買契約が有効であるとして取り扱われ，第三者Cが有効に所有権を取得するから，真の権利者と第三者とは対抗関係にはなく，むしろA→B→Cと所有権が移転した関係にある。利益衡量からも，表意者は，自ら虚偽の外観を作り出した者であるから，それを信頼した第三者の対抗要件の不備を主張することによる保護を与える必要はない（幾代・260頁，類推適用事例に関して，最判昭44・5・27民集23巻6号998頁参照）。これに関しては，【展開講義　24】参照。

(3) 転得者の法的地位

導入対話事例において，第三者Cが目的物をさらにDに転売した場合，この転得者Dの法的地位はどうなるか。①C・Dともに善意であった場合，②Cは悪意であったが，Dが善意の場合，③Cは善意であったが，Dが悪意であった場合がある。

①の場合，AがDに対して無効を主張しえない。②の場合，D自らが「善意の第三者」である（最判昭45・7・24民集24巻7号1116頁）。問題は，第三者Cは善意であるが転得者Dが悪意の③の場合である。

これに関しては，悪意の転得者について保護の必要はないし，条文でも「善意」が要求されていることから，悪意の転得者に対しては無効を主張できるとの見解も有力に主張されている（相対的構成説）。

しかし，悪意の転得者に対する無効主張を認めるとすると，結局は保護されるべき善意の第三者をも巻き込むことになる。目的物を取得できなかった悪意の転得者から，保護される善意の第三者が追奪担保責任（他人物売買となり売主の担保責任）を問われることになるし，保護され権利者となった第三者Cは，Aの主張などによって事実を知ってしまった者へは譲渡できず，保護されても権利譲渡を制限されることになる。さらに，転得者が取得したのが所有権ではなく抵当権等であった場合には複雑な法律関係を生じさせる。

そこで，善意の第三者は，本人からの追求を受けえない結果，権利を確定的に取得するのであり，そこから権利を取得した転得者は，この第三者の地位を承継するから悪意でも保護される（絶対的構成説——前掲大判昭6・10・24参照）。

【展開講義 23】 通謀虚偽表示において第三者が保護されるための要件

　通謀虚偽表示の第三者の保護に関しては、①第三者に善意だけではなく、無過失も要求されるか、②第三者は登記を具備することが必要か、の2つの問題が提起されている。

(1)　第三者が保護されるために、善意につき過失がなかったことまで必要か

　判例・多数説によれば、条文には単に善意としかないこと、虚偽表示の場合には表意者が自ら意識的に虚偽の外観を作成した点でその帰責性が大きいことから、無過失までは要求していない。これに対しては、外観に対する信頼を保護する他の規定（112条・192条など）とのバランスから、無過失を必要とする見解（四宮・175頁、幾代・257頁）も有力に主張され、無過失の処理を通じて具体的状況に応じて表意者と第三者との利益考量をきめ細かに行うことができるという。

　しかし、他の表見法理と異なり、虚偽表示の場合には、表意者の帰責事由がきわめて大きい。無過失まで要求すると、第三者が保護を受けるためには、不動産の売買では常に内部関係の調査が必要となろう。表意者の帰責事由の程度を考えると、相手方に内部調査まで義務づけるのは疑問である。しかし、第三者がわずかな注意を払えば（重過失）、虚偽表示を知りうる立場にある場合には、第三者は保護に値しないのではないか（石田・320頁）。たとえば、登記名義がAであるのにBがCに売却する場合、なぜ登記名義がBではないかを尋ねるのは容易である場合や、土地が先祖伝来の土地でAが手放すはずはないことをCが知っていた場合には、重過失があるとみてよい。無過失説も高度な調査義務を課すのではなく、「外観を信頼するにたる注意義務」とゆるやかに捉えれば、結論において大きな差異はない。

(2)　第三者が保護されるためには、登記を備えることが必要か

　本文において説明したように、判例・通説の立場によれば、第三者が保護されるためには、対抗要件は必要としない。この立場によれば、Cが登記を備えないうちに、AがBから登記を回復しても、Cが善意である場合には、Aに対抗できることになる。

　しかし、判例・通説によっても、AがBに事情を告げて登記を残したまま、Dに譲渡した後でBが善意者Cに譲渡した場合には、二重譲渡の対抗問題となり、DとCとの優先は登記によって決める（最判昭42・10・31民集21巻8号2232頁）。

　これに対して、無効ではあるが、事後処理としてBからAへの登記を回復しなければならないし、他方、BからCへの物権変動があるから、二重譲渡の関係が

生ずる。そして，Bに登記を残したままCが保護を受けるとなると，BからEへ譲渡されて，結果的に紛争を拡大させることになるという見解や，AがBに事情を告げて登記を残したまま，Dに譲渡した後でBが善意者Cに譲渡した場合，Dとの関係では，登記のあるBはDに優先するから，Bの承継者であるCは登記なくしてDに対抗できる見解も主張されている。

これらの問題に関しては，物権変動をどう捉えるか，登記の意味・機能をどう考えるかをめぐる困難な問題でもある。

【展開講義 24】 民法94条2項の類推適用論とはいかなる考え方か

Aの息子Bが登記申請書類を偽造して自分に登記を移し，それを利用してCにその土地を売却した場合，AはCに対して権利者として登記の抹消を請求できる。Bの登記は権利に裏付けられていない無効な登記であり，CがB名義の登記を信頼しても「登記」に公信力はないから，Cが権利を取得することはない。しかし，判例は，「通謀」の要件が欠け，あるいは厳格な意味での法律行為が行われなかった場合にも，登記等を通じてBが権利者である外観を権利者であるAが作り出しているという一定の事情がある場合には，その外観を信頼した第三者を94条2項を類推適用して保護し，Cが権利を取得する場合を認めている。判例はいくつかの類型に分けることができる。

(1) 判例の類型

①仮装の法律行為・通謀の要件を欠く場合——Aが新築をした建物につき，B名義で金融機関から融資した関係でBの了承を得てB名義の保存登記をした場合（最判昭41・3・18民集20巻3号451頁）あるいはSから不動産を購入したAが，相続税の対策のために，本人の承諾を得ることなく息子B名義の取得名義で登記しておいた場合（最判昭45・7・24民集24巻7号1116頁），その後Bが，Aに無断でこれを第三者Cに売却してしまった事例，②他人による外形作出を本人が後に承認ないし放置していた場合——A所有の土地につき，Aの知らない間にBが勝手にAからBへの権利移転の登記をなしたが，後にそれを知った権利者Aが登記せずにこれを黙認していたところ，Bがこれを第三者Cに売却してしまった事例（最判昭45・9・22民集24巻10号1424頁），などが代表例である（学説には，黙示の承認がなくても，単に放置していた場合でもよいとする見解がある。吉田眞澄「民法94条2項の類推適用とその限界について」争点Ⅰ44頁）。

判例は，さらに，①・②を超えて，③真の権利者が承認した以上の外形を信頼した第三者を保護している。不動産の所有者Aが，Bと通謀し，売買予約を仮装

して所有権移転請求権保全の仮登記手続をしたところ，外観上の仮登記権者であるBが，勝手に仮登記にもとづいて所有権移転請求権保全の本登記を行い，その不動産を第三者Cに売却した場合，Aが承認した外形と第三者の信頼した外形との間に食い違いが生じる。この場合，94条2項と110条の法意を併せて考慮し，Aは，善意・無過失の第三者Cに対し，本登記の無効を対抗できない（最判昭43・10・17民集22巻10号2188頁）。

そして，この保護を受けるためには，善意だけで足り，無過失も要求されず（反対，四宮・171頁），登記の具備も必要ないとされている。

(2) 登記の公信力との関係

94条2項の類推適用による第三者の保護は，あたかも不動産の登記に公信力を認めた結果になっている。しかし，登記に公信力が認められたわけではない。虚偽の外観の存在につき真の権利者に帰責性があることが要求される点で，不実（無効）の登記の外観に対する信頼について真実の権利者の帰責性を問題としない公信力そのものとは異なる。94条2項の類推適用論は，権利者の帰責性がある外観作出に根拠をおいていることから，単に登記だけではなく，判例によれば，未登記建物が固定資産台帳に他人名義で登録されていることを知りながら，明示・黙示にそれを承認していた場合には，善意の第三者が保護される（最判昭48・6・28民集27巻6号724頁）。

学説は，94条2項の類推適用に関する判例の展開を基本的に指示し，これを拡大している。①意思表示が相手方に悪意または過失があるために心裡留保により無効とされる場合（93条ただし書）における第三者との関係，②取消し・解除後の第三者との関係である（これに関しては，【展開講義　26】参照）。

3．4　民法94条の適用範囲

虚偽表示は，当事者間の通謀を要件とするから，相手方のない単独行為については成立しえない（反対，幾代・263頁）。しかし，取消し・解除のように，相手方のある単独行為において，その相手方との間で通謀が行われたときには，本条が適用される。判例も，一部の共有者が他の共有者と通謀してなした持分権放棄について本条を適用し（最判昭42・6・22民集21巻6号1479頁），財団設立者間の通謀により効果意思を欠く寄附の意思表示がなされた場合にも本条の類推適用を認めている（最判昭56・4・28民集35巻3号696頁）。

4 錯　　誤

> ◆　**導入対話**　◆
>
> 学生：世の中で思い違い・勘違い・言い間違い・書き間違いなどはよく起こることですが，契約の場合，民法上はどのような問題となるのでしょうか？
> 教師：この問題は民法上，結構むずかしい問題でね。
> 学生：民法95条に錯誤の規定がありますが……でも，規定では，「法律行為の要素」に錯誤がある場合，無効とあります。
> 教師：錯誤といっても，いろいろな種類があるんだ。
> 学生：錯誤があれば，何でも無効ではないのですか？

4.1　錯誤による意思表示

　意思表示（たとえば，契約）するとき，思い違い・勘違い，言い間違い・書き間違いをしてしまう場合がある。民法95条は，法律行為の要素に錯誤がある場合に限り，意思表示を無効とする。判例によれば，錯誤による意思表示とは，表示に対応する意思が欠けていることを表意者が知らずになした意思表示（すなわち無意識的意思欠缺）の場合である。

　現在では，動機錯誤にも95条の適用を認めるべきだとする多数説によれば，錯誤の定義も，「表示と真意の不一致」あるいは「誤った事実認識に基づいてなされた意思表示」となる。このように，動機錯誤の処理をどうするかの立場の相違により錯誤の定義も異なる。

4.2　錯誤の類型

(1) 錯誤の種類

　錯誤は表示（行為）の錯誤・動機の錯誤とに分類される。表示（行為）の錯誤は，言い間違い・書き間違いの「表示上の錯誤」と，思い違い・勘違いの表示行為の意味を誤る「表示内容の錯誤」がある。動機の錯誤とは，意思決定をするについての影響を与えた事実，すなわち土地を買う意思決定であれば，たとえば，工業団地ができるから土地の値上がりを期待するということに錯誤（結果的に工業団地はできなかった）場合をいう。

(2) 表示の錯誤

表示の錯誤は，表示上の錯誤，表示内容の錯誤，表示機関の錯誤に分けられる。表示上の錯誤とは表示行為そのものに関する錯誤である。たとえば，10万円と書くつもりで，100万円と書いてしまった場合である。書き間違いや言い間違いによって表示と効果意思との間に齟齬が生じた場合である。

表示内容の錯誤とは表示行為の意味の錯誤である。ユーロとドルが同じ価値だと思って3ドルを3ユーロといった場合である。勘違い・思い違いで表示の意味を誤って理解したために表示と効果意思との間に齟齬が生じた場合である。

表示機関の錯誤とは，たとえば，子供にJビーフの買い物のお手伝いをさせたが，子供が肉屋でオージービーフといった場合のように，表意者が意思表示をするにあたって使者（伝達機関）を用いたところ，意思が誤って伝達された場合である。これも表示の錯誤の一場合として，解釈上95条の適用可能性が認められている（大判大12・4・26民集2巻272頁，大判昭9・5・4民集13巻633頁）。

(3) 動機の錯誤

工業団地が近くにできると誤信して土地を買った場合，あるいは受胎している良馬と誤信して駄馬を買った場合（大判大6・2・24民録23輯284頁），買おうという意思表示の形成過程において（工業団地はできないのに，駄馬であるのに）事実を誤って認識し，これにもとづいて意思表示をなす場合を動機の錯誤という。

判例によれば，動機の錯誤の場合，95条は適用されない。動機が表示され意思表示の内容となった場合に，95条の適用がある（最判昭29・11・26民集8巻11号2087頁）。動機の表示は必ずしも明示的に行われる必要はない。動機を黙示的に表示していたときも，95条により無効となりうるとした（最判平元・9・14判時1336号93頁）。しかし，どのように動機の錯誤を捉えるかに関しては議論がある（【展開講義 25】参照）。

4.3 錯誤無効の要件

錯誤の要件は，①法律行為の要素に錯誤があること，②表意者に錯誤につき重大な過失がないことである。多数説によれば，③錯誤について相手方に認識可能性（知り，または知ることができた場合）があることが要求されている。取引の安全のために，相手方が善意・無過失の場合には，表意者に錯誤の無効主張を許すべきではないことによる（幾代・273頁）。

(1) 法律行為の要素に錯誤があること

(a) 要素とはなにか　錯誤があれば，なんでも無効となると，相手方は契約の成立について不安となる。そこで，錯誤した表意者の保護と取引の安全を確保するために，すべての錯誤を無効とせずに，「法律行為の要素」に錯誤がある場合に限った。要素の錯誤の立証責任は，無効を主張する表意者が負う。

「要素」とは，法律行為の重要な部分であって，①もし錯誤がなければ表意者は当該意思表示を行わなかったであろう（因果関係）こと，②通常人も表意者の立場にあればその意思表示を行わなかった（重要性）ことが認められることが必要である。問題は，動機の錯誤も「法律行為の要素」の錯誤に該当しうるのか，および，具体的にいかなる場合が法律行為の重要部分に係る「要素」の錯誤と認められるのかである。

(b) どのような錯誤が問題となるか

(ア) 目的物に関する錯誤　目的物に関する錯誤には，目的物の同一性に関する錯誤，目的物の性状・来歴に関する錯誤，数量・範囲・価格に関する錯誤がある。

目的物の同一性の錯誤とは，要素の錯誤と認められる。目的物の性状・来歴に関する錯誤の場合，たとえば，受胎している良馬だと思って購入したのに実は受胎もしていない駄馬だった場合や，有名な画家の絵を真作として買ったのに実は偽作であった場合（最判昭45・3・26民集24巻3号151頁），動機の錯誤にすぎない。目的物の数量・範囲・価格に関する錯誤の場合，たとえば，鉱山の埋蔵量について誤った認識を持っていた場合（大判昭10・1・29民集14巻183頁），土地の売買契約において，当事者が当該土地に一定の面積があることを基礎として面積に応じて価格を決定したような場合（この場合，「数量指示売買」として売主の担保責任（565条）も問題となる）には，要素の錯誤となる。

(イ) 人に関する錯誤　人に関する錯誤には，人の同一性に関する錯誤と人の財産状態や身分に関する錯誤がある。

人の同一性に関する錯誤の場合，要素の錯誤と認められるのは，不動産売買契約（最判昭29・2・12民集8巻2号465頁）や，委任契約のように当事者の信頼関係を基礎とする契約の場合や，消費貸借契約のように相手方の信用が問題となる場合のように，相手方が誰であるかが重要な契約である。相手方が誰である

かは重視されない契約では、人違いは要素の錯誤とはならない（大判大8・12・16民録25輯2361頁）。

　しかし、人の財産状態や身分に関する錯誤の場合、動機の錯誤にすぎないが、消費貸借契約や委任契約の場合、財産状態や身分が契約の内容からみて重要な場合には、要素の錯誤が認められる場合がある。たとえば、相手方を弁護士だと思って委任契約を締結したのに、実はそうではなかった場合である。

　(ウ)　その他の錯誤　　法律行為の種類に関する錯誤、たとえば賃貸借を使用貸借と勘違いした場合には、要素の錯誤になる。しかし、法律状態を錯誤した場合（法律状態を前提として法律行為をしたがその認識が誤っていた場合）、動機の錯誤である。たとえば、財産分与契約において、分与者が自己に税金がかかることを知らず、そうでないことを当然の前提として財産分与をしたところ、税法上は遺産分与者には譲渡所得税が課されることになっていたという場合に、この動機は黙示に表示されていたとして要素の錯誤を認めた（前掲平元・9・14）。

　和解契約（695条）で当事者が和解によってやめようとした争いの目的たる事項に錯誤があった場合、696条（「和解の確定効」）の趣旨から、95条の適用はない。しかし、当事者が和解の前提として争わなかった事項が事実と食い違っていた（契約の目的事項以外の点に錯誤があった）場合、錯誤の問題となる。和解の確定効は及ばないからである。たとえば、金銭債務の存否に関する争いをやめるために、債権者Aが仮差押えをしていた債務者B所有の特選金菊印苺ジャムを債務者Bが代物弁済として交付する和解が成立した後に、このジャムは粗悪品であったことが判明した場合（最判昭33・6・14民集12巻9号1492頁）に95条の適用を認めている。

　(2)　表意者に重過失が存在しないこと

　錯誤による無効主張は（95条ただし書）、表意者に重大な過失がある場合には、表意者は無効を主張しえない。取引上必要な注意を払えば錯誤せずに済んだのに、その注意の程度を著しく欠いた結果、錯誤に陥った場合にまで、相手方を犠牲にして表意者を保護する必要はないからである。

　重大な過失とは、注意義務を欠く程度が著しい場合をいい、軽過失と区別される。重大な過失の立証責任は、相手方にある（大判大7・12・3民録24輯2284頁）。

　(3)　相手方の認識可能性があることが必要か

1ダースを10本と勘違いして5ダース鉛筆を買いたいと表示しても，相手方がそれを知っていれば，50本の鉛筆の売買契約が成立する。しかも，相手方が錯誤に気がつけば，その真意を確認すべきである。そうだとすれば，表示の錯誤の場合，相手方が認識できた場合には，意思表示の解釈レベルで表意者を保護することができるから，錯誤は問題にはならない。相手方が現実には錯誤を認識できなかったが，当該事情の下では認識すべきであった場合も50本の契約の成立があったとみてよいであろう。

これに対して，多数説は，錯誤の要件として，善意・無過失の相手方を保護するために，相手方が認識可能（知り，または知ることができた場合）であることを挙げる。

4.4 錯誤の効果

(1) 無効の主張権者

錯誤規定は表意（錯誤）者を保護するためにあるから，表意者自らが無効を欲しないのに相手方や第三者から無効を主張できるとすれば，この趣旨に反することになる（最判昭40・9・10民集19巻6号1512頁）。

判例は，例外として，第三者が表意者に対する債権を保全する必要がある場合に，表意者もその意思表示に関して錯誤あることを認めているときには，表意者自らは無効を主張する意思がなくても，右第三者は，無効を主張してその結果生ずる表意者の債権を代位行使することが許されるとする（最判昭45・3・26民集24巻3号151頁）。

学説には，これを支持するものもあるが，判例が「表意者が錯誤を認めているとき」としている点に疑問を提起し，423条は責任財産保全のための制度であり，錯誤による無効の主張は取消しと同様財産権の行使に他ならないのであるから，表意者が錯誤を認めている場合でなくとも，423条の要件が充たされている限り，無効主張の代位行使が認められるべきだとする見解も主張されている（四宮・191頁）。

(2) 第三者との関係

錯誤による意思表示の無効は，契約の目的物が動産であった場合（192条の即時取得の適用が問題）をのぞき，善意の第三者に対しても対抗することができる。

4.5　民法95条の適用範囲

　錯誤は，身分上の行為については，当事者の意思が尊重されるべきことから，95条ただし書の適用はない。婚姻や養子縁組については，特別規定（742条1項・802条1項）によって本条の適用が排除される。

　逆に，財産行為で表示が重視される行為については，本条の適用がなく錯誤があっても有効とされる。商法191条は，会社の設立後に株式引受人がその引受の錯誤による無効を主張することはできないと規定している。

4.6　民法95条と他の規定との関係

(1)　詐欺との関係——錯誤と詐欺の二重効

　表示の錯誤や動機の錯誤が詐欺によって引き起こされた場合，詐欺の取り消すことができる，一応有効な行為と錯誤による無効な行為とが競合することは形式的にはありえない。しかし，①両規定は表意者を保護するために，意思表示の効力を否定するための手段である，②要素の証明が困難な場合，効力の否定を主張する期間，第三者との関係で効果が異なるから，選択的主張を認めることに実益がある。

(2)　瑕疵担保責任と錯誤との関係

　たとえば，受胎していると思った良馬が単なる駄馬だったような場合には，錯誤の問題（動機錯誤の問題もからんでくる）とともに，売主の担保責任（560条以下。とくに目的物の性質については570条）が問題となる。

　判例（錯誤優先説）によれば，95条の要素の錯誤が存在する場合には，担保責任の規定が排除されるとする（大判大10・12・15民録27輯2160頁，最判昭33・6・14民集12巻9号1492頁）。これに対し，通説（担保責任優先説）は，錯誤の適用を認めるとすれば，短期排斥期間を定めて法律関係の早期解決を図った担保責任の規定の意義が没却されるという。担保責任の規定は法律関係の早期安定のために錯誤規定の特別規定として設けられたものであるから，一般規定である錯誤規定は，特別規定である担保責任規定によって排除されるという。しかし，錯誤規定と瑕疵担保規定とはそれぞれ別の要件の下で，別の効果によって表意者ないし買主を保護する規定であり，表意者ないし買主の保護という趣旨からすれば，当事者はそれぞれの要件の立証が可能である限り，いずれを主張してもよいのではないか。もっとも，今後は消費者契約法との関係も検討する必要がある。

(3) 電子取引と錯誤

　電子取引，たとえばインターネットショッピングの契約を行う場合の意思表示について錯誤の問題がある。電子取引においては，取引が非対面で行われ，操作に一定の水準が要求されることから，錯誤の問題が起こりやすい。

　電子取引において表意者の真意と異なる内容の電子データが送信される場合がある。①誤操作による場合，キーボードによる入力間違いなどの表示行為は，書き間違い，言い間違いに相当し，表示の錯誤にあたることになる。②伝達過程でのエラーによる錯誤の場合（電子データが相手方に送信される過程において，情報システムに生じた何らかの原因によっていわゆる「データ化け」が生ずる等の場合），本人の意思表示が仲介者（たとえば，プロバイダー）によって相手方に誤って伝えられた場合であり，表示機関の錯誤ともいえる。

　電子取引における錯誤の適用を考慮するとき，②の場合，発信者の側での意思決定およびその表示自体は有効に成立しており，それが発信者の支配やコントロールの及ぶ情報システムの外に出てからエラーが生じているのであるから，表示機関の錯誤の問題とはいえないのではないか。さらに，重大な過失がない限り（95条ただし書），当該意思表示は無効となるが，電子取引においては迅速な事務処理を目的としているので，錯誤による無効の主張を限定すべきではないかという指摘もある。しかし，表意者に重大な過失よる無効主張の制限は当然電子取引にも妥当する。電子取引においても軽率な表意者は保護されるべきではない。重過失の認定に関しても，予想される誤操作に備えてミスを回避する措置をとるべきであり，重過失の認定は慎重にすべきであろう。いずれにしても，電子取引と錯誤の問題は今後なお検討すべき問題でもある。（電子消費者契約及び電子承諾通知に関する民法の特例に関する法律，平成13年12月25日から施行）

【展開講義　25】　動機の錯誤に民法95条は適用されるか

　判例・従来の多数説によれば，動機の錯誤は原則として法的に考慮されない。動機は効果意思と区別される。動機は千差万別であるから，これを常に錯誤の問題に持ち込むとすれば，取引の安全を著しく害することになるからである。例外的に，「動機が表示され」た場合には錯誤により無効となる（動機の錯誤と表示の錯誤を区別することから，「二元説」といわれる）。錯誤の無効主張のために動

機の表示を要求することによって，表意者の保護と取引の安全との調和を図ることができるという。

これに対して，そもそも表示の錯誤と動機錯誤の区別的取扱い自体が問題であるとし，むしろ動機錯誤と他の錯誤とを併せ，両者を統一的な要件の下で保護しようとする見解が主張され（川島・289頁以下），学説の多数説となりつつある（動機の錯誤と表示の錯誤とを区別しないことから，「一元説」と呼ばれる（四宮・182頁，幾代・273頁）。

これによれば，錯誤を生ずる多くの場合は動機の錯誤の場合であるし，表示の錯誤のうち，とくに表示内容の錯誤と動機の錯誤とを区別することは困難である。判例が動機の「表示」を要求する根拠は取引安全の保護にあるが，取引の安全という点は他の錯誤の場合も同様に問題となる。取引安全との調整は，「要素」に当たるか否かの判断や，相手方の認識可能性要件（95条の適用要件として，相手方に錯誤の認識可能性があったことを要求する）など，両者に統一の要件を立てることによって図られるべきだという。

しかし，表示錯誤と動機錯誤を同一に取り扱うのは妥当ではない。表示の錯誤は，「意思と表示の不一致」の場合として，自己の意欲しない法律効果を受けるかどうかの問題に関わり，95条はこの場合の法的処理を予定して規定されたのである。これに対して，動機の錯誤は，当事者が「予定した事実と実際の事実との不一致」の場合に関わる問題である。意思表示の前提となった事実について当事者が誤った認識を有していた場合のリスクは，原則として錯誤者自身が負担すべきである。このリスクを相手方に転嫁するためには，一方的に表示しているだけでは足りず，条件，保証，特約等のかたちで「合意」していることが必要であろう。

5 詐欺による意思表示

◆ 導入対話 ◆

学生：この間レストランに行ったんです。店に入る前ウィンドーをみたら，厚いステーキの見本が飾ってあってそれが安いんです。それで店に入った。そしたら……

教師：薄かった。自分が思っていた以上にね。よくあることだね。

学生：頭にきましたよ。ウエイトレスが持ってきたステーキをみたら。客をだま

して商売しているのだから，民法上は何か問題がありそうですが……
教師：この間，新聞で老人が騙されて土地を安く売却してしまって大損をした記事が載っていた。世の中せち辛くなってきたから……。「騙す」行為が民法上どんな問題となるか，少し考えてみよう。

5.1 詐欺による意思表示とは

　詐欺による意思表示とは，欺罔されて錯誤に陥り，その結果としてなされた意思表示をいう。心裡留保，虚偽表示，錯誤（表示錯誤）などの場合と異なり，騙されても契約をする意思はあったから，表示と効果意思とは一致し，意思の「不存在」はない。しかし，効果意思を形成する過程において他人の不当な干渉が加わり，それが歪められたのである。詐欺・強迫をまとめて「瑕疵ある意思表示」という。

　(1) 他人を錯誤におとしめること

　(a) 詐欺の故意　　詐欺には，①「他人を錯誤に陥れ」，②「その錯誤により一定の意思表示をさせる」行為であることが必要であり，しかも①・②のいずれの点についても欺罔行為者の故意が必要である（大判大6・9・6民録23輯1319頁）。これを詐欺における「二段の故意」という。①の故意があっても，②の故意が認められない場合，たとえば，ロレックスの時計の偽物を本物に見せかけ，金持ちだと言いふらすだけでは詐欺にはならない。

　(b) 欺罔行為　　欺罔行為とは，意思表示をするについて誤った判断を抱かせる行為をいう。積極的に偽りを述べるだけではなく，消極的に真実を隠す行為や，告知義務が法律上（商法644条など），信義則上認められる場合には，沈黙も欺罔行為となる。

　(c) 欺罔行為の違法性　　欺罔行為は，違法と評価されるものでなければならない「違法な」欺罔行為とは，取引通念上許容される範囲を逸脱した欺罔行為をいう。取引における，多少の誇張的なセールストークや，かけひきは，取引通念上許容される範囲内である限り，詐欺にはならない。導入対話のウィンドーの中の見本の厚いステーキは取引通念上許容される範囲として詐欺にはならないだろう。

　(2) 表意者が錯誤により意思表示をなしたこと

詐欺による意思表示といえるためには，表意者が違法な欺罔行為によって錯誤に陥り，その錯誤によって意思表示を行ったことが必要である。「欺罔行為」—「表意者の錯誤」—「それに基づく表意者の意思表示」の連鎖が必要である。欺罔行為があったとしても，表意者がそれに気づきながらあえて意思表示を行った場合には，詐欺にはならない。

5.2 詐欺の効果

(1) 当事者間の効果

(a) 相手方が詐欺した場合　表意者は取り消すことができる（96条1項）。取消しによって意思表示をした（契約であれば，契約）時点まで遡って無効となる（121条）。この取消しができる者（取消権者）は，表意者自身，その代理人および承継人（相続人・合併した会社）である（120条2項）。取消しの結果，遡及的無効となるので，たとえば契約の場合において既に相手方に引渡しまたは支払ったものがあるときには，その返還を請求することができる（703条以下）。

(b) 第三者が詐欺した場合（96条2項）　相手方以外の第三者DがAを詐欺して土地を安くBに売却させた場合，Aは，相手方Bが事実を知っていた場合にのみこれを取り消すことができる。騙された表意者Aにも何らかの落ち度があり，事情を知らない相手方Bを犠牲にしてまで表意者Aに保護を与える必要はないからである。

(2) 第三者に対する効果（96条3項）

Aは，Bに騙されて，土地を安く売却し移転登記手続を済ませた。しかし，Bがこの土地をさらに事情を知らないCに転売していた場合，Aは詐欺を理由に売買を取り消してCに土地の返還を請求しうるか。

詐欺による取消しをもって善意の第三者に対抗できない（96条3項）。騙された表意者Aにも何らかの落ち度がある以上，事情を知らずに取引に入った第三者Cを犠牲にしてまで保護する必要はないからである。「善意の第三者」とは，詐欺の事実を知らずに，詐欺によってなされた意思表示にもとづいて新たな法律関係に入った者をいう。転得者Cがこれにあたる。通謀虚偽表示の場合の善意の第三者の範囲と同じである。なお，この場合，第三者が「登記」などの「対抗要件を備えた者に限定しなければならない理由は見出し難い」（最判昭49・9・26民集28巻6号1213頁）。

【展開講義 26】 詐欺における善意の第三者

　Aは，Bに騙されて，土地をBに安く売却し移転登記手続を済ませた。Bがこの土地をさらにCに転売し，「転売後」にAが詐欺を理由に売買を取り消した場合，Cが善意である限り，土地の返還を請求できない。通謀虚偽表示の場合と同様に，Cの権利取得について登記を具備しなければならないかという問題が生ずる。登記必要説も主張されている（鎌田薫・百選Ⅰ（第5版）49頁）。しかし，多数説によれば，この場合，Cに対する関係では，Aの意思表示は取り消されず，Bは有効に権利を取得したとみなす趣旨であるから，A→B→Cと土地の所有権が転々したことになり，対抗問題とならない（四宮・197頁）。これに対して，「転売前」にAによる取消しがなされた後に第三者Cがその目的物につき法律上の関係に入った場合にはどうなるか。

　96条3項にいう「第三者」とは，詐欺によってなされた意思表示にもとづいて新たな法律関係に入った者をいう。詐欺によるが一応有効な法律行為を前提として法律関係に入った者（第三者）が取消しによって遡及的に無効となるのを制限する趣旨である。この場合の「第三者」は取消前の第三者のみを指し，取消後の第三者を含まない。取消後はすでに法律行為は遡及的に無効となっているのであるから，前提とすべき新たな法律関係にたつ有効な法律行為はないからである。しかし，転売前の取消しの遡及効（121条）により，表意者は，取消後の第三者に対し，常に取消しの効果を対抗できるか。

　そこで，判例によれば，Aが取消後の第三者Cに対抗するためには，取消しによる物権の変動を登記しなければならないとした（大判昭17・9・30民集21巻911頁）。Aの契約の取消しによって取消前にBに移転していた所有権がBからAへ復帰（復帰的物権変動）したのであり，それにもかかわらず，BがCへ転売した場合には，BがAに譲渡し，その後BがCに譲渡した場合二重譲渡の対抗問題と同様に捉え，177条によってこの場合の法律関係を処理する。

　この判例の立場によれば，取消後の第三者Cが登記を経由した以上，AはもはやCに対して権利を主張することはできない。しかし，①取消しによって遡及的に無効になった以上，初めからAは所有権を有しており，Bは無権利者であるから，登記に公信力が認められない以上，善意・悪意を問わず，登記をしてしまえば，Cが権利を取得することになるのは，疑問である。②第三者が取消前に出現するか，取消後に出現するかは偶然的な要素もあり，それによって処理が異なるのは疑問である。③取消後はCの善意は問題とはならず，Cが取消しの事実を

知って法律関係に入ったとしても保護されることになる。

そこで，取消しの遡及効によりBは無権利者となるのであるから，CはBから権利を承継取得することはできないのが原則であるが，Cが善意であった場合には94条2項の類推適用によってその保護を図るべきだとする見解が有力に主張されている（幾代・208頁）。

―――――――――――――――――――――――――――――――――

6　強迫による意思表示

―――――――◆　導入対話　◆―――――――

学生：親戚の人が貸金の返済をしない者に訴えるというらしい。
教師：返済しないなら，当然だろう。
学生：でも，「訴える」というのは，一種のおどしではないですか？
教師：そうだね。おどしにみえるが。おどされて契約してしまった場合，民法ではどのように処理されるのかな。
学生：刑法では，脅迫と書きますが，民法では，強迫なんですね。

6.1　強迫による意思表示

強迫による意思表示とは，他人の強迫行為によって恐怖の念を抱き，それによって行われた意思表示をいう。脅かされても意思決定はあるから，表示と効果意思とは一致している。しかし，効果意思を形成する過程において他人の不当な干渉（強迫）が加わり，それが歪められたことから，取消権が与えられる。詐欺と強迫ではどの点において差異がでてくるのかに注意しなければならない（善意の第三者保護，第三者詐欺・強迫）。

6.2　強迫の要件

(1)　強　迫　行　為

(a)　強迫の故意　　強迫による意思表示といえるためには，①「他人に害意を示して恐怖の念を生じさせ」，②「その恐怖により一定の意思表示をさせる」。詐欺同様に，①・②のいずれの点についても故意が必要である（大判大5・5・8民録22輯931頁参照）。強迫における「二段の故意」という。たとえ相手に恐怖

の念を生じさせる故意があっても，それにより意思表示をさせる故意が認められない場合には，強迫による意思表示とはいえない。

　(b) 強迫行為の違法性　　強迫行為が違法と評価されるものでなければならない。この違法性は，強迫行為の手段と目的を考慮して総合的に判断される。

　問題となるのは，告訴・告発を告げる場合である。告訴・告発を告げるのは，市民の正当な行為であるから，強迫にはならない。しかし，告訴・告発の目的が自己の不正の利益を得ようとした（取締役の不正行為を告発するといって自分の株を会社に高く買い取らせた）場合や，告訴・告発の目的は正しいとしても，威嚇等の手段が社会的な常識の範囲を超える（詐欺の被害者が警察官に密告し，警察官が夜を徹して尋問し，賠償請求に応じなければ，釈放しないといい，強要して損害金の支払を約束させた）場合には，違法な強迫行為となる。

　(2)　表意者が恐怖により意思表示をなしたこと

　違法な強迫行為が存在しただけでなく，表意者が，実際にその強迫行為によって恐怖の念を抱き，それによって意思表示を行ったことが必要である（大判昭4・1・23新聞2945号14頁）。「強迫行為」→「表意者の畏怖」→「それに基づく意思表示」が，因果の連鎖によってつながっていなければならない。

　なお，強迫され，その結果判断能力を失ったため，強制的に意思表示の外形を作らされたような場合は，その意思表示は単に取り消すことができるのではなく，そもそも全く意思にもとづくとはいえないので無効である（最判昭33・7・1民集12巻11号1601頁）。

6.3　強迫の効果

(1)　当事者間の効果（96条1項）

　(a) 相手方の強迫の場合　　強迫よる意思表示は，これを取り消すことができる（96条1項）。取消権者は，詐欺と同様の者である（120条2項）。取消しがなされた場合，法律行為は行為時に遡って無効となる（121条）。

　(b) 第三者による強迫の場合　　Aは，相手方Bではなく第三者の強迫を受けてBに土地を売却した場合，96条2項に対応するような制限規定を置いていない。相手方がこの第三者による強迫の事実につき善意か悪意かに関わりなく，A表意者は取り消すことができる。強迫による意思表示の場合には，詐欺の場合より，意思決定に対する侵害の程度が大きく，表意者保護の必要性が高いか

らである。

(2) 第三者に対する関係

　強迫による意思表示の取消しを第三者に対抗しうるかが問題となる。強迫の場合には，96条3項に対応するような規定はない。したがって，詐欺の場合と異なり，強迫による意思表示の取消しは，第三者が善意か悪意かに関係なく，常に第三者に対抗することができる。脅かされて意思表示をした表意者（権利者）の保護の要請は，落ち度のある詐欺より落ち度のない強迫の表意者を保護する必要が高い。

　なお，表意者が取消しを行った後に法律関係に入った第三者との関係はどうなるのであろうか。強迫の場合，詐欺と同様に，判例によれば，表意者は，登記等の対抗要件を先に経ない限り，取消後の第三者には取消しの効果を対抗できない（【展開講義 26】参照）。

第15章　消費者契約法

―――――◆　導入対話　◆―――――

教師：「消費者」である私たちが，生活のさまざまな場面で，不動産やパソコンが欲しい……英会話教室に通いたい……というときに，それぞれの契約について消費者の相手方となるのは誰だい。

学生：ふつうは会社です。

教師：そうだね。会社は商品の販売やサービスをすることで利益をあげているのだから，商品の情報をたくさん持ち，その知識や情報を駆使して顧客を集めることを繰り返しながら，ノウハウを積み上げていく。

学生：消費者は，契約についての知識や情報，そして交渉する力が決定的に劣っていて「対等」とはいえません。

教師：「対等」ではないところで，消費者が「自由な意思」で決定することはもはやできないね。「自由な意思」にもとづかない契約について消費者に「責任」を求めるのは不公平だよね。

学生：そうだと思います。

教師：そこで，消費者契約法という法律が2001年4月施行されたのを知っているかい。会社である事業者と消費者と対等となれるように，民法より一歩踏み出した権利を消費者に与えるようなルールがつくられたんだよ。

学生：特定の商品では，一度契約をしてしまった後でもその契約をなかったことにするクーリング・オフがありますが。

教師：クーリング・オフは，「宅地建物取引業法」のほかに，「訪問販売等に関する法律」「割賦販売法」といった個別の法律で定められているが，きみよく知っているね。

学生：それではなぜわざわざ消費者契約法が必要なのですか。

教師：クーリング・オフは個別の法律や，事業者が自主的に定めていたりするものですから，逆にいえばそれらの法律や自主規制に適っていないものについては，やはり先の民法の原則にかえって対応していくほかありません。

> 学生：……とすると，事業者と消費者との契約すべてについてのルールがないと，やはり消費者と事業者は不公平なままということになりますね。
> 教師：民法の原則だけでは重すぎるし，個別の法律や自主規制だけではすべてをまかなうことはできない。事業者と消費者は「対等」ではないことをしっかり認めて，今までよりも一歩踏みだした消費者のための新しいルールを設けることが必要となった。そこで登場したのが「消費者契約法」なんです。そこで事業者と消費者の新しいルールとは何かを勉強してみましょう。

1　消費者契約法の目的

1.1　消費者契約法の必要性

「情報の量及び質並びに交渉力に格差」がある「消費者」と「事業者」との契約においては，①事業者が有利な契約をしようと詐欺・強迫的な言動を行ったり，消費者が錯誤したりする場合や，②事業者が都合の悪い民法上の規定を特約によって排除したり，事業者に都合の良い特約をしたりする場合がある。

しかし，対等な者の取引を前提とする民法の処理では消費者被害が生じたとしても，消費者を保護する対応には限界がある。①消費者が契約の無効・取消しを主張するには，詐欺・強迫（二段の故意・因果関係），錯誤（動機の錯誤・要素の錯誤）によることになるが，その成立要件は厳格である。②公序良俗違反，信義則違反で対処できるが，どのような条項が無効になるのか必ずしも明白ではない。③　①・②とも，消費者が裁判において救済を受けようとした場合，その立証は困難である。

ところで，民法の不都合を排除するために，民法以外に，消費者の被害を救済するための特別法がある。しかし，多くは行政ルール（行政的取締規定）であって，事業者の行為を規制するための法律である。たとえば，クーリング・オフなど一部に私人間の民事ルールを決めている部分はあるが，主たる目的は規制違反に刑事罰が課されているにすぎない。そこで，消費者契約法によっては消費者取引の適正化のために新しい民事ルールがつくられた。消費者契約法は，特定の業規制を行う法律ではなく，あくまでも裁判規範である。消費者契約法は，民法の処理を超えて，消費者の利益の擁護を図り，もって国民生活の

安定向上と国民経済の健全な発展に寄与することを目的として制定された（平成13年4月1日から施行）。

1.2 消費者契約法の内容

消費者契約法は，事業者は消費者の権利義務その他の消費者契約の内容についての必要な情報を提供するよう努めなければならないと規定した上で，民法の処理とは異なる2つのルールを規定した。①事業者が契約を勧誘する際に重要な情報について事実と異なることを告げたり，告げないこと（不実告知，断定的判断，故意の不利益事実不告知）で消費者が誤認し契約した場合や，不退去，監禁によって消費者を困惑させて契約した場合は，消費者は契約を取り消すことができる。②事業者が消費者と契約をする場合，消費者の利益を不当に害する契約条項を定めた場合，全部または一部が無効となる。

2　消費者契約法の適用範囲（事業者・消費者・消費者契約の定義）

消費者契約法の対象となる契約（消費者契約法2条）は「消費者と事業者」間で結ばれるすべての契約である（労働者はすでに労働法によって保護されいるので，労働契約は除かれている）。消費者と事業者とのすべての「契約」であるから，事業者間の契約，消費者間の契約には適用されない。

2.1　消　費　者

「消費者」とは，個人である。自分の事業としてまたは事業のために契約の当事者となる場合には個人とはいえない。事業性が消費者か，事業者かを区別する基準である。

「○○商法」の応募者（内職商法，モニター商法，フランチャイズ商法）の場合，それ自体をみれば，事業であり，応募する個人は事業者とみえる。しかし，客観的には事業として成立しないのに勧誘して契約をさせるものであるから，応募した者は消費者である。マルチ商法では，加入者が再販売・あっせん・委託などを行う形態では，事業性をもつが，契約実態をみて「事業性」があるかどうかをみる必要があろう。

問題は事業をしている個人の場合，事業と関係なく個人として契約すればこれも，消費者契約である。クリーニング店経営者が，セールスマンの勧誘を受

けて自動販売機の設置契約を締結した場合，クリーニング店の事業はサービスの提供であり，クリーニング店の営業のためではないから，自動販売機の設置契約においては消費者である。

2.2 事　業　者

「事業者」とは，法人その他の団体のことである。自分の事業としてまたは事業のために契約の当事者となる個人は事業者に含まれる。事業とは営利に限られず，反復継続して行われる，同種の行為をいう。事業の業種は問わない。したがって，弁護士・税理士などの専門的職業も対象となる。

　事業者とは「事業として又は事業のために」契約の当事者となる主体であり，法人その他の団体も事業者である（①国・県・市・町・村のような公法人，特別法による特殊法人，民法34条の公益法人，商法上の株式会社のような営利法人，協同組合のように個別法に根拠を持つ法人など。また，宗教法人や労働組合法11条にもとづく労働組合，さらに私立大学等の学校法人などもこれに含まれる。②その他の団体は，ボランティア団体，同窓会，PTA，マンションの管理組合など）がある。

3　消費者契約の申込みまたはその承諾の取消し

　事業者の勧誘内容に問題があって，消費者が誤認したり（誤認型），困惑して（困惑型）契約した場合，消費者と事業者の契約であれば，契約の種類を問わず，契約の申込みまたはその承諾の意思表示を取り消すことができる。

3.1　取消権はどのような場合に認められるか

(1)　誘　誤　型

　誘誤型とは，①事業者の不実の告知，不利益事実の不告知，断定的判断の行為があること，②これらの行為が勧誘に際してなされたこと，③事業者の行為によって，消費者が誤認をし，誤認した結果，消費者が契約の申込みや承諾の意思表示をしたことである。一般には，誤認といっている。

　「勧誘をするに際して」とは，通常は特定の個別の取引行為を指すが，客観的にみて消費者の契約締結の意思形成に影響を与えている，不特定多数を相手とする広告やチラシの配付，商品の陳列も含まれる（たとえば，新車と広告されていたが，中古車であった場合）。

誤認とは、違うものを誤ってそうだと認めさせることである。告げられた内容が事実であるという誤認、提供された断定的判断の内容が確実であるという誤認、不利益事実が存在しない誤認がある。

(2) 契約勧誘に際しての不実の告知・確定的判断・不利益事実の不告知

(a) 「不実告知」の場合（消費者契約法4条1項1号）　契約の重要事項の事実と異なることを告げることによって、その内容が事実であると誤認した場合である。重要事項とは、契約締結するについて通常影響を与える事項であり、「物品、権利、役務その他の消費者契約の目的となるものの質、用途その他の内容」に関する事項をいう。消費者に契約を解消する取消権を付与するからには、その行為の対象となる事項を適切な範囲（重要事項）に限定すべきことによる。

真実・真正であるかどうかは客観的に判断される。したがって、「うまい」「お買得」「新鮮」「安い」といった主観的な評価のみで誤認した場合には、客観性がないから契約を取り消すことはできない。

(b) 「断定的判断の提供」の場合（同法4条1項2号）　物品、権利、役務その他契約の目的となるものに関し、将来におけるその価額や将来において受け取るべき金額その他将来における変動が不確実な事項につき、断定的判断を提供することによって、その内容が確実であると誤認した場合である。不確実な事項が重要事項であるかは問わない。たとえば、営業マンに電話で勧誘され、「絶対儲かる、当分円高にならないことは確実」と言われ、外国債を購入したが、円高になり、損害を被った場合である。

しかし、建築請負で「将来、雨漏りしません」というような住宅の性能に関しては、「将来消費者が受け取る金額その他将来変動が不確実な事項」には該当しないので、取消しできない。

(c) 「不利益事実の不告知」の場合（同法4条2項）　重要事項または重要事項に関連する事項について、消費者の利益となる事実のみを告げて、不利益となる事実を故意に告げなかったことにより、不利益となる事実が存在しないものと誤認した場合である。たとえば、南側に高層ビルが建設されると知っていた業者から「眺望・陽当たり良し」と言われて、マンションを購入してしまった場合である。

不利益事実の不告知の場合，過失による場合は含まれないが故意は必要となる。この場合の故意とは，①事実が消費者の不利益になることを知っていながら，②消費者がその事実を知らないことを知っていながら，あえて告知しないことである。消費者が故意の立証責任を負う。

「不利益事実の故意の不告知」の場合には，「物品・権利・役務その他の消費者契約の目的となるもの」のほか，「対価その他の取引条件」も重要事項である。「対価その他の取引条件」とは消費者の消費者契約を締結するか否かについての判断に通常影響を及ぼすべき事項をいう（同法4条2号）。

不利益事実の故意の不告知の場合には，不実の告知と異なり，重要事項以外にも適用がある。たとえば，痩身クリームの販売にあたって，過去のクレーム事例は「重要事項」自体ではないが，重要事項に関連する事項といえる（効果の有無は「重要事項」である）。過去クレームがあったのに，「ない」と故意に言うことは不利益事実の不告知に該当する。「眺望がよく，陽当たりも最高」のマンションである旨を告げた。しかし，実際は「3カ月後に隣接地に高層マンション建設計画がある」のを知っていたのに，故意にこれを黙っていた場合である。

不利益事実の不告知の場合，事業者が消費者に対して，消費者が理由の如何を問わず（たとえば「時間がない」，「面倒だ」など），不利益情報を提供しようとするのを拒んだ場合は適用されない。この拒絶は消費者の積極的な拒否を必要とし，事業者の誘導，たとえば，「説明には時間がかかりますよ」，「トラブルになったら相談しましょう」などと事業者がいって消費者の拒絶を誘導した場合には，消費者は取消しできる。

(3) 困 惑 型

事業者が契約の締結について勧誘するに際し，勧誘している消費者の住居や業務を行っている場所からの退去を求められたのに，事業者が退去しない場合や，事業者が消費者を監禁したことにより，消費者が困惑して，契約の申込みまたはその承諾の意思表示をした場合である。威迫により困惑の場合は含まれていない。客観的にどのような程度の行為が威迫にあたるか不明確であるため，消費者契約法の対象とはならなかった。したがって，消費者の弱みにつけ込んだ執拗な勧誘，霊感商法，催眠商法は消費者契約法の適用は受けない。

(a) 「不退去」の場合（同法4条3項1号）　不退去とは，消費者が，事業者に対して，住居や職場などから，たとえば「帰ってくれ」「お引取りください」と退去の告知したにもかかわらず事業者が退去しない場合をいう。退去の告知を間接的に表示した場合も，「退去すべき旨の意思を示した」とみなすことができる場合がある。たとえば，時間的な余裕がない旨を消費者が告知した（たとえば，「時間がありませんので」「いま取り込み中です」「これから出かけます」）場合，契約を締結しない旨を消費者が明確に告知した（たとえば，「要らない」「結構です」「お断りします」）場合，口頭以外の手段により消費者が意思を表示した（たとえば，消費者が手振り身振りで「帰ってくれ」「契約を締結しない」という動作をした）場合である。

(b) 「監禁」の場合（同法4条3項2号）　監禁とは，消費者が事業者に対して，その事業者が勧誘をしている場所から，たとえば「帰ります」「ここから出してください」と告知したにもかかわらず退去させない場合をいう。

事業者が消費者を連れ出して勧誘している場所は，事業者のオフィスでも近所の喫茶店でもどこでもよい。事業者が勧誘をしている場所から退去させないことについては，それが物理的な方法であるか心理的な方法であるかを問わず，消費者の一定の場所からの脱出を不可能もしくは著しく困難にする行為をいい，拘束時間の長短も問わない。

退去する旨の意思表示は，直接的，間接的かを問わない。①時間的な余裕がない旨を消費者が告知した（たとえば，「時間がありませんので」「これから別の場所に用事がある」）場合，②契約を締結しない旨を消費者が明確に告知した（たとえば，「要らない」「結構です」「お断りします」）場合，③口頭以外の手段により消費者が意思を表示した（たとえば，手振り身振りで「契約を締結しない」という動作をしながら，イスから立ち上がった）場合には，直接的に表示した場合と同様に「退去する旨の意思を示した」と解することができる。

(3) 契約の媒介者・代理人の行為による場合

事業者が第三者に契約の勧誘や締結の媒介・代理を依頼する場合がある。たとえば，ホテルが宿泊契約に関して旅行代理店に消費者との契約締結の媒介を委託する場合，会社が自己所有の不動産の売買契約締結の媒介・代理を不動産会社に委託する場合，保険募集を保険会社が保険代理店に委託する場合などで

ある。これらの者が，消費者に対して，不実の告知・確定的判断・不利益事実の不告知によって消費者を誤認させたり，不退去・監禁によって消費者を困惑させた場合には，事業者がそのような行為によって，消費者を誤認・困惑をさせた場合であるから，取消権が消費者に発生する（同法5条1項）。

3.2 誤認・困惑による取消権

(1) 取消権の効果

誤認・困惑による場合の取消しは，詐欺・強迫の取消しと同一である。取消権者・取消しの効果は詐欺・強迫と同じである（121条）。

(a) 取消後の処理　不当利得返還請求権の問題となる。消費者が善意の場合，現存利益の範囲内で返還すればよい（703条）。消費者が受領した商品の一部を消費したり，使用したりした場合，残りの商品を返還すればよい。役務の提供を受けた場合のように原物の返還ができない場合には，その客観的価値を金銭によって返還すればよいことになる。

(b) 善意の第三者には対抗できない　消費者契約の申込みまたはその承諾の意思表示の取消しは，これをもって善意の第三者に対抗することができない。

不動産の売買の場合であれば，取消前に第三者に転売されていれば不動産を取り戻せず，金銭での清算のみとなる。

(2) 取消権の行使期間

取消権の行使期間（時効期間）が民法の取消しと異なる。取消権の時効期間は，6カ月，5年である。

6カ月の起算点は，追認できる（取消原因である「情況」の止んだ）ときである。具体的には，誤認の場合は，「誤認に気がついたとき」である。困惑の場合は，「事業者から解放されたとき」である。6カ月と定めたのは，取引社会の実情から早急に法律関係を確定する必要があること，消費者契約であれば，6カ月あれば，消費者が権利を行使するのに十分であることによる。

しかし，契約締結した日から5年を経過してしまうと，取消権は消滅する。起算点を民法で定める「行為の時」ではなく，「当該消費者契約の締結の時から」としたのは，契約が対話者間契約の場合，「当該消費者契約の締結の時」と「行為の時」（＝消費者が契約締結のための意思表示をした時）の時期は一致するし，隔地者間契約の場合，「行為の時」と規定すると，消費者が申込みを行

う場合には，到達主義により意思表示が事業者に到達した時点が起算点となるが，消費者には自らの意思表示がいつ到達したのかが明確ではないからである。

取消権は，6ヵ月，5年のいずれか早いほうの期間満了によって消滅する。6ヵ月の場合は，追認できる状態にならない限り，時効は進行しない。このため契約締結の時から進行する5年が先に完成してしまうことがある。

4 消費者契約の不当条項

現代社会においては，大量取引を迅速かつ画一的に処理し，契約の安定性を確保するために，契約を定型化し，画一的な処理するようになる（電気・ガスの供給，輸送サービスの提供，電話の通信契約など）。このような場合，事業者が消費者との間の情報・交渉力の格差を利用して自分に有利な契約条項を一方的に作成するものであるから，契約の自由は制限され，消費者にとって過酷な条項が含まれる場合でも，消費者は企業が作成した契約条項を押しつけられ，無条件に受け入れるしかない。消費者の権利を制限し，消費者の正当な利益を害する不当条項が生ずる場合，その条項の一部または全部を無効とした。無効の場合には，あとは民法の規定によって処理される。

4.1 事業者の損害賠償の責任を免除する条項 （消費者契約法8条）

(1) 債務不履行・不法行為責任の全部・一部を免除する条項

事業者の債務不履行（415条以下）であるか，不法行為（709条以下）であるかを問わず，損害賠償責任を全部または一部免除する条項は無効である（債務不履行—消費者契約法8条1号・2号，不法行為—同法同条3号・4号）。全部を免除するとは，「事業者はいかなる理由においても損害は一切賠償しない」，「従業員の故意・過失による責任は一切負わない」条項である。

「故意又は重過失の場合に一部を免除」する条項とは，「事業者の故意または重過失を原因として損害が生じた場合，事業者は損害賠償額の20％について責任を負う」，「事業者はいかなる理由があっても，10万円を限度として責任を負担し，それ以外は消費者は請求権を放棄する」ような条項である。このような条項が無効となるのは，事業者の帰責性が重いからである。したがって，「事業者の（軽）過失により損害が生じた場合には，100万円を限度として責任を

負う」条項や，「事業者の故意・重過失による場合を除き，損害賠償は10万円を限度とする」条項は，故意・重過失がある場合を除外しているので，無効とはならない。

(2) 瑕疵担保責任の全部を免除する条項

瑕疵担保責任とは消費者契約の目的物に瑕疵がある場合の責任である。売買の目的物である商品に隠れた瑕疵があった場合と，請負の仕事の目的物に瑕疵があった場合とがある。その瑕疵によって消費者に生じた損害を賠償する事業者の責任の全部を免除する条項は無効である。

例外的に無効にならない場合がある。①事業者が瑕疵のない物をもってこれに代える責任・当該瑕疵を修補する責任を負う（事業者が修理や交換などの条項を付するなどの対応をする）場合，②消費者と事業者の委託を受けた他の事業者との間の契約または事業者と他の事業者との間の消費者のためにする契約で，消費者契約の締結に先立ってまたは同時に締結された場合，他の事業者が瑕疵により当該消費者に生じた損害を賠償する責任の全部もしくは一部を負い，瑕疵のない物をもってこれに代える責任を負い，瑕疵を修補する責任を負うとされている場合である。

4.2　消費者が支払う損害賠償の額を予定する条項 (消費者契約法9条)

解除に伴う損害賠償額を予定し，または違約金を定める条項は無効である（同法9条1号）。さらに「代金を期日に支払わなかったときの違約金の定め」がある場合，支払うべき代金に対する年率14.6％を超える違約金は無効である（同条2号）。

(1) 解除に伴う損害賠償額を予定し，または違約金を定める条項

解除は，約定解除，法定解除を問わない。消費者に責めに帰すべき事由があって解除する場合でも，事業者は一定金額以上の損害賠償はできない。その金額は，損害賠償額の予定，違約金の合算額が事業者に生じる平均的な損害を超えない範囲とされている。平均的な損害とは，同一業者が締結する同種の契約の解除における損害額の平均値である。同種の業者が複数いる場合には，その業種の平均値となる。この平均額を超える部分が無効となる。

(2) 遅延損害金の比率の取決めが年14.6％を超える条項

消費者が支払うべき金銭を期日までに支払わない場合の遅延損害金の取決め

について，その比率が年率14.6%を超える場合，無効である。14.6%までは有効である。消費者が支払うべき金銭とは，代金だけではなく，サービスの対価，立替払契約の支払金なども含まれる。

4.3 消費者の利益を一方的に害する条項 (消費者契約法10条)

消費者契約法10条によって無効と判断される条項は，①消費者が民法・商法その他の法律の任意規定の適用から生ずる権利を制限したり，任意規定からみて負うべき義務を重くする条項であるか，②消費者の利益を一方的に害する場合であるかをみることが必要である。消費者の利益を一方的に害するとは，情報・交渉力の格差を背景にする不当条項によって消費者の利益を信義則に反する程度に損なうことをいう。

具体的には，①消費者からの解除・解約の権利を制限する条項，②事業者からの解除・解約の要件を緩和する条項，③紛争解決にあたっては，事業者の選定した仲裁人の仲裁によるとする条項，④消費者の一定の作為・不作為により，消費者の意思が表示されたもの，またはなされなかったものとみなす条項，⑤事業者の立証責任を軽減し，または消費者の立証責任を過重する条項が無効となる。

5 差止請求権——消費者団体訴訟制度—— (平成18年6月7日公布)

消費者契約に関連した被害を消費者が受けた場合，従来から消費生活センターが，消費者からの相談を受け，事業者との仲介に当たっているが，個々の被害の救済に対応するだけで，被害の拡大については防止できない状況にある。しかも，個々の消費者が契約の取消等の事後的措置で救済を受けられても，被害が少額なことなどから，消費者が泣き寝入りしてしまいがちであったり，他の被害者が被害を受けるおそれがあった。そこで，被害が広がる前に，消責者に代わって消費者団体が裁判を起こし，新たな被害を生じさせないようにするために認められたのが，差止請求権と消費者団体訴訟制度である。

従来まで，訴訟を起こせるのは，具体的に被害を被った被害者に限られていた。したがって，被害を被っても訴訟に足る被害金額があり，また訴訟を続けていけること（何度も裁判所に行く，弁護士を雇用するなど訴訟費用を負担するこ

とができる）が前提であった。また消費者団体が事業者に改善申し入れをしても，改善義務がないため，法的には実効性がなかった。今回の改正により，「適格消費者団体」が不当な契約条項や勧誘方法について差止請求を裁判所に請求できるようになった。勝訴しても損害賠償などは得られないが，更なる被害の防止には有効となる。勝訴すれば，判決は判例となって，その後の類似の裁判にも影響力を持つ。消費者が業者と交渉するうえでも，過去に勝訴という判決が出ていればよりスムーズに運べることを期待してできた制度である。

5.1 差止請求権　改正法12条

(1) 適格消費者団体が差止請求することができる。

適格消費者団体は，内閣総理大臣が，申請に基づき，認定する。適格要件として，①不特定多数の消費者利益擁護のため活動することが主たる目的であること，②相当期間継続的な活動実績があること，③特定非営利活動法人または公益法人であること，④組織体制や業務規程が適切に整備されていること，⑤消費生活および法律の専門家が確保されていること，等が必要とされている。

(2) 適格消費者団体は，事業者等が消費者契約の締結について勧誘をするに際し，不特定かつ多数の消費者に対してすでに前述した第4条第1項から第3項までに規定する行為「不当な勧誘行為・不当な契約条項」現に行いまたは行うおそれがあるときは，その行為の差止請求をすることができる。

(3) 差止めとは，事業者に対し，「当該行為の停止若しくは予防又は当該行為に供した物の廃棄若しくは除去その他の当該行為の停止若しくは予防に必要な措置」という何らかの中止命令を請求することができる。

(4) 差止請求できない場合

差止請求が認められない場合がある。①不当な勧誘行為または不当な契約条項に該当する場合でも，個別法によれば取消事由となる行為に該当しない勧誘行為または無効とならない契約条項を含む契約の締結については，業種の特性等を踏まえて当該個別法上そのように規定されていることを踏まえ，差止めの対象とされない。②差止請求は，適格消費者団体もしくは第三者の不正な利益を図り，または当該事業者等に損害を加えることを目的とする場合には，することができない。

5.2 消費者団体訴訟制度

被害当事者でない適格消費者団体が差止訴訟を行えるのである。裁判管轄についても，業者の本社所在地だけでなく，営業所のある地域の裁判所でも訴訟を起こすことができることも盛り込まれている。実際に被害が出た地域で裁判ができれば，費用面で訴訟をためらうことはなくなるだろう。

しかし，消費者団体訴訟は，他の適格消費者団体による差止請求に係る訴訟等につき，既に確定判決等（確定判決および確定判決と同一の効力を有するものをいう）が存する場合において，請求内容および相手方である事業者等が同一である場合には，することができない。

6　消費者契約法と他の法律との関係

消費者契約法と，民法・商法以外の法律が競合するとき，消費者契約の申込みや承諾の意思表示，および契約の不当条項の効力について，別に定めた個別法がある場合（たとえば，住宅品質確保法87条―消費者契約法8条1項5号，割賦販売法30条の3，宅地建物取引業法38条，利息制限法4条）に個別法が優先する（消費者契約法10条2項）。個別法は，業種の取引の特性や実情，当事者の利益の比較衡量によって規定されたのであるからである。

以上の要件が重なっていない場合には，競合的に適用される。消費者契約法4条と要件が重なっていない特定商取引法のクーリング・オフの規定と消費者契約法の規定は競合的に行使できる。個別法の適用範囲外の場合は，消費者法が適用される。

【展開講義　27】　誤認と詐欺（錯誤）・困惑と強迫の差異

(1)　誤認・困惑と詐欺（錯誤）・強迫

消費者契約法では，①重要事項の不実告知による誤認（消費者契約法4条1項1号），断定的判断の提供による誤認（同条1項2号），不利益事実の不告知による誤認（同条2項）の場合，②事業者の不退去による困惑（同条3項1号），消費者の監禁による困惑（同条3項2号）による場合には，取消しができる。誤認・困惑による取消しは，どのような点に詐欺・強迫と違いがあるのか。

1. 消費者契約に限られる。誤認・困惑により取消しできるのは，消費者契約にあたる場合だけである。民法は契約の種類とは無関係である。
2. 誤認・困惑の対象・範囲は限られる。誤認の場合には，誤認の範囲は重要事項に限られ，困惑の場合には，不退去と監禁に限定される。詐欺・強迫の場合には，錯誤・畏怖を生じさせる対象・範囲について限定はない。
3. 二段の故意は必要ない。誤認・困惑の場合，不利益事実の告知による誤認以外は故意は不要である。過失であってもよい。詐欺・強迫の場合には，本文のように，二段の故意が必要である。
4. 善意の第三者に対抗できるか否か。誤認・困惑による取消しの場合には，いずれの場合とも善意の第三者には対抗できない。しかし，詐欺の場合，善意の第三者に対抗できないが，強迫の場合には，善意の第三者に対しても対抗することができる。
5. 誤認・困惑が第三者の行為による行為の場合，第三者は事業者が媒介を委託した第三者に限られ，取消しができるか否かについて，第三者の詐欺・強迫の場合のように，相手方の善意・悪意に依存していない。
6. 不告知の場合，不作為による詐欺と類似しているが，不告知の場合の取消しは限定されている（同法4条2項）。
7. 詐欺・強迫の場合，取消権の行使期間は，追認可能時から5年，行為の時から20年（126条）であるが，誤認・困惑の場合，追認可能時から6ヵ月，契約締結時から5年である。

(2) 民法と消費者契約法

(1)での違いはどこからくるのか。詐欺の場合，過失による詐欺が認められないから，過失によって誤った情報を提供された相手方が誤解しても，取消権は発生しない。強迫の場合も，恐怖心を抱かせる故意の強迫が必要であることから，単に不公正・不適切な勧誘方法で契約が締結されたというだけでは，取消権は発生しない。詐欺・強迫にこのような厳格な要件を課す背景には，①刑法の詐欺罪（刑法246条）・脅迫罪（刑法222条）の影響を強く受け，刑罰の抑制の観点から，犯罪とされるための要件を厳格に解すること，②伝統的意思表示論によれば，詐欺・強迫の場合には，意思と表示は一致しているから表意者の意思それ自体には問題がなく，契約は維持されるが，自由な意思決定が相手方の詐欺・強迫という行為によって妨げられたのであるから，例外的に契約を覆す権利を与える，というものである。詐欺・強迫の要件の適用の「抑制と例外」の取扱いの前提には，民法における意思表示の「表意者」は「自己の責任」において法律関係を決定し

ていくという「強い人間」を前提としているともいえる。

　しかし，取引が複雑化してくると，情報・交渉力の面で消費者が事業者に比して劣位に立たされる場合が少なくない。たとえば，業者から必要な情報の提供を受けないままに，契約を締結したり（情報量の格差），業者の不公平・不適切な勧誘方法にもとづいて契約を締結することがある（交渉力の格差）。これらの場合，詐欺・強迫では対処できない。消費者契約法は，消費者たる「表意者」は現実の複雑化した取引においては，「弱い人間」であることを前提にして，民法の厳格な要件を緩和し，(1)でみるように，これまで民法では取消しが認められなかった場合にも，取消しを認めたのである。しかし，消費者契約法で認められる取消権は，伝統的な意思表示理論では対処できないのか，それに関連して，民法と消費者契約法の理論的整合性についてなお慎重な検討が必要である。

第16章　意思表示の効力発生時期

1　意思表示の効力はいつ発生するのか

◆　導入対話　◆

学生：新聞の記事で郵便局のアルバイトが配達が面倒なので，手紙を捨てた記事が載っていましたが，契約の申込みとか，解除する旨を手紙でした場合，どうなるんですか。
教師：民法は原則として到達主義をとっているんだ。だから，手紙が相手方に着かないと効力は生じない。
学生：相手方が手紙を読まないと効力は生じないということですか……
教師：そうではない。到達とは……ま，少し考えてみて。

1.1　意思表示の効力発生時期の持つ意味

相手方のある意思表示の場合，意思表示の効力がどの時点で生ずるのか。対話者間（対面であるいは電話で）の場合，発信と到達・了知とがほぼ同時に生ずるので，意思表示の効力発生時期はほとんど問題とならない。しかし，隔地者間（手紙・ファックスなど）で意思表示が行われる場合，発信・到達・了知の間に時間的なずれが生じ，また発信されたが到達ないし了知はされなかった場合も生ずる。

隔地者間の場合，意思表示の伝達は，①表白（意思を手紙に書いた時点），②発信（手紙をポストに投函した時点），③到達（相手方の家に手紙が届いた時点），④相手方の了知（相手方が手紙を実際に読んだ時点）の4つの過程をたどる。どの時点で意思表示の効力が発生するのか。①や④で意思表示の効力が発生することは，一方的に表意者または相手方の利益に偏りすぎて妥当ではない。そこで，②発信の時点で効力を生ずるとするのか（発信主義という），それとも③到

達の時点で効力を生ずるとするのか（到達主義という）。

単独行為や契約の申込みに関連して発信主義と到達主義の実際的な差異は次の3点にある。第1に，意思表示の撤回である。発信後気が変わり，到達前に電話等により撤回できるか否かである。第2に，意思表示が到達しなかった場合である。第3に，発信後死亡した場合である。

1.2 到達主義 (97条1項) の要件

民法97条1項には，到達主義が定められている。この原則は，契約の解除や取消の意思表示のことを考えると，①相手方に到達もしないのにその効力が生ずるとすることは相手方にとって酷である，②意思表示が相手方に到達さえすれば相手方が了知できる状態になるから，現実に相手方が了知しなくても，相手方に不当な不利益を及ぼすことにはならないことによる。

到達主義は原則的な規定であるから，取消しや解除などの単独行為のみならず，契約の申込みの意思表示にも適用される。たとえば，Aは，A所有のコンピュータを売却しようと思い，友人Bに20万円で売りたい旨の手紙を書き送った場合，到達によって契約の申込みの効力は生ずることになる。問題は「到達」とは何かである。そして，到達するというためには，相手方に受領能力が必要となる。到達主義の原則の適用要件は，到達と相手方の受領能力があることである。

(1) 到達とはどういう場合をいうか

到達とは，相手方が了知可能な状態におかれたことをいう。問題が生ずるのは相手方が受領拒絶・受領不能の場合である。相手方によって直接受領され，または了知されることまで必要はない。意思表示または通知を記載した手紙が郵便受けに配達されるなど，客観的に相手がその意思表示を了知できる状態になることをいう。具体的状況との関係で到達を見てみると，①郵便受けに投函された場合，②同居の親族・家族・雇い人などに交付された場合，③一身上の都合（病気療養中，留守中）で了知していない場合，④受領を拒絶した場合，⑤転居した場合などが問題となる。①・②の場合（最判昭43・12・17民集22巻13号2998頁），到達したといえる。問題は①・③結合事例の場合，②・④結合事例の場合である。相手方に了知可能な状態におかれればよいのであるから，①・③結合事例の場合，②・④結合事例の場合，到達したといえる。⑤の場合には，

原則的には到達とはいえないが，場合によっては旧住所に到達したことをもって到達したとみられる（大判昭9・11・26新聞3790号11頁）。

(2) 受 領 能 力

到達が到達したとして意思表示の効力が生ずるためには，意思表示が実質的に了知できる状態におかれたことのほかに，相手方に受領能力が必要である。未成年者・成年被後見人には受領能力はないが（98条の2本文），法定代理人（未成年者—親権者，成年被後見人—成年後見人）が知った後には，表意者は意思表示の到達を主張できる。

1.3　表意者の死亡と能力喪失

(1) 到達主義と表意者の死亡・能力喪失

Aが契約申込みを発信した後に死亡したり能力を喪失した場合，到達主義によれば，無効となるはずであるが，民法は，到達主義に立ちつつ，その申込み（意思表示）の効力は有効と定めている（97条2項）。

表意者の能力は，意思表示がなされるときにあれば足り，発信後その到達前に表意者が死亡しまたは能力を失っても，発信後の死亡や能力喪失は意思表示と無関係な事実であるから，当該意思表示の効力は妨げられないからである。

(2) 契約の申込みの場合（525条）

申込みは，承諾者の意思とが合体して契約を成立させることを目的として行われるものだから，契約の申込みに関して，到達主義の原則に対する2つの例外を設けた。①申込者が反対の意思を表示して（「私が死亡し又は無能力になったときにはこの意思表示は効力を生じない」）申込みをなした場合と申込みの相手方が，申込者が死亡したり，能力を喪失したことを知っている場合である（525条後段）。

通説によれば，525条は到達主義の例外規定であるから，申込みの到達後，承諾の発信前の場合や申込者の死亡または能力喪失は申込の到達前に生じたが，相手方がそれを到達後に知った場合には，525条は適用されない。

申込者が反対の意思を表示して申込みをなした場合，申込者の死亡または能力喪失の態が発生したときには申込みは効力を失うので，申込受領者はそれに対して承諾をすることができなくなる（525条前段）。申込みの相手方が，申込者が死亡したり，能力を喪失したことを知っている場合には，申込者死亡の場

合は無効であり，能力喪失（成年後見・保佐・補助審判）の場合は取消しができることになる (525条後段)。

申込ではなく，承諾の場合はどうか。相手方が申込者の死亡を知らずに承諾の意思表示をなした場合には，525条の例外に該当しないので，一応契約が成立し，現実には申込者の相続人が契約上の権利義務を取得することになる。もっとも，雇用 (625条)，委任 (653条)，寄託 (658条)，組合 (679条) などのように，当事者の死亡が契約の終了原因として定められており，または，当事者の個性が重視されている契約類型においては，契約は成立しない。

2　公示による意思表示

相手方が死亡して相続が開始された場合のように，表意者が過失なくして相手方が誰かわからない場合や，行方不明になっており，その所在がわからない場合に公示による方法で意思表示をすることが認められている (98条)。

具体的には，以下の方法で行われる。①表意者が簡易裁判所に申立てを行う（相手方が不明の場合には自己の住所地の，相手方が所在不明の場合には相手方の最後の住所地の簡易裁判所）(98条4項)。②裁判所は，公示に関する費用を予納させ，裁判所の掲示場（裁判所が相当と認めた場合には，市役所や町役場またはこれに代わる施設の掲示場）に掲示し，かつその掲示があったことが官報と新聞に少なくても1回掲載される (98条2項)。

公示による意思表示が到達したとみなされるのは，最後に官報もしくは新聞に掲載した日またはその掲載にかかわる掲示を始めた日から2週間を経過したときである (98条3項)。表意者に相手方を知らずまたはその所在を知らないことに過失がある場合には，到達の効力は生じない。

【展開講義　28】　意思表示の効果はいつ発生するか

相手方のある意思表示の場合，隔地者間においては，意思表示を発信してから相手方に了知されるまで時間的なずれが生ずる。この場合，いつ意思表示の効果が発生するか。

民法97条は到達主義を採ることを明らかにしている。そして，到達とは，相手

方が了知可能な状態，すなわち相手方の支配圏内におかれることである（最判昭36・4・20民集15巻4号774頁）。学説も基本的にはこの考え方を支持している。到達が問題となる場合には，意思表示を発した表意者と相手方双方の利益衡量によって決することが必要である。

(1) 普通郵便の問題例

①相手方が病気で長期不在である場合や相手方が長期の旅行に出かけている場合，②表意者がその事情を知っていた場合ではどう判断するのか。判例によれば，①の場合でも，到達したとするが，②表意者が事情を知っている場合には，悪意の表意者を信義則上保護すべきではないから，到達しないと解すべきである。連絡先がわかっていれば，連絡先に到達したときに，意思表示の効果が発生すると考えるべきであろう。

(2) 書留（内容証明）郵便の場合

書留（内容証明）郵便の場合，不在配達通知書をどのように評価するかである。書留郵便の場合，相手方不在の場合，「再配達のお知らせ」の葉書が差し置かれる。配達当日に再配達を行うが，それでも不在である場合，「不在配達通知書」が差し置かれ，相手方が不在配達通知書にもとづき，具体的な配達指示するか，あるいは受取りを行わない場合，郵便物保管通知書が相手方に配達される。それにもかかわらず，相手方が受け取る行動を起こさない場合には，留置期間満了（7日間または10日間）後に書留は差出人に返送される。郵便局から不在配達通知書を受けたからといって郵便物を受領する手続を行う義務はないから，留置期間満了時に了知すべき状態におかれたとはいえないとする考え方がある。

しかし，普通郵便の場合には，配達された事実を立証するのが困難であること，発信の事実が証明されれば，返送の証拠がない限り，宛名住所に配達された推定は働かないことから，意思表示を郵便で行う者は書留郵便を利用する。書留により意思表示をした者は，相手方が現実に受領すべく，書留という伝達手段を自ら選択したのである。したがって，不在で受領されない場合には，現実に受領していない，最初の配達時に到達したとみるべきではない。相手方が不在配達通知書にもとづき現実に受領することが可能であった時点を到達と解すべきであろう。受け取る行動を起こせる不在配達通知書が相手方に差し置かれているから，それにもとづいた留置期間満了時に到達したとみるのが妥当であろう。

(3) 電子取引における意思表示の効力発生時期

電子取引におけるデータ送信の場合，電子取引の当事者は形式的には「隔地者」としての性格を有するから，どの段階で相手方に到達したとみて，意思表示

の効力が発生したと考えるのかが問題になる。

　電子的な意思表示でも、到達とは、「意思表示が相手方の支配領域に入ったこと、すなわち相手方が意思表示の内容を了知しうる状態になった」ときを意味すると解して問題はない。電子的な意思表示の到達時について、アクセス可能性の要件があげられることがあるが、了知可能性と同じ意味である。たとえば、受信人の契約しているプロバイダーのサーバーに読み取り可能な状態で到達することで「到達」といえる。電子的な意思表示の到達については、従来の意思表示理論と異なる点は、特になく、現行法の適用が可能である。（電子消費者契約及び電子承諾通知に関する民法の特例に関する法律、平成13年12月25日から施行）

　（三林宏「意思表示の到達時期」立正大学法制研究所研究年報第2号およびそこに挙げられた文献を参照されたい）。

第17章　代理制度総論

1　代理総論

◆　導入対話　◆

教師：ちょっと悪いんだけど，本屋さんに注文書を届けてきてくれないかな。
学生：いいですよ。先生の代理も，たまにはいいかも。
教師：代理なんてしてくれなくていいんだよ。届けてきてくれるだけで。ただのお使いなんだから。
学生：なんでそんなことにこだわるんですか。先生の代わりにするんだから，代理でいいじゃないですか。へんなの。もう，行きたくなくなりました。

1.1　代理の意義・存在理由

　代理とは，他人（代理人）の独立の行為（意思表示）によって，本人が，直接にその法律効果を取得する制度である。

　たとえば，A（本人）がBにCの所有するX土地の購入を依頼したとしよう。つまり，AはBに代理権を与えたのである。Bは，Aの代理人として，C（相手方）との間でX土地を1,000万円で購入する売買契約を締結する。この結果，Cは，X土地と引換えに，1,000万円をAに請求することができる。反対に，Aは，1,000万円と引換えに，X土地をCに請求することができる（図17-1）。

　X土地について，実際に契約をしたのは，代理人Bと相手方Cであるが，その効果は，本人Aに直接帰属する。AC間で契約が締結されたのと同じ効果を代理制度はもたらすのである。

　代理制度があることで，本人は，自ら契約を締結することができない場合であっても，代理人に契約を締結させることができる。ここに，代理制度の存在理由がある。

図17-1

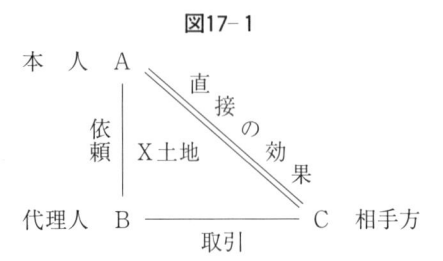

```
本人 A
  |＼   直接の効果
依頼| ＼
  |X土地＼
代理人 B ──取引── C 相手方
```

　たとえば，本人について生じる地理的・時間的な問題とか，専門的な知識がないことなどは，代理制度を用いることによって解消される。このとき，代理制度は，本人の活動領域を拡大するので，「私的自治の拡張」をもたらす制度として機能する。

　また，たとえば，本人が未成年者である場合，つまり，本人に取引の能力がないということも，代理制度によって補われる。このとき，代理制度は，本人の制限された活動を補うので，「私的自治の補充」という機能を果たすことになる。

　なお，代理人のした行為が，なぜ直接に本人に効果帰属するのかについて議論がある。一般に，代理人の意思は本人に効果帰属させることにあるというのが，その理由とされる（代理人行為説）。これに対して，本人が自らに効果帰属させる意思を有していること，あるいは本人の意思と代理人の意思との共同を理由とする見解もある（本人行為説・共同行為説）。

1.2　代理の種類

(1)　任意代理と法定代理

　本人からの信任を受けて代理人となるのが任意代理であり，それ以外が，法定代理である。法定代理人としてあげうるのは，親権者（818条以下）・後見人（838条以下）・不在者の財産管理人（25条以下）などである。任意代理と法定代理の区別は，復代理（104条以下）と代理権の消滅（111条）について，実益がある。

(2)　能動代理と受動代理

　代理人が意思表示をする場合が能動代理であり，代理人が意思表示を受ける場合が受動代理である（99条2項参照）。

1.3　代理と類似の制度

　代理は，「本人（他人）の名において」，「法律行為（意思表示）」をなし，本人に直接，権利義務を取得させることを特色とする。代理と類似する制度とし

て，間接代理(1)と使者(2)をあげる。

(1) 間 接 代 理

問屋（といや・商法551条）のように，「自己の名」で法律行為をし，その効果も「自己に帰属する」が，経済的効果だけは，委託者に帰属する場合が，間接代理である。問屋の例としては，証券会社をあげることができる。代理は「他人（本人）の名」で行為するので，この点で代理と間接代理は決定的に異なる。

(2) 使　　　者

使者は，本人の意思を伝達する機関である。たとえば，本人の手紙を届けたり，本人の口上を伝えたりするものである。意思の決定は，すでに本人がしており，使者がするのではない。代理では，代理人が意思決定（意思表示）をするので，この点で，使者と代理は異なる。このため，使者に意思能力は必要ないが，代理人には意思能力が必要となる。また，意思表示の瑕疵については，代理の場合は，代理人についてこれを判断するが（101条），使者の場合は，本人について判断することになる。

2　有 権 代 理

◆　導入対話　◆

学生：この前，妹の代わりにアパートを借りにいきました。契約も済みました。
教師：君のやった行為のことを，民法で何というのか知っているかい。
学生：う〜ん，何だっけな，確か昔，テレビのコマーシャルで……。
教師：代理だよ。
学生：あっ，そうか。気がつかなかった。でも，本人でもないのになんで契約できたんですかね。
教師：それは，しぜんと大切な要件を2つみたしていたんだよ。99条をみてごらん。

2.1　序　　　説

代理人Bが，代理権の範囲内で，本人Aのためにすることを示して，相手方Cとなした法律行為の効果は，直接に本人に帰属する（99条）。このことから，

図17-2

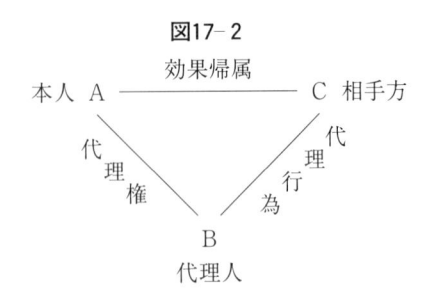

```
本人 A ——————効果帰属—————— C 相手方
      \  代                    代  /
       \ 理                    理 /
        \理                    行/
         \権                   為/
          \                   /
                  B
                 代理人
```

代理においては，本人Aと代理人B，代理人Bと相手方C，本人Aと相手方Cという三面の関係を生じる（図17-2）。AとCの間で効果帰属を得るためには（2.4），A・B間の代理権（2.2）とB・C間の代理行為（2.3）が必要となる。とりわけ，契約の代理の場合，代理人と相手方との間で契約が締結されたことを前提として，99条が明らかにする，代理権と顕名が，代理の成立にとって重要な要件である。

2.2 代 理 権

代理権はいかなる理由で発生し（1），消滅するのだろうか（4）。代理権の範囲はどのように定まり（2），どのように制限されるのだろうか（3）。

(1) 代理権の発生

(a) 法定代理権の発生原因　　法定代理権は，法律によって直接に発生する。たとえば，親権者には，未成年の子の財産を管理することを目的とした代理権が認められる（824条）。親権者は，法定代理人であり，親権者となることが，法定代理権の発生をもたらすことになる。親権は当然に父母に与えられるが（818条），離婚をする場合には，協議（819条1項），裁判所の選任（819条2項）などによって，いずれか一方を親権者として定める。（819条1項）。

また，後見人（未成年後見人・成年後見人）も法定代理人であり（859条），指定（839条）や裁判所の選任（840条・843条）によって就任する。法定代理権は，後見人に就任することによって発生することになる。

(b) 任意代理権の発生原因　　代理人には委任状が交付されることが多いし，民法も「委任による代理」という表現を用いているので（104条・111条），任意代理権は，委任から直接に発生するといえそうである。しかし，任意代理権は，本人の意思にもとづく代理権授与行為（授権行為）によって発生すると考えら

れている。代理権授与行為は，委任契約とは別の法律行為である。

　代理権は，委任契約に伴って授与される場合が多いであろうが，必ずしもそれに限られないし（雇用・請負・組合などの事務処理契約に伴って代理権が授与される場合がある），委任が必ず代理権の授与を伴うとも限らない。また，委任契約は，受任者に一定の法律行為をする義務を負わせる債権契約にすぎない（643条）。これらのことから，代理権は，委任から直接発生するとはいえず，代理権を授与するためだけの行為（代理権授与行為）を考えることが必要になるのである。ただし，この代理権授与行為の法的性質については，議論があるし（【展開講義 29】），さらには，代理権は事務処理契約（委任のみならず，雇用，請負，組合など）から直接に発生するという考えも有力となっている。

(2) 代理権の範囲

(a) 法定代理権の範囲　　法定代理人の代理権の範囲は，法律によって定められている。たとえば，親権者・後見人は，子や被後見人の「財産に関する法律行為」について代理権を有する（824条・859条）。なお，103条は，法定代理権の範囲の標準でもある（28条・953条など参照）。

(b) 任意代理権の範囲　　任意代理人の代理権の範囲は，代理権授与行為の解釈によって定まる。代理権授与行為の解釈によって，代理権の範囲を明らかにすることができない場合，補充規定として，103条が機能する。

　103条によれば，権限の定めのない場合，代理人にできるのは，保存行為（財産の現状を維持する行為。たとえば，家屋の修繕・消滅時効の中断など）・利用行為（収益をはかる行為。たとえば，家屋の賃貸など）・改良行為（財産価値の増加をはかる行為。たとえば，家屋の造作など）だけである。これらの行為は，結局，財産管理行為である（管理行為に対置されるのは処分行為である）。

(3) 代理権の制限

　代理権の行使が制限される場面として，自己契約・双方代理(a)，共同代理(b)，代理権の濫用(c)があげられる。

(a) 自己契約と双方代理　　代理人が自らのために行動しながら，本人のためにも行動することが考えられる。たとえば，本人Aの土地を売却する権限を与えられた代理人Bが，自らその土地を購入する場合である（①）。これを，自己契約（自己代理）という。

また，代理人が，べつべつの本人それぞれのために，行動することも考えられる。たとえば，一方でAから土地を売却する代理権を与えられている代理人Bが，他方でCから土地を購入する代理権を与えられているとき，AからCに土地を売却する場合である（②）。これを，双方代理という。

　なぜなら，自己契約も双方代理も，原則として禁じられている（108条）【展開講義 30】。本人の利益を害するおそれがあるからである。たとえば，自己契約の場合（①の例），代理人Bが土地を安く購入すれば，本人Aの利益を害することになる。双方代理の場合（②の例），代理人Bによって，一方の本人Cが土地を安く購入すると，他方の本人Aの利益を害することになる（反対に，高く購入すれば，Cの利益を害することになる）。

　民法108条は，債務の履行については禁止していない。なぜなら，すでに存在している債務の履行は，本人を害することがないからである。たとえば，司法書士が，登記申請について，登記権利者と登記義務者の双方を代理することは，108条の違反にならないとされている。また，民法108条の趣旨が本人の利益を保護することにあるのであれば，本人が代理人に対し，自己契約や双方代理による行為をあらかじめ許諾している場合に，それらの行為を禁止する必要はない。このことは，すでに判例（大判大12・11・26民集2巻634頁など）で認められていたことから，平成16年の民法現代語化にあわせて明文化された。

　(b)　共同代理　　共同代理とは，数人の代理人が共同して代理行為をしないと，代理の効果を生じないものである。共同代理の例として，親権の共同行使（親権は，父母の婚姻中は，父母が共同して行使する）をあげることができる（818条3項）。

　(c)　代理権の濫用　　たとえば，製菓会社A（本人）において砂糖を仕入れる権限を有するB（代理人）が，はじめから転売してB自身が差益を得る目的で，C会社（相手方）から砂糖を仕入れるというような場合がある。このように，代理権の濫用とは，Bは代理権の範囲内で行為しているが，その代理行為が，Aの利益をはかるためではなく，代理人自身（B）や他の第三者の利益をはかるためになされることをいう。

　上記の例で，Bが転売先から代金を回収できないなどして，C会社に対して代金を支払うことができないとき，C会社（相手方）は，有効な代理行為が成

立しているとして，A会社（本人）に対して代金の支払を請求することができるかが問題となる。結論としては，相手方が代理権濫用の事実を知り，または知ろうとすれば知ることができたときにのみ，本人は責任を負わないということになる。

　(i)　判例は，この結論を導くために，心裡留保の規定である93条ただし書を類推適用して，相手方が代理人の意図あるいは濫用の事実を「知りまたは知ることをうべかりし場合に限り」，本人は責任を負わないとする（最判昭42・4・20民集21巻3号697頁（任意代理），最判平4・12・10民集46巻9号2727頁（法定代理））。その論理は，本人の意思（本人は代理権を濫用させるために代理人に代理権を与えたのではない）と本人に効果を帰属させようとする代理意思の表示との間にくいちがいがあると見ることができるからである。

　これに対して，同様の解決をはかるために，異なる法律構成も主張されている。権利濫用・信義則にもとづく構成と表見代理規定（110条）を適用する構成である。

　(ii)　権利濫用・信義則にもとづく構成は，代理人が与えられた代理権を濫用したとしても，それは権限内の行為（有権代理）であるということを前提とする。このとき，代理権濫用の事実について悪意の相手方が契約上の権利を行使することは，権利濫用ないし信義則違反の行為として許されないとするのである（前掲・最判昭42・4・20における大隅健一郎裁判官の補足意見参照）。

　(iii)　表見代理規定（110条）を適用する構成は，代理権の濫用は，実質的には代理権の範囲外の行為（無権代理）であるとして，表見代理規定の適用を認め，悪意・有過失の相手方を排除するものである。

(4)　代理権の消滅

　法定代理と任意代理に共通する代理権の消滅原因は，本人の死亡，代理人の死亡・破産手続開始の決定，代理人が後見開始の審判を受けたことである（111条1項）。任意代理に特有の代理権の消滅原因は，委任の終了である（111条2項）。法定代理に特有の代理権の消滅原因は，各規定にもとづく。たとえば，親権者の法定代理権は，子が成年に達したとき，消滅する（818条1項）。

2.3　代理行為

　代理行為とは，代理人のする法律行為のことである。代理行為において，代

理人は代理意思を表示しなければならない (1)。代理行為の有効要件も問題となる (2) (3)。

(1) 顕　　　名

(a) 顕名の意義　代理行為が成立するためには，すなわち，代理人のする行為の効果を本人に帰属させるためには，代理人が「本人のためにすることを示して」行為をする必要がある (99条)。本人のためにすることを示すこと，つまり，代理意思を表示することを「顕名」という。ここからもわかるように，「本人のために」とは，本人の利益になるということを意味しない。

(b) 顕名の方法　顕名は，「A代理人B」のような表示によってなされることが多いだろうが，それに限らない。明示されなくても，すべての事情から判断して，代理行為であることが明らかとなればよいとされる。本人のためにすることを，相手方が知りまたは知ることができた場合も，顕名はみたされる (100条)。

本人のためにすることを示さない場合，代理人の行為の効果は，代理人自身に帰属する (100条)。これに対して，代理人の行為が，本人にとって商行為となる場合，本人のためにすることが示されなくても，代理人の行為の効果は，本人に帰属する (商法504条)。

(2) 代理行為の瑕疵

代理において法律行為をするのは代理人であるから，意思表示の有効要件についても，原則として，代理人について判断する。意思の不存在（たとえば，心裡留保 (93条)・虚偽表示 (94条)・錯誤 (95条)）・詐欺 (96条)・強迫 (96条) や，あることを知っていたことまた知らないことに過失があったことなどの事実の有無は，代理人ついて決めるのである (101条1項)。

たとえば，代理人が詐欺にあった場合には，101条1項の適用がある。取消権は本人に帰属する。代理人が取り消すことができるかどうかは，代理権の範囲の問題である。ただし，本人Aが代理人Bにある時計の購入を依頼し，Bが相手方Cから購入したというような場合，本人Aがその時計には瑕疵（欠陥）があるということを知っているときは，代理人Bが知らなかったとしても，そのことをAは主張することができない (101条2項)。

(3) 代理人の行為能力

代理人に行為能力は必要でない（102条）。代理において，代理行為の効果が帰属するのは本人であり，代理人は不利益を受けないからである。本人は，代理人が制限行為能力者であることを理由として，代理行為を取り消すことができなくなる。しかし，それは，本人があえて制限行為能力者を代理人として選んだ結果なのである。なお，特別の規定（たとえば，833条・847条など）のない限り，法定代理人にも行為能力は必要ないとの考えもある（我妻・講義Ⅰ351頁）。この考えに対しては，保護されるべき制限行為能力者が，他の制限行為能力者を保護するということになるため疑問もあるが（椿・190頁），問題となる場面は限られていると思われ，行為能力不要説が妥当といえる。

2.4 代理の効果

代理人が，代理権の範囲内で本人のためにすることを示してなした行為の効果は，すべて本人に直接帰属する（99条）。なお，帰属するのは代理行為（意思表示）の効果であって，代理人による不法行為の責任（損害賠償の義務）は，本人には帰属しない（【展開講義 31】）。

2.5 復代理

(1) 意義，選任・権限

(a) 意義　復代理とは，代理人が自己の名において，さらに本人の代理人を選任し，その者に，自己の代理権の範囲内で法律行為をさせる場合である（図17-3）。

(b) 選任と権限　代理人は，代理人に代わって代理権を行使する者（復代理人）を自己（代理人）の責任で選任することができる（104条・105条・106条）。

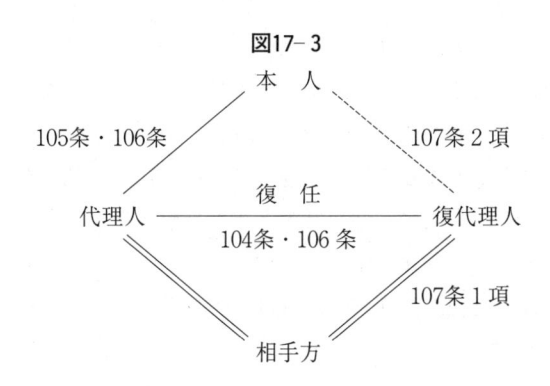

図17-3

```
              本　人
       105条・106条    107条2項
     代理人 ──── 復　任 ──── 復代理人
             104条・106条
                          107条1項
              相手方
```

このとき，選任された代理人（復代理人）は，代理人の代理人となるのではなく，本人の代理人となる（107条1項）。復代理人の代理権は，代理人の代理権の範囲を超えることがない。また，復代理人を選任しても，代理人は代理権を失わず，復代理人とともに，本人を代理する。

(2) 復任権（代理人と復代理人の関係）

代理人が復代理人を選任する権限を「復任権」という。民法は，任意代理人には，原則として復任権を認めず（104条），法定代理人には，常に復任権を認める（106条）。なお，復任がなされる場合，代理人と復代理人の間には，委任・雇用などの契約関係が存在するのが通常である。

(a) 任意代理人　任意代理人は，とくに本人の信任を受け，代理人として選ばれている。それゆえ，代理権を代理人以外の者に行使させることになる復任権は，任意代理人には，原則として認められない。例外は，「本人の許諾を得たとき」と「やむを得ない事由があるとき」である（104条）。やむを得ない事由がある場合とは，代理人自身が代理行為をすることができない事情のある場合だけではなく，本人が所在不明で，本人の許諾を得られないような場合も含まれるとの考えもある。

(b) 法定代理人　法定代理人は，代理権も広範であり，本人の信任を受けて代理人となるのではないから，常に復任権が認められる（106条）。

(3) 本人に対する代理人の責任（本人と代理人の関係）

代理人は，自己の責任で復代理人を選任する。任意代理人の責任は，法定代理人の責任と比べて，軽いものとなっている。民法は，任意代理人の復任権を例外的に認めるかわりに，本人に対する責任を軽減し，法定代理人の復任権を常に認めるかわりに，重い責任を課したのである。

(a) 任意代理人の責任　任意代理人の復任が認められる場合，任意代理人は，復代理人の選任・監督につき，本人に対して責任を負う（105条1項）。復任が本人の指名にもとづくときは，代理人は，不適任・不誠実な復代理人であることを知りながら，本人に通知せず，または解任を怠った場合にだけ，本人に対して責任を負う（105条2項）。

(b) 法定代理人の責任　法定代理人は，復代理人の過失にもとづくすべての行為について，本人に対して責任を負う（106条前段）。ただし，やむを得な

い事由のある場合には、責任が軽減され、復代理人の選任・監督についてのみ、本人に対して責任を負う（106条後段）。

(4) 本人と復代理人の関係

復代理人を選任するのは代理人であるから、本人と復代理人の間には、復代理人が本人を代理する（107条1項）ということ以上の関係は存在しないはずである。しかし、107条2項は、本人と復代理人の間に、本人と代理人の間に存在するのと同じ権利義務関係を成立させる。たとえば、代理人が受任者であるならば、復代理人も本人（委任者）に対して、受任者としての権利義務関係に立つことになる。本人は、復代理人の行為によって、代理人が行為するのと同じ利害を受けるので、本人と復代理人の間に、本人と代理人の間にあるのと同じ権利義務関係を成立させることが便利だからである。

(5) 復代理人と相手方の関係

復代理人は、本人の代理人であるから（107条1項）、復代理人と相手方（第三者）の関係は、代理人と相手方の関係と同じである（107条2項）。

(6) 復代理権の消滅原因

復代理権は、①代理人と復代理人の間の契約関係（授権行為）が消滅した場合、②代理人の代理権が消滅した場合、③一般に代理権が消滅するとされる場合（111条）、に消滅する。

【展開講義 29】 代理権授与行為の法的性質

代理権授与行為は単独行為なのか（単独行為説）、それとも契約なのか（無名契約説）。単独行為であると考えると、本人は代理人を一方的に選ぶことができる。これに対して、契約であると考えると、代理権を与えることについて、本人と代理人との間で、意思の合致が必要になる。

問題になるのは、代理人が制限行為能力者（たとえば、未成年者）の場合である。代理権授与行為を単独行為とみると、制限行為能力者の取消しの問題は生じない。代理権授与行為が契約であるとすると、制限行為能力者はこの契約を取り消すことができる。この結果、代理人（制限行為能力者）のした代理行為は、無権代理行為となり、相手方に不利益を与えることになる。

ただし、代理権授与行為が単独行為であるとしても、代理権授与に伴う事務処理契約（委任・雇用などの内部契約）は取り消すことができる。この場合、事務

処理契約が代理権授与行為の原因である（有因）と考えるならば，代理権授与行為は単独行為であるとしても覆滅することになる。もし，覆滅しないとするならば，事務処理契約は，代理権授与行為の原因ではない（無因）と考えなければならない。

このように，単独行為説にも，無名契約説にも，問題点はある。しかし，無名契約説も，この場合には，代理権の授与は代理人に不利益を与えないので取り消すことができない（5条1項ただし書参照）とか，取消しの遡及効を認めないなどして，相手方を保護する。その結果，両説の差は小さいものとなっている。

【展開講義 30】 自己契約・双方代理の禁止

自己契約と双方代理は禁止されている（108条）。まず，「禁止」の違反は，いかなる効果をもたらすか考えてみよう。

かつて，108条は公益規定（強行規定）であるとされ，この違反は絶対的無効をもたらすと考えられていた。代理人一人が相対立する意思表示をする自己契約・双方代理は，理論上不可能であると考えられたためである。しかし，その後，自己契約・双方代理は理論上も可能であるとして，108条は代理権を制限するものであり，その違反行為は無権代理行為となるとされた（大判大8・12・26民録25輯2429頁）。

判例は，さらに，利益状況が近似するだけで，正しくは自己契約・双方代理ではない場面にまで，108条の趣旨を及ぼす。たとえば，家主と借家人の間で，将来紛争を生じた場合に和解するため，家主が借家人から借家人の代理人を選ぶ権限の授与をあらかじめ受けたとしても，108条の趣旨に準拠して，そのような代理権の授与を無効とする（大判昭7・6・6民集11巻1115頁）。ここで，家主が自分以外の者を借家人の代理人として選ぶならば，自己契約とはならない。しかし，家主は自分の意のままになる代理人を選任することができるので，実質的には，自己契約と変わらないと評価するのである。そうすると，この場面では，借家人（本人）の予諾があったにもかかわらず，借家人の利益が害されるために，108条の趣旨が拡張されて適用されたということができる。これに対して，学説には，家主が借家人に対して経済的に優位に立つことから，代理権の授与の無効を公序良俗違反（90条）から導こうとする考え方がある（我妻・講義Ｉ344頁）。

【展開講義 31】 代理における本人の責任と使用者責任

代理制度は，代理人がする代理行為（意思表示）の効果を本人に帰属させる制

度であるから，本人の責任は，契約責任の領域におさまる。もし，代理人のする不法行為の責任を本人に負わせようというならば，不法行為責任の領域おける使用者責任（715条）によることになる（ただし，使用者責任が認められるためには，本人と代理人との間に使用関係が必要である）。このことから，代理制度において，相手方は本人に対して履行請求をすることができるのに対し，使用者責任においては，被害者は使用者に対して発生した損害の賠償を請求することができるにとどまる。ここでは，代理制度と使用者責任の違いを，責任の根拠という観点から，さらに展開してみよう。

　代理制度において，本人が責任を負う理由は，本人の意思にある。本人は自らの意思で取引を代理人に委ね，その結果を引き受ける。それゆえ，無権代理の場合に，原則として本人が責任を負わないのは，無権代理行為が本人の意思にもとづくものではないからということになる。それでは，一般に無権代理であるとされる表見代理によって本人が責任を負うのはなぜなのか（第19章【展開講義34】も参照）。本人が責任を負うという点に着目すれば，表見代理の場合も，本人の意思を責任の根拠とすることができそうだが，そうすると，表見代理を有権代理として構成する方向に結びつくことになる。

　使用者責任においては，使用者（本人）が責任を負う根拠を，使用者（本人）の被用者（代理人）に対する選任・監督上の過失に求めることができる（715条但書参照）。この場合，使用者（本人）自身の過失に責任根拠を求めることで，使用者責任そのものが不法行為責任であることが明確になり，715条は，不法行為の一般規定（709条）に対する特則として位置付けられよう。ただし，この考え方では，被用者（代理人）の不法行為の責任を代位する責任としての使用者責任という側面は後退することになる。このように，代理制度は意思にもとづく責任であるのに対し，使用者責任は過失（使用者の過失であれ，被用者の過失であれ）にもとづく責任であることを意識的に理解しておこう。

第18章　無権代理

1　序　説

―――――◆　導入対話　◆―――――

教師：なんで，ケーキが，こんなにいっぱいあるんだ。今日は誰かの誕生日かい。
学生：ゼミのときにみんなで食べようと思って。ぜんぶ先生の名前で買ってきちゃった。あとで，お金を取りにくるそうです。先生，払ってくださいね。
教師：おいおい，まってくれよ。これは，無権代理だよ。ぼくが断わったらどうするつもりだい。
学生：そうなったら，やっぱり，わたしたちが払うことになるのかなあ。もしそうなったらゼミ員でワリカンですね。

　たとえば，Aからなんの代理権も与えられていないBが，Aの代理人としてC銀行から融資を受けた場合，C銀行は，Aに対して返済を要求することができるだろうか。この場合，C銀行は，Aから弁済を受けることはできない。Bの行為は，無権代理行為で，原則として，Aに効果帰属することがないからである。
　契約の代理の場合，代理人と相手方との間で契約が締結されたことを前提として，「代理権を有していること」と「顕名すること」，この2つの要件をみたすことで，代理人による行為の効果が直接本人に帰属する（99条，第17章参照）。無権代理は，このうち，代理権なく代理行為がなされた場合である。代理権のない場合とは，まったく代理権を与えられていない場合や代理権の範囲を超えて行為した場合のことである。
　理論的には，代理権なくしてなされた行為の効果は，本人に帰属することはない。代理権の存在は，本人への効果帰属要件とされるからである。また，代

理人の意思は本人に効果帰属させることにあったとみれば，代理人にも法律効果は生じないことになる。結局，代理人の相手方に対する不法行為責任だけが残るのみである。

しかし，それでは，代理制度への信用がなくなりかねない。相手方の保護が不十分だからである。そこで，民法は，本人の追認可能性を残し（113条），追認のない場合のために，無権代理人の責任（117条）を特別に認めるなど，手当をしている。また，一定の要件のもとで，本人に責任を負わせる場面もある（表見代理，第19章参照）。

なお，民法は，契約の無権代理（2）と単独行為の無権代理（3）とを区別している。

2　契約の無権代理

代理関係には，本人と相手方（2.1），代理人と相手方（2.2），本人と代理人（2.3）という三面関係があるから，無権代理の効果についても，それぞれに分けて考えよう（於保・242頁）。

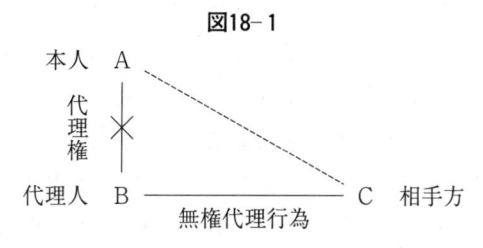

図18-1

本人　A
代理権×
代理人　B ────── C　相手方
　　　　　　無権代理行為

2.1　本人と相手方

無権代理行為の効果は，原則として，本人に帰属しない。しかし，本人が効果帰属をのぞむのであれば，それを妨げる必要もない。民法は，本人に追認権（113条）を認める（1）。追認によって代理権は補充され，有権代理の場合と同じ効果がもたらされる。このため，無権代理行為の効果は，本人の追認・追認拒絶が明確になるまで定まらず，浮動的な無効状態にあるといえる。これによって，相手方は不安定な状態におかれるので，相手方には催告権（114条）・取消権（115条）が認められている（2）。

(1) 本人の追認権

本人は，追認または追認拒絶をすることができる (113条)。これらは，効果帰属を受ける，あるいは効果帰属を拒絶する意思表示で単独行為である。

追認または追認拒絶は，無権代理人，相手方，いずれに対して行ってもよい。ただし，相手方に追認の効果を主張するためには，相手方に追認・追認拒絶を行うか，無権代理人に対して追認・追認拒絶をしたことを相手方が知っていなければならない (113条2項)。なお，相手方が知らない場合であっても，本人と無権代理人の間では，追認・追認拒絶の効力が生じる。

本人によって追認がなされると，はじめから，適法な代理行為であったのと同じになる。つまり，契約時にさかのぼって本人に効果帰属することになる (116条)。ただし，別段の意思表示がある場合と第三者の権利を害する場合には，遡及効は認められない (116条ただし書)。第三者の権利を害する場合における遡及効の制限は，ほとんど実益がないとされる (於保・243頁)。

たとえば，本人Aを無権代理したBが，Aの不動産をCに譲渡したとする。同じ不動産をA自身がDに譲渡し，さらにBの行為を追認すると，遡及効によって，Cへの譲渡も，はじめから有効になる。つまり，不動産は，Aを基点としてCとDに，二重譲渡されたことになる。このとき，CとDのいずれが優先するかは，対抗要件 (登記) 取得の先後による (177条)。116条ただし書によって遡及効が制限されるのだとすれば，上の例で，Aの動産について，C・Dともに引渡しを受け，対抗要件を備えている場合である (178条)。

なお，追認権も権利であるから，契約による本人の地位が一身専属なものでない限り，相続の対象となる。つまり，本人の相続人は，追認権を行使することができる (【展開講義 32】)。

(2) 相手方の催告権・取消権

本人の追認・追認拒絶によって，効果帰属・効果不帰属が確定するまでは，無権代理契約の相手方は不安定な状態におかれることになる。法律関係を早期に安定させるため，相手方にも催告権 (114条) と取消権 (115条) が認められている。

(a) 相手方の催告権　相手方は，相当の期間を定めて，その期間内に追認をするかどうか，本人に対して確答を促すことができる。本人がその期間内に

確答をしない場合は，追認を拒絶したものとみなされる。

(b) 相手方の取消権　本人によって追認がなされる前ならば，相手方は，無権代理人とした契約を取り消すことができる。この取消しによって，無権代理による契約は，確定的に無効となり，本人は追認をすることができなくなる。取消しは本人，無権代理人のいずれにしてもよいとされている。

この取消権は，契約時に無権代理であること知っていた相手方には認められない（115条ただし書）。このような相手方は，不安定な状態におかれることを覚悟していたというべきだからである。

2.2　代理人と相手方

(1) 無権代理人の責任

無権代理人の責任は，法定の無過失責任である（117条）。

無権代理の場合，理論上，無権代理人のする契約は，本人に対してなんら効果をもたらさない。また，無権代理人に対する契約責任も問題とはならない。相手方は，無権代理人に対して不法行為責任を追及することができるだけである。この不法行為責任が認められるためには，無権代理人に故意または過失が存在しなければならない（709条）。

しかし，相手方は，代理権を有している代理人と取引をすると信じているであろう。また，無権代理の場合に，相手方の保護が十分でないとすれば，代理制度の利用は敬遠されるようになるだろう。

そこで，民法は，相手方の信頼を保護して取引の安全をはかり，代理制度の信用を維持するために，特別に，無権代理人の重い無過失責任を認めたのである。

(2) 責任の要件

117条にもとづく無権代理人の責任が認められるためには，①「他人の代理人として契約したこと」が必要である（117条1項）。これは，相手方が主張立証する。

②「代理人が代理権を証明することができないこと」，③「本人の追認がないこと」も要件であるが（117条1項），これらは，無権代理人が主張立証する。表見代理の成立は抗弁としては認められない（最判昭62・7・7民集41巻5号1133頁）（【展開講義 33】）。

④「相手方が，代理権のないことを知らず，かつ知らないことにつき過失がないこと」，⑤「無権代理人が制限行為能力者ではないこと」も要件として求められる（117条2項）。これらは，無権代理人の免責のための要件として機能する。つまり，無権代理人の側が，相手方の悪意・有過失，無権代理人が制限行為能力者であることを主張立証する。

(3) 責任の内容

無権代理人は，相手方の選択に従い，履行または損害賠償の責任を負う（117条1項）。

無権代理人が履行の責任を負うというのは，無権代理による契約のとおりの効果を無権代理人と相手方の間で実現するということである。

損害賠償は，信頼利益の賠償だけでなく，履行利益の賠償まで含まれるとされる。つまり，契約が有効でなかったことから生じるすべての損害に及ぶのである。ここでの損害賠償は，履行の代わりとなるべきだからである。

なお，117条にもとづく無権代理人の責任を不法行為の一般規定（709条）の特則とみると，709条の適用は排除されることになる。

2.3 本人と代理人

無権代理人のした行為が事務管理（697条以下）に当たるかどうかが問題となる。本人が無権代理行為を追認した場合には，無権代理行為は本人のための事務管理になる。また，無権代理行為によって，本人に損害が生じた場合には，本人は無権代理人に対し不法行為責任（709条）を追求することができる。

3 単独行為の無権代理

単独行為には，相手方のあるものとないものが存在する。118条は，相手方のある単独行為の無権代理について規定している。

(a) 相手方のある場合　相手方のない単独行為の無権代理は，確定的に無効である。118条は，相手方のある単独行為の無権代理の場合に，追認の余地を残しているが（113条を準用する），これを反対に解釈すると，相手方のない単独行為の無権代理の場合には，追認は認められないことになるからである。たとえば，無権代理人が本人の土地の所有権を放棄しても無効である。

(b) 相手方のない場合　これに対し，相手方のある単独行為の無権代理の場合は，相手方が同意するのであれば，必ずしも無効とする必要はない。相手方のある単独行為の無権代理は，無権代理人が能動代理をする場合と受動代理をする場合とに分けられる。

無権代理人が能動代理をする場合とは，たとえば，本人Aと相手方Cで結ばれた契約を無権代理人Bが解除する場合である。Bが代理権なく解除することにCが同意し，また代理権を争わないのであれば，契約の無権代理の場合と同じになる（118条）。つまり，Aは追認をすることができる。

無権代理人が受動代理をする場合とは，たとえば，本人Aと相手方Cで結ばれた契約をCが無権代理人Bに対して解除する場合である。Bが同意をするのであれば，契約の無権代理の場合と同じになる（118条）。つまり，Bは，117条にもとづく無権代理人の責任を負うことになる。

【展開講義　32】　無権代理と相続

たとえば，本人AとAを無権代理したBが親子である場合，Aの死亡によって，BはAを相続する。「本人の地位」と「無権代理人の地位」が同一人（B）に帰属することになる。このとき，Bは，本人の地位にもとづいて，B自身がした無権代理行為について，相手方に対し追認拒絶をすることが認められるだろうか。

このような「無権代理と相続」の問題は，3つの場合に分類される。すなわち，①無権代理人が本人を相続する場合（上述の例），②本人が無権代理人を相続する場合，③本人と無権代理人の両方を相続する場合である（図18-(2)～(4)）。

(1) 無権代理人が本人を相続する場合

無権代理人が本人を単独で相続する場合，無権代理行為は当然に有効となる。このことは，「無権代理人が本人を相続し本人と代理人との資格が同一人に帰するにいたった場合においては，本人が自ら法律行為をしたのと同様な法律上の地位を」生じると説明することもできるし（資格融合）（最判昭40・6・18民集19巻4号986頁），「無権代理人が本人を相続した場合においては，自らした無権代理行為につき本人の資格において追認を拒絶する余地を認めるのは信義則に反する」と説明することもできる（資格併存）（最判昭37・4・20民集16巻4号955頁）。しかし，いずれにしても，無権代理人が追認拒絶をすることは許されない。

これに対し，無権代理人が本人を他の相続人とともに共同相続する場合は，無

図18-2

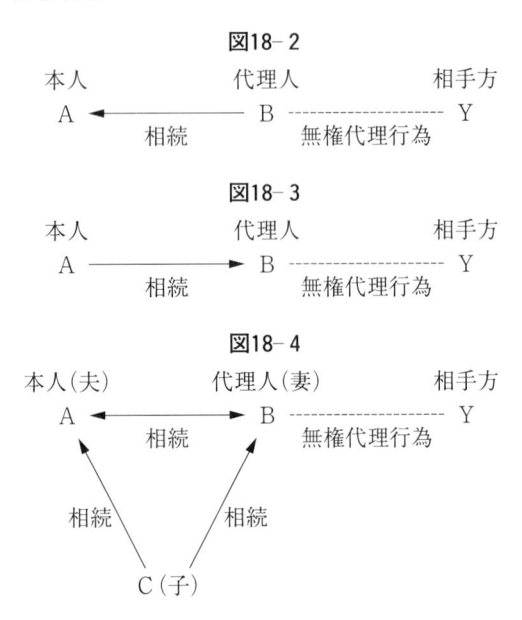

本人　　　　代理人　　　　相手方
A ◀―――― B ------------- Y
　　　相続　　　　無権代理行為

図18-3

本人　　　　代理人　　　　相手方
A ――――▶ B ------------- Y
　　　相続　　　　無権代理行為

図18-4

本人(夫)　　代理人(妻)　　相手方
A ◀――――▶ B ------------- Y
　　　相続　　　　無権代理行為
　↖　　　↗
　相続　　相続
　　　C(子)

権代理人の相続分に相当する部分に限っても，当然には有効とならない（最判平5・1・21民集47巻1号265頁）。結局，この判決は，「本人の地位」と「無権代理人の地位」の併存を認めることになる。無権代理人が本人を単独相続する場合に，無権代理行為を当然有効とする判例は，単独相続の場合にのみ妥当する理論構成となる（井上繁規『最高裁判所判例解説民事篇（平成5年度（上））4事件』94頁））。当然に有効であるとすると，他の共同相続人の利益を害することになるからである。また，共同相続の場合，追認権は，相続人全員に不可分的に帰属するので，共同相続人全員が共同して行使することになる。無権代理人の他の共同相続人全員が追認をする場合に，無権代理人が追認を拒絶することは信義則上許されない。

　なお，本人が無権代理行為の追認を拒絶した後に無権代理人が本人を相続した場合は，無権代理行為は有効とはならない（最判平10・7・17民集52巻5号1296頁）。追認拒絶によって，無権代理行為の効力が本人に及ばないことが確定するからである。

(2)　本人が無権代理人を相続する場合

　本人が無権代理人を相続する場合，無権代理行為は当然には有効とならない（前掲最判昭37・4・20民集16巻4号955頁）。本人が無権代理行為の追認を拒絶しても信義則に反しないとされる。しかし，本人は，無権代理人を相続した以上，追認を拒絶しても，無権代理人としての責任（117条）は追及されうる（最判昭48・

7・3民集27巻7号751頁)。

　(3)　本人と無権代理人の両方を相続する場合
　本人と無権代理人の両方を相続する場面は，たとえば，Aの妻BがAを無権代理し，AB夫婦の子CがA・Bそれぞれを相続するという形であらわれる。A・Bの死亡の先後で，2つの場合に分けられる。
　(a)　BをAとCが共同して相続した後，AをCが相続する場合である。Cは，自らも無権代理人を相続しつつ，さらに無権代理人を相続した本人を相続することになる。この場合，Cは「本人の資格で無権代理行為の追認を拒絶する余地はなく，本人が自ら法律行為をしたと同様の地位ないし効果を生ずる」とされる（最判昭63・3・10判時1312号92頁）。つまり，無権代理人が本人を相続した場合と同様に扱われる。
　(b)　AをBとCが共同して相続した後，BをCが相続する場合である。Cは，本人を相続しつつ，本人を相続した無権代理人を相続することになる。この場合，本人が無権代理人を相続した場合と同様に考えて，Cが追認を拒絶しても信義則に反しないと解されている（安永正昭「『無権代理と相続』における理論上の諸問題」曹時42巻4号19頁（1990年））。
　ただし，AとBのどちらを先にCが相続するかは偶然に左右されることがらであるので，2つの場合を区別することには批判もある（山本・講義Ⅰ（第2版）345頁参照）。Cは無権代理人の地位を相続しただけであり，無権代理人そのものではないとして，無権代理人Bを相続した後に本人Aを相続するCにも，追認を拒絶することを認め，2つの場合を区別しないとされるのである（四宮＝能見・第7版300頁）。

【展開講義　33】　表見代理と無権代理の関係

　(1)　表見代理は，無権代理の相手方を保護するために認められた制度である（第19章参照）。表見代理が成立すると，本人は，有権代理の場合と同じ責任を負うことになる。それでも，表見代理は，本質的には無権代理であると解されている（於保・239頁）。
　(2)　表見代理は，無権代理の範疇に含まれていると解しても，その整理の仕方が問題となる。広義の無権代理という大枠の中で，表見代理と狭義の無権代理を区別する考え方とこれを区別しない考え方とがある。
　表見代理と狭義の無権代理を区別しても，表見代理が成立する場合に，113条以下の（狭義の）無権代理の規定は適用されうる。本人の追認権（113条）や相

手方の取消権（115条）は，表見代理が成立する場合であっても適用されうるのである（我妻・講義Ⅰ367頁）。しかし，117条の無権代理人の責任は別である。

　(3)　表見代理が成立し効果が発生した場合，すなわち，相手方が目的を達した場合には，もはや無権代理人の責任（117条）は問題にならないだろう（於保・240頁）。問題は，表見代理の成立が認められる場合であっても，相手方が，表見代理を主張せず，取消権も行使しないとき，117条にもとづいて無権代理人の責任を追及することができるかである。表見代理と狭義の無権代理を区別する考えは，これを認めない。無権代理人の責任（117条）は，表見代理が不成立の場合に限って，追及することができるとする。もともと相手方は本人に効果帰属することを望んでいたのだから，まず表見代理の責任を追及するべきであって，それが認められない場合に，はじめて補充的に無権代理人の責任を問うことが許されるというのである。

　これに対して，表見代理と狭義の無権代理を区別しない考えは，おのずと，表見代理と無権代理人の責任（117条）と相手方の取消権（115条）の選択を相手方に認めることになる。

　この見解に対しては，通常の有権代理の場合，相手方が請求できるのは本人の責任だけであるのに，たまたま無権代理になると，本人と無権代理人に責任を追及できるというのは，相手方の保護に厚すぎると批判される。しかし，表見代理が認められるかどうかは，実際に訴訟をしてみないとわからないという不確かなものであり，保護が十分であるというわけではないという再反論が可能である。

　判例（最判昭62・7・7民集41巻5号1133頁）は，表見代理と無権代理を「互いに独立した制度」と解し，無権代理人の責任の要件と表見代理の要件がともに存在する場合，相手方は，表見代理の主張をしないで，直ちに無権代理人に対し，117条の責任を問うことができるとしている。

第19章　表見代理

◆　導入対話　◆

学生：表見代理も相手方を保護する制度なんですね。
教師：そうです。相手方の信頼によって，無権代理が有権代理になる，そんな感じです。
学生：でも，本人は権利を失ってしまいますよね。
教師：たしかに，本人のことも考慮しないといけないよね。
学生：バランスが大切ですね。
教師：君が，バランスが大切というとは思わなかったな。
学生：先生，そんな。ぼくだって，バランスぐらいありますよ。
教師：話を元にもどして……，そこでいうバランスは誰と誰のだろうか？
学生：本人の利益と相手方の利益のバランスです。

1　序　　説

　たとえば，AはBに対しC銀行から500万円の融資を受ける代理権を与えたとする。しかし，BはC銀行から1,000万円の融資を受けて，500万円を自らの借金の返済にあててしまった。この場合，Bの行為は代理権の範囲を超えているので，無権代理行為である。無権代理行為の効果は，原則として，本人Aに帰属しない（99条）。AはBが余分に借りた500万円を返済しなくてよいことになる。

　しかし，民法は，本人の追認権（113条，第18章参照）だけではなく，さらに表見代理制度を設けて，代理権の存在を推測させるような客観的事情があり，相手方がそれを信頼して取引にはいるような場合には，その無権代理行為について，本人に責任を負わせることを承認する。取引の安全をはかり，代理制度の

信用を維持するためである。はじめの例で、BはAの代理人としてCから1000万円の融資を受ける権限を有していると相手方Cが信じ、そう信じることに理由があるときには、表見代理の成立が認められ（この例では、110条）、本人Aは相手方Cに対して責任を負い、Bが代理権の範囲を超えて融資を受けた500万円を返済しなければならないのである（図19−1）。

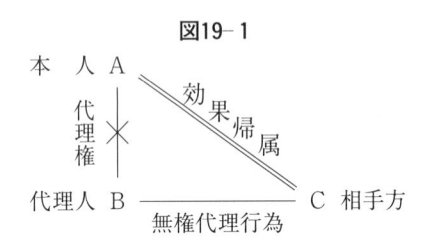

図19−1

```
       本 人 A
    代        効
    理   ×    果
    権        帰
                属
   代理人 B ────── C 相手方
         無権代理行為
```

　表見代理制度は、理論的には、権利外観理論（ドイツ）、表見理論（フランス）、禁反言の原則（英米）から説明することができる。いずれにしても、外観に対する相手方の信頼を保護するものである。

　相手方の信頼によって、本人の責任が発生するとはいっても、本人がわの事情が考慮されないというわけではない。本来ならば本人に効果帰属しない無権代理行為によって、本人は権利を失うことになる以上、そうなるだけの理由が必要であると考えられるからである。相手方の信頼を引き起こす外観の作出に本人がどのように関与したかということ、すなわち、本人の帰責性が問題となる。また、相手方の信頼は、正当なものでなければならない。つまり、相手方の信頼は、善意・無過失のものであることが求められる。

　このように、表見代理とは、本人の帰責性と相手方の善意・無過失による信頼にもとづいて、無権代理の場面で、例外的に、本人の責任を認める制度ということになる（【展開講義 34】）。民法で、表見代理の規定としてあげられるのは、109条（2）、110条（3）、112条（4）の3つである。

2　代理権授与の表示による表見代理 (109条)

　本人Aが、相手方Cに、実際には与えていないのに、Bに代理権を与えたと表示し、その代理権の範囲内でBがCと取引をしたという場合に、相手方Cを

保護するために認められる表見代理である。本人の帰責性は、「ある人に代理権を授与した旨を他人に示したこと」にある。それゆえ、109条は、法定代理には適用されないことになる。

2.1 要　件
(1) 代理権授与の表示

本人が、代理権を授与していないにもかかわらず、ある者に代理権を授与したと、第三者に対して表示することが必要である。この表示は、書面によるのでも、口頭によるのでもかまわない。また、新聞広告によって表示することも認められる。

この要件での問題、白紙委任状の交付(a)と名義貸し(b)が授与の表示にあたるかである。

(a) 白紙委任状の交付　本人が白紙委任状を交付する場合、109条の適用が争われることがある。白紙委任状とは、受任者名や委任事項が空欄（白地）の委任状である。たとえば、本人Aが代理人Bに白紙委任状を交付した後、代理人Bが他人Dにこの委任状を与え、最終的にDが受任者として委任状に記載（補充）され、取引を行うという場合、本人AはDに対する代理権授与の表示をしたとして、責任を負うのかどうかが問題となる（【展開講義 35】）。

(b) 名義貸　たとえば、他人Bが本人Aの名前を使うなどして取引することを本人Aが許していたような場合（名義貸の場合）は、本人A自身が第三者に対してBへの代理権授与を表示しているわけではないが、109条の法理から、本人Aの責任が認められる（最判昭35・10・21民集14巻12号2661頁）。

(2) 代理権の範囲内の行為

代理権を授与されたとされる者が、その通知によって与えたと示された代理権の範囲内の行為をすることが必要である。この代理権の範囲を超えて行為がなされた場合には、109条と110条とを組み合わせることで、表見代理の成立が認められる（最判昭45・7・28民集24巻7号1203頁）。

(3) 相手方の善意・無過失

平成16年に民法は現代語化されたが、現代語化される前の109条は、相手方の善意・無過失を要求していなかった。しかし、109条は、取引の安全をはかり、相手方の信頼を保護するための規定であるから、109条が成立するために

は，文言になくても，相手方の善意・無過失が必要であるとされてきた。たとえば，最判昭41・4・22民集20巻4号752頁は，「民法109条にいう代理権授与表示者は，代理行為の相手方の悪意または過失を主張，立証することに」よって，表見代理の責任を免れるとしている。このため，民法現代語化に際して，ただし書が加えられ，相手方の善意・無過失が明文化された。

2.2 効　果

以上の要件を充足すると，代理権を授与されたとされる者が，通知によって与えたとされた代理権の範囲内でする相手方との取引の効果を，本人に帰属することになる。つまり，本人が責任を負うことになる。

3　権限外の行為の表見代理（110条）

本人Aが与えた代理権の範囲を超えて，代理人Bが相手方Cと取引をした場合に，相手方Cを保護するために認められる表見代理である。本人の帰責性として，「背信行為をするような人を代理人に選んだこと」などがあげられるが（四宮・257頁），実際には，個別の事案ごとに帰責要素を判断することになるであろう。なお，帰責性を必要とする以上，110条の法定代理への適用は考えにくいが，古い判例には適用を肯定したものがある（【展開講義 36】）。

3.1 要　件

(1) 代理人の権限外の行為

(a) 権限外の行為　　権限外の行為とは，代理権の範囲に含まれないことをするということである。基本代理権と代理権の範囲を超えてなされた行為が同じ性質のものである必要はない。

(b) 基本代理権　　代理権の範囲を超えることが問題となる以上，なんらかの代理権が存在すること（基本代理権の存在）が前提となる。基本代理権の存在は，本人側の事情を考慮するために必要な最低限の要件であるとされる。ここでいう代理権は，「私法上の法律行為の効果を本人に帰属させる権限」であるとされるが，この要件は緩やかに解されるようになっている（【展開講義 37】）。これは，110条を適用するための入口が広くなることを意味する。

(2) 代理権があると信じ，信じるのに「正当な理由」があること

(a) 正当な理由　「正当な理由」があるとは，無権代理行為のなされた際に存在する諸般の事情から客観的に観察して，行為者に代理権があると信じるのがもっともだと思われる事情があることとするものがある。結局，相手方（第三者）が善意・無過失であることを意味するのであり，相手方の事情を考慮するための要件といえる。

「正当な理由」があるということを基礎づける具体的事実は，表見代理の成立を主張する相手方（第三者）が証明しなければならない。その内容は，たとえば，代理権の授与に伴って，実印・印鑑証明書・権利証が交付されていることなどがあげられる（【展開講義 38】）。

(b) 正当な理由の判断　現実には，「正当な理由」の判断は，本人の帰責要素，基本権限と越権代理行為との関連性を考慮してなされるとされる。基本代理権の要件を緩和させる結果，本人がわの事情を「正当な理由」の判断に取り込むからである。つまり，110条を適用するための入口を広げたうえで，出口で本人の責任の肯否を最終的に判断することになる。このことから，「正当な理由」は，第三者の信頼と本人の帰責事由を相関的に判定する場として利用されているといえる。

3.2　効　果

代理権の範囲を超えてなされた行為であっても，本人に効果帰属することになる。

4　代理権消滅後の表見代理（112条）

本人Aから解任されるなどして，代理権の消滅したBが，その後も代理人として相手方Cと取引をした場合に，相手方Cを保護するために認められる表見代理である。本人の帰責性として，代理人の代理権が消滅したのに，委任状を取り戻さないこと，解任を相手方に通知しないことなどをあげることができる。なお，112条は法定代理に適用されると考えられているが，反対もある。

4.1　要　件

①代理権が消滅したこと，②消滅する前の代理権の範囲内で代理行為が行われたこと，③相手方の善意・無過失，を要件とする。

②の要件に関して、もとの代理人が、代理権が消滅した後に、その代理権の範囲を超えて代理行為をした場合が問題となる。判例は、110条と112条を組み合わせることで、表見代理の成立を認める（大判昭19・12・12民集23巻626頁）。

③の要件に関して、会社の代表取締役が退任し、その退任登記がなされた場合が問題となる。判例は、112条の適用・類推適用を認めない（最判昭49・3・22民集28巻2号368頁）退任登記によって、相手方の悪意が擬制されるからである（商法9条1項）。

4.2 効　　果

代理権消滅後になされた無権代理行為の効果が本人に帰属する。109条と110条の場合と変らない。

【展開講義　34】　表見代理責任の性質

表見代理責任において、帰責性という本人の関与を強調する場合、究極的には、その責任の性質は契約責任か不法行為責任かのどちらかに割りふられるように思われる。

本人の意思が外観作出に関与している場合には、本人の意思にもとづく責任（契約責任）といえるであろうし、本人の行為（過失）が外観作出に関与している場合には、本人の過失にもとづく責任（不法行為責任）といえるであろう。現実に、表見代理は有権代理であるとする見解が主張されてきたし（高橋三知雄『代理理論の研究』（有斐閣・1976年））、フランスではかつて、表見代理責任が不法行為責任として説明されたことがある（浜上則雄「表見代理不法行為説」阪大法学59・60号66頁（1966年））。

しかし、実際には、表見代理責任は、本人の意思・過失にもとづかない責任であり、その本質は、相手方の善意・無過失の信頼にある。ここでは、表見代理責任は、契約責任でも不法行為責任でもない、相手方の信頼にもとづく、いわば第三の責任であることを十分に意識しておこう（多田利隆『信頼保護における帰責の理論』（信山社・1996年）48頁以下も参照）。

【展開講義　35】　白紙委任状と民法109条

本人が白紙委任状を代理人に交付したとしても、代理人が本人から依頼されたとおり代理行為をするのであれば、有権代理であり、109条は問題とならない。

しかし，白紙委任状は，本人の意思とは関係なく，白地の部分が補充される可能性を有している。そこで，白紙委任状が濫用される場面が生じる。

たとえば，①白紙委任状を交付された代理人Bが，本人Aから与えられた代理権の範囲を超える取引を行う場合，②本人Aから白紙委任状を交付された代理人Bが，その白紙委任状をDに与え，DがBの代理権の範囲内で相手方Cと取引をする場合，③本人Aから白紙委任状を交付された代理人Bが，その白紙委任状をDに与え，DがBの代理権の範囲を超えて相手方Cと取引をする場合をあげることができる。いずれの場合も，委任状における受任者名や委任事項が空欄（白地）となっていることが原因である。

①の場合，代理権の授与の表示があったとして，109条の適用を認めることができるとされる（四宮＝能見・第7版304頁）。これに対して，権限の範囲を超える事項が白地部分に補充された場合には，委任状は偽造であり正当なものではないので，109条の適用はないが，なんらかの代理権を与えられてはいるのだから，代理権限外の行為をする場合として，110条が適用されるとする見解もある（川島・329頁）。

②の場合，AからDへの代理権授与の表示がCに対してなされているとして，109条の適用が認められる（最判昭42・11・10民集20巻4号752頁）。

③の場合をあつかう最判昭39・5・23民集18巻4号621頁は，109条の適用を否定する。代理権授与の表示は認められないというのである。この判決は，抵当権設定のために白紙委任状が交付された事案であったが，この場合の白紙委任状は「転輾流通することを常態とするものではない」ことを理由としてあげている。

【展開講義　36】　日常家事債務と表見代理

法定代理への表見代理規定の適用という問題に関連して，日常家事債務の連帯責任（761条）と表見代理の関係が論じられる。

民法761条は，夫婦の一方が行った日常家事に関する法律行為から生じた債務について，他の一方も連帯して責任を負うとする。たとえば，妻Aが八百屋からミカンを購入した場合の支払については，夫Bも責任を負うのである。

なぜ，夫婦は日常家事債務について連帯して責任を負うのかについては争いがあるが（右近健男「日常家事債務の連帯責任と表見代理」争点Ⅰ202頁），判例は，761条の前提として，「夫婦は相互に日常の家事に関する法律行為につき他方を代理する権限を有する」としている（最判昭44・12・18民集23巻12号2476頁）。代理権の範囲は，日常家事に関する法律行為の内容によって定まることになる。

日常家事に関する法律行為について，前掲最判昭44・12・18は，「個々の夫婦がそれぞれの共同生活を営むうえにおいて通常必要な法律行為」であるとする。さらに，その具体的範囲は，個々の夫婦によって異なるが，ある法律行為が日常家事の範囲に含まれるかどうかを判断するに当たっては，761条が「夫婦の一方と取引関係に立つ第三者の保護を目的とする規定」であることを考慮して，客観的に判断するべきであると述べる。

　そうすると，たとえば，夫Bが妻Aの所有する不動産をAに無断でCに売却したというような場合，夫Bの行為は日常家事に関する法律行為とはいえないから，妻Aはその行為につき連帯して責任を負う必要がないということになる。しかし，夫Bは日常家事に関する法律行為の代理権は有している。夫Aの行為は，権限外の行為をした無権代理行為であるので，Cは表見代理（110条）の成立を主張することができることになるだろう。

　しかし，ここで110条の適用を許すと，夫婦各自の財産領域は独立したものとする民法の趣旨を乱すことになる（我妻・講義Ⅰ373頁）。そこで，前掲最判昭44・12・18は，110条を直接適用することをせず，「越権行為の相手方である第三者においてその行為が当該夫婦の日常の家事に関する法律行為の範囲内に属すると信ずるにつき正当の理由のあるときにかぎり，110条の趣旨を類推適用して，その第三者の保護をはかれば足りる」とした。

　110条を直接に適用する場合，相手方Cに求められるのは，Bが不動産を売却する代理権を有していると信じることである。これに対して，判例の場合，相手方Cに求められるのは，Bが不動産を売却することは，日常家事債務の範囲内に含まれていると信じることである。判例は，この点で，表見代理の成立を制限しているといえるのである（四宮＝能見・第7版310頁）。

【展開講義　37】　民法110条の基本代理権

　民法110条にいう基本代理権は，①「私法上の」②「法律行為」をなしうる代理権であるとされる（幾代・379頁）。

　①についていうと，「公法上の」代理権であるとか，「事実行為」の委託は，110条の基本代理権とはいえないことになる。また，たとえば，印鑑証明書下付申請手続の代理権は，公法上の行為についての代理権であるから，110条の基本代理権には当たらないとされている（最判昭39・4・2民集18巻4号497頁）。これに対しては，「印鑑証明書の私法上の取引における作用を考慮する」と賛成できないとする見解がある（我妻・講義Ⅰ369頁）。判例は，その後，登記申請行

為は公法上の行為であるとしながらも，贈与契約という私法上の契約の義務の履行のために与えられた登記申請の権限は，110条の基本権限に当たるとした（最判昭46・6・3民集25巻4号455頁）。この判決は，基本代理権の範囲を厳格に解する傾向にあった判例の態度を緩和する方向を示したものとされている（野田宏『最高裁判所判例解説民事篇（昭和46年度）19事件』172頁）。

②についていえば，たとえば，印鑑を預けるという事実行為の委託は，110条の基本代理権に当たらないとされる（最判昭34・7・24民集13巻8号1176頁）。しかし，たとえ，「数百円程度の文房具の買入れ」であっても法律行為である以上，基本代理権の要件をみたし，どんなに重要なものであっても，事実行為の委託であれば要件をみたさないということは，妥当ではないとされる（幾代・381頁）。

【展開講義　38】　民法110条の正当理由

(1)　民法110条の「正当な理由」の存否は，個々の事案において，客観的事情から判断されるものである。考慮される事情としては，①代理人がそれぞれの取引に必要な資料（委任状，実印，印鑑証明書，権利証など）を所持しているか，②代理人が一定の代理権を有する職務上の地位にあるか，③取引の内容は何か，④代理人と本人との間に特別の関係がないか（夫婦・親子の関係など），⑤相手方の業種は何か（金融機関など）などがあげられる（安永正昭「民法110条における正当理由の判断の仕方」平井宜雄編『民法の基本判例（第2版）』（有斐閣・1999年）34頁）。

このうち，①の実印・印鑑証明書を行為者（自称代理人）が所持・行使する場合には，「正当な理由」が認められやすい。たとえば，最判昭51・6・25民集30巻6号665頁は，行為者が印鑑証明書を所持している以上，特段の事情のない限り，相手方には正当理由があるとする。そうすると，問題は，相手方の「正当な理由」を否定することになる「特段の事情」とは何かである。

(2)　「特段の事情」とは，代理権の存在に相手方が疑問を感ずべき客観的事情であるとされる（安永・前掲論文35頁。以下の記述も，この論文によっている）。とりわけ，本人と代理人の間に夫婦関係がある場合と代理人自身のために抵当権設定・保証がなされる場合には，「特段の事情」が認められやすいとされる。なぜならば，本人と代理人の間に夫婦関係があれば，実印などを入手することは容易だからである。また，代理人自身のために抵当権設定・保証がなされる場合，①抵当権設定・保証は本人の利益とはならないこと，②根保証の場合，保証限度額や保証期間の定めがないこと，③相手方が金融機関であること，④契約にいたる

までの異常さ，などの事情が「正当な理由」を否定する理由としてあげられる（前掲最判昭51・6・25も，代理人自身のための保証契約が締結された事案である。この判決でも，代理権の存在を疑わせる「特段の事情」が認められている）。

　なお，判例は，「特段の事情」があることから直接に正当理由を否定するのではなく，代理権の存在を疑わせる「特段の事情」があるにもかかわらず，本人に直接照会するなどして確認をしなかったことから，相手方の過失を導く構成をとる。

第20章　法律行為の普遍的効果
──無効および取消し──

1　法律行為の原則的効果

◆　導入対話　◆

学生：法律行為が無効であるとか有効であるとかよくいわれますが，どのような意味なのですか？

教師：法律行為が有効とか無効とかということは，たとえば契約のような法律行為に対して与えられる「法」からみた価値判断をいうんだ。意思表示を必須の要素とするのが「法律行為」だから，この意思表示の内容に応じた効果が認められる状態を，「有効」といい，この効果が生じないことが確定することを「無効」というんです。

学生：では，取り消すことができる行為とは，どういうもので，誰がそれをいうんですか？

教師：取り消すことができる行為とは，たとえば，すでに学習済みの未成年者のような「行為無能力者」がその保護者の同意を得ないでなした行為のように，取消権をもっている特定の人が取り消すとの意思表示をしない限り有効なものとして取り扱われ，そうした意思表示があれば最初から無効として扱われるものをいうんです。

学生：もう1つ分からない言葉があります。「追認する」とはどういうことですか？

教師：追認とは，前の質問で出てきましたが，「取消権」をもっている者がこの取消権を放棄して，その行為を取り消さないことに決めることです。取り消すことができる行為を確定的に有効にするものですから，相手方にとっては，一応効果が生じたが取り消されるかも知れないという不安定な状態にあった行為は，以後取り消される心配のない行為となるから，法律関係は安定することになると思います。

1.1 無効と取消し

法律行為が完全な効力を生ずるためには，いくつかの要件をみたしていなければならない。

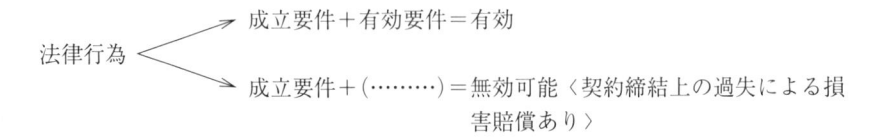

法律行為 ─┬─ 成立要件＋有効要件＝有効
　　　　　└─ 成立要件＋(………)＝無効可能〈契約締結上の過失による損害賠償あり〉

　成立・有効の両要件があり，意思表示の内容に応じた効果が認められる状態を，「有効」という。これらの要件を欠いていると，法律行為として存在（成立）していても完全な効力を生ぜしめることはできない。このような場合，法律効果がはじめよりまったく生じないものとして取り扱うのが「無効」である。

　これに対して，いったん法律効果を生ぜしめた後，これを消滅させる余地を与えているのが取消しである。したがって，無効も取消しも結果においては異なるところはないが，それにいたるプロセスが異なる。「無効」は，はじめから法律効果を生じないし，かつ誰からもまた誰に対しても無効を主張できる。これに対し「取消し」は取り消すとの意思表示があってはじめて，法律行為成立の時にさかのぼって効力を失わせる（121条）ものである。また取消権は時効にかかる（126条）が，一般的に無効の主張はいつまでも可能とされている。

　ところで，ある行為を無効とするか取消しできるものとするかは，もっぱら法政策上の問題であって，論理的に必然的な区別や標準があるわけではない。民法の区別の標準は必ずしも明瞭ではないが，法律行為の瑕疵が重大で，誰の意思も問わず当然に効力を認めるべきでないような場合は無効とし，そうでない場合は取消しできるものとした。

1.2 法律行為の効果の態様

　法律行為の効果の発生原因を分けると，意思内容に応じた効果が生ずるものと，法律行為が生ずると，民法が当然に一定の効果を生ずるものがある。前者を意思的効果，後者を法規的効果という。ここで問題とするのは，意思的効果についてである。

　意思的効果としては，有効，取消権付有効，無効，未定効，主張無効が考えられる。

(1) 有効・取消権付有効・未定効・主張無効

有効とは，当事者の意思に沿った効果が生じることである。

取消権付有効とは，制限能力者（未成年者・成年被後見人・被保佐人，被補助人）の行為とか，詐欺により，または強迫によりなされた意思表示のように，意思的効果が生ずると同時に，取消権も生ずる場合をいう。

未定効とは，一定の行為がないとそのままでは有効か無効かが未定の状態にあるものをいう。たとえば，前に述べた，無権代理人の法律行為は，当然「無効」ではなく，本人の追認をまってその行為の有効，無効を決定することになる（113条）。

主張無効とは，表意者の主張をまって無効という効果を与えてよいとする場合をいう。意思表示理論における表示主義からすると，93条から95条までの規定の無効はこの意味での無効と解されている。なお，このような法律効果としての無効と取消しの振り分け基準は絶対的ではない。

(2) 絶対効・相対効

その効果を誰に対しても効果を生ずるのを絶対効，そうでない場合を相対効という。原則として，法律効果は誰に対しても効果を生じるが，民法が「第三者に対抗することができない」（94条2項・96条3項等）と規定するものは，当事者別に個別的な効果が生ずることを認めているのであり，効果が相対的であるケースの典型である。

1.3 無　　効

(1) 無効の意義とその7要素

厳格な意味で，法律行為の無効とは，"何もない"ことである。

すなわち，「当初から」，「当然に」，「全部にわたって」，「誰からでも」，「誰に対しても」，「いつまでも」，追認によっては有効とはならず「確定的に」，法律行為ないし意思表示がその効力を否定されることである。

しかし，学説・判例には，前に述べた表意者の主張をまって無効の取扱いをしてよいとする無効（主張無効）とか，処分権限のない者の処分行為につき一応は無効だが，本人の追認・追完によって有効となりうる場合のあることを認めつつある。

(2) 無 効 原 因

無効となる原因には，法律行為の目的が強行法規に違反した場合（91条の反対解釈），公序良俗に違反する場合（90条），心裡留保（93条），虚偽表示（94条），錯誤（95条）により意思表示がされた場合，意思能力の不存在および目的の不能がある。

(3) 無効の類型

(a) 絶対的無効と相対的無効　無効は何人からもまた何人に対しても主張しうるものであり，無効の原則的なものである。これを絶対的無効という。しかし例外的に特定人に対しては主張できない場合や（94条），特定人によってのみ主張できる場合がある（95条）。これを相対的無効という。

(b) 全部無効と一部無効　無効の原因が法律行為の内容の全部についてあるものを全部無効，一部についてのみあるものを一部無効という。無効の範囲は，どこまでかという問題である。

問題は，法律行為の一部とは何か，無効原因が法律行為の一部についてあるとはどういう場合かである。何が一部かの決め手は，その法律行為の内容が可分か否かによる。また，後者の決め手は，不可分か否か，一体性があるか否かが決め手となろう。

では，法律行為の一部が無効な場合に，法律行為の全体の効力がどうなるか。これについての規定はない。したがって，法律行為の解釈により解決することになる。一般的には，なるべく，無効な部分を修正・改訂して，その法律行為を有効とすべきである。

(4) 無効行為の効果

無効な法律行為ははじめから法律効果は生じない。したがって，当事者がまだ履行（実行）をしていない段階（未履行段階）では，相手方の履行の請求に対し時間的に無制限な抗弁権を有する。反対に，当事者がすでに給付したとき（既履行段階）は，法律上の原因を欠くものとして，相手方に対し返還請求をすることができる。この返還請求の性質や範囲については種々の問題があるが，一般には不当利得返還請求と解されている（703条・704条）。しかし，この返還請求権が消滅時効にかかれば（167条1項），返還請求はその実効性を失う。また，相手方や第三者について取得時効が完成したり（162条），即時取得が成立した場合（192条，『導入対話による民法講義・物権法〔第2版〕』88頁）も同じである。

(5) 無効行為の追認
(a) 無効行為の追認の意味　無効な行為は取り消すことができる行為と異なり，通常，当事者が法律行為を無効にするという意思表示をまたずに，当然に法律効果の発生しないものである。それは，当事者だけではなく，第三者もまた，主張できる。なぜならば，無効な行為を当事者の追認によりはじめから有効であったとすると，第三者は意外な不利益を受けるおそれがあるからである。そこで，民法は，無効な行為は当事者が後でこれを追認しても最初から有効だったことにならないとした (119条本文)。ただし，当事者がその無効なことを知って追認したときは，新たに同一内容の行為をしたとみなされるから，この行為の追認のときから効力を生ずるものとする (119条ただし書)。たとえば，仮装の売買当事者が追認するとその時から有効な売買となる。すなわち，追認の時から将来に向って効力を生ずることとなる。もっとも公序良俗違反の行為は，何度追認してもそのたびに公序良俗違反の行為を新たにしたものといえるから，有効とはならない。

(b) 追認の効力　追認の効力は，当事者間においてはもとより，第三者に対する関係でも，これに不利益を及ぼさない範囲においてなら，遡及させることもできると解すべきである。なお，判例は，非権利者がなした処分行為に対する権利者の追認に遡及効を認め，権利者から非権利者に対する損害賠償の請求を否定している (大判昭10・9・10民集14輯1717頁)。

(6) 無効行為の転換
(a) 意義・要式行為への転換の可否　無効行為の転換とは，一定の法律行為が有効要件を欠くため当事者が企図した法律効果を生じないが，その法律行為と経済的目的を同じくする他の法律行為の有効要件を備えている場合に，他の法律行為として有効と認めることをいう (【展開講義　41】参照)。無効行為の転換は法律の規定により認められる場合 (秘密証書遺言の方式を欠くため，無効なものを自筆証書遺言として有効と認める (971条)，また789条2項の準正によって嫡出子となるべき者について父母が嫡出子出生届をしたときは，嫡出子出生届としては無効な届出を認知届として有効と認める (戸籍法62条))，無効な不要式行為を他の不要式行為へ転換したり，無効な要式行為を他の不要式行為へ転換する場合 (無効な地上権設定契約を賃貸借契約として有効とする) が考えられる。

これに反して，要式行為への転換は，その形式を緩和して転換を認めても要式行為としての立法趣旨に反しないかどうかを吟味した上で決しなければならない。

(b) 要件　無効行為の転換が認められるには，①他の行為の要件をみたしていること，②当事者がもし無効行為であることを知っていれば他の行為としての効果を望んだであろうとの意思（仮定）のあること，を必要とする。

1.4 取消し

(1) 取消しの意義

法律行為の取消しとは，「制限能力者」がその保護者の同意を得ないでなした行為とか，詐欺により意思表示をしたなどのように，行為者の制限能力および意思表示の瑕疵（詐欺または強迫）を理由として，取消権をもっている特定の人が取り消すという意思表示のない限り有効なものとして取り扱われ，取消権が行使されると，一応有効に生じた法律行為の効果をはじめに遡って消滅させることをいう。その行為を放っておくと有効に確定するという点において無効と異なる。

(2) 特殊な取消し

特殊な取消しとして，身分行為の取消し（婚姻の取消しや養子縁組の取消しなど）がある。これは必ず訴えの形式を必要とし，かつ遡及効もない（743条・803条）。また取消しと区別すべきものに撤回がある。これは法律行為の終局的効果が発生する以前にその発生を阻止する行為である。取消しのように，すでに発生した効果を遡及的に消滅させるものではなく，また法定原因にもとづくことも要しない。無権代理行為の取消し（115条・407条・521条），申込みの取消し（524条），遺言の取消し（1022条）などがそれである。

(3) 取消権者とその相手方

取消権者は制限能力者本人（成年被後見人，被補佐人，被補助人），瑕疵ある意思表示（詐欺・強迫による意思表示）をした者またはこれらの者の代理人または承継人（取り消すことができる地位を相続その他の事由で承継した者），同意権者（保佐人につき12条，補助人につき17条1項）である（120条）。

ところで，制限能力者が単独で取り消した場合に「取り消すことができる取消し」となるのかという疑問が生ずる。しかし，取り消すことができる取消

というような法律状態は法律関係をいたずらに複雑にさせ，相手方の地位を極度の不安定にさせるから認められない。したがって，制限能力者であっても単独で完全，有効に取り消すことができ，取り消すことのできる取消しとなるのではない。

代理人には任意代理人と法定代理人の両者が含まれる。また，承継人は包括承継人のみならず，たとえば詐欺にかかって借地権を設定した地主がその土地を売った場合の買主のような特定承継人も含まれる。

(4) 取消しの方法

取消しは，相手方に対する意思表示によって行う必要がある（123条）。ただし，その意思表示は口頭であっても書面でなされてもかまわないし，明示・黙示を問わない。当該法律行為の効果を否認するという意思表示がなされればよく，取消しの意思が相手から推断されれば足りる。たとえば詐欺の被害者が目的物登記の抹消請求をしたり，強迫の被害者が目的不動産の権利証の返還請求をしたりすれば，取消しの意思表示があったものと認められる。

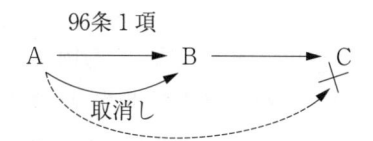

```
         96条1項
   A ────→ B ────→ C
    ╲              ╱×
     ╲___取消し___╱
```

取り消すことができる行為の相手方が確定しているときは，取消しは相手方に到達するようにしなければならない。たとえば，強迫を理由として取り消す場合，相手方がその法律行為によって取得した権利をすでに第三者に譲渡している場合でも，取消しは元の相手方に対して行い，この者から転得した第三者に対してではない。この第三者に対しては，取消しの効果を主張するだけである。

(5) 取消しの効果

(a) 内容　取消しの効果は，取り消された法律行為が最初から無効だったとして取り扱われる（121条）。これを取消しの遡及効という。たとえば，未成年者が単独にその所有物を売った後にこの売買契約を取り消したとすると，まだ品物を引き渡していないときはこれを渡す必要がなくなり，もし既に品物を引き渡した後ならばその返還を請求できる。もちろん代金を請求することはで

きないし，もし受領した後ならこれを返還することになる。この返還義務の性質と範囲については，無効の場合と同様に困難な問題がある。一般には不当利得返還義務であると解されており，それゆえ返還義務者が善意であるか悪意であるかにより返還義務の範囲が異なる（703条・704条）。

(b) 現受利益の返還の意味　民法は制限能力者を保護するために，その者の善意・悪意を問わず，その返還義務の範囲を縮減し，「現に利益を受けている限度」で返還すれば足りるものとしている（121条ただし書）。

「現に利益を受けている限度」とは，703条にいう「その利益の存する限度」と同じ意味である。取り消された法律行為によって取得した財産がそのまま，または形を変えて，残存する限度で返還すればよいということである。したがって，受領物を浪費してしまったときは，利益は現存しないから返還しなくともよいが，そのままもっているときはもちろん，生活費その他の必要な出費にあてたときは，他の財産が，これによって消費を免れたのであるから，利得は残存することになり，それだけを返還しなければならない（大判昭7・10・26民集11巻1920頁）。

(c) 現存利益の存在についての立証責任　判例は，無能力者保護の趣旨から，現存利益の存在についての立証責任を相手方に負わせている（大判昭14・10・26民集18輯1157頁）。

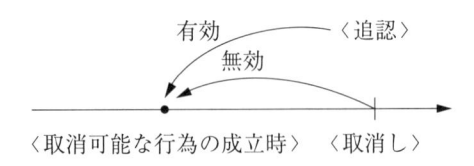

(5) 取り消すことができる行為の追認とその効果

(a) 取り消すことができる行為の追認　取り消すことができる行為の追認とは，「取消権」をもっている者がこの取消権を放棄して，その行為を取り消さないことに決めることで，取り消すことができる行為を確定的に有効にするものである。これにより相手方にとっては，一応効果が生じたが取り消されるかも知れないという不安定な状態にあった行為は以後，取り消される心配のない行為となり，法律関係は安定することになる。

(b) 追認権者　追認は取消権の放棄にほかならないから追認権者は取消権

者の範囲と一致するが，制限能力者は能力者となった後，瑕疵ある意思表示をした者は，詐欺の場合は詐欺にかかったことを知った時以後，強迫の場合は強迫が止んだ時以後に追認するのでなければその効力は生じない（124条1項）。しかし，法定代理人等（124条3項）が追認するときはこの制限はない。

　では，未成年者，被保佐人は，法定代理人，保佐人の同意を得て制限能力中でも有効に追認しうるか。規定はないが，未成年者は，法定代理人の同意を得れば，完全な行為をすることができるから肯定すべきであろう。被保佐人においては，保佐人にも事後同意という形で追認権が認められている（20条4項）。しかし，制限能力者は，同意を得ても，完全な行為をすることができないのであるから否定すべきであろう。

　追認をするにはその行為が取り消すことができる行為であることを知っていなければならない。けだし追認は取消権の放棄であって，放棄すべき対象の存在を知らなければ放棄の意思は認められないからである。民法は成年被後見人についてのみこのことを規定する（124条2項）が，その他の制限能力者についても同様に解すべきである。

　(c)　追認の方法　　追認の方法は取消しの方法と同じく，相手方に対する意思表示による（123条）。

　(d)　追認の効果　　追認の効果は，法律行為からすでに生じた効果が確定的に有効となることであり，取消権の放棄である。

　ところで，民法122条ただし書は追認の効果により第三者の権利を害すべきでないと認める。その趣旨は，未成年者Aが法定代理人の同意を得ず自分の所有物をBに売った後，さらに法定代理人がCに売ったような場合，後から法定代理人がAの売買を追認してもCの地位に影響を与えるべきではないということである。しかし，このような場合にはB・Cのどちらかが，その売買目的物の登記または引渡しを受けた場合，その者が優先するというのが，物権法の規定からの当然の帰結である（177条・178条，『導入対話による民法講義・物権法〔第2版〕』55頁以下，84頁以下参照）。したがって，Bがこれを受けていればBが優先することはあえて122条ただし書の規定をまたない。またBがこれを受けている場合に122ただし書によってCを優先させることは右の物権法上の原則に反する。のみならず，元来未成年者AとBとの行為は有効なものであり，追認に

よってそれが確認されたにすぎないものだという取消追認の理論にも反する。したがって上記の場合にもCを優先させるべきではない。

　取り消すことができない行為の追認は無権代理の追認や無効行為の追認とは異なり，もともと効果を生じているものをそのまま確定するにすぎず，それによって第三者の権利を害することはありえないから，122条ただし書の「第三者の権利を害することはできない」という規定は無用な定めである。

　(e)　無権代理の追認との差異　　民法は無権代理行為についても，取り消すことができる行為についても，追認という用語を用いている。しかし両者の性質は異なる。無権代理行為の追認は，本人について効果を生じていない効果を生じさせること，いわば無を有にするものである。それに対して，取り消すことができる行為の追認は生じている効果をそのまま確定させること，いわば有を有として確認するものである。

　(f)　法定追認　　取り消すことができる行為について，相手方や一般第三者からみて追認できる状況になって後，認められる一定の事実があるときに，とくに追認するものでない旨の留保をしない限り，これを追認とみなし，取消権者は以後取り消しえないものとする。これを法定追認という。取り消すことができる行為をなるべく早く確定して法律関係の安定を図ろうとする趣旨である。法定追認は法律上当然に追認の効果を生ずるのだから，取り消すことができる行為であることを知ると否とを問わない。

　法定追認として認められる行為は，次のとおりである (125条)。

　①　全部または一部の履行　　「全部又は一部の履行」(同条1号) は取消権者が債務者としてみずから履行しても，債権者として相手方の履行を受領することも含むと解されている。

　②　履行請求　　取消権者が履行請求する場合に限る。したがって相手方が請求しても法定追認とはならない。

　③　更改　　取り消すことができる行為によって成立した債権または債務を消滅させて，その代りに他の債権または債務を成立させることをいう (513条以下)。

　④　担保の供与　　取消権者が，債務者として，物的または人的の担保を供与する場合だけでなく，債権者としてその供与を受けたときをも含む。

⑤　取り消すことができる行為によって取得した権利の全部または一部の譲渡。

⑥　強制執行　取消権者が強制執行を受けた場合を含むと解すべきであるが，判例は反対する（大判昭4・11・22新聞3060号16頁）。

　法定追認は法律上当然追認の効果が生ずるのだから，右の行為をする者の意思を問わない。取消しできるものであることを知っている必要はないと解される。ただし，上記の行為は有効に追認をなしうる者によってなされることが必要である。したがって，詐欺・強迫を受けた者はこれを脱してから上記の行為をしたのでなければならないし，制限能力者は能力者となってから，制限能力者中なら法定代理人の同意を得て（ただし成年被後見人は除く）上記の行為をしたのでなければならない（125条本文）。なお上記の行為をするにあたり，たとえば，ひとまず弁済するが，後日取り消してこれを争うというように債権者の強制執行をさけるために，追認するのではない旨を表示していれば，法定追認の効果は生じない（125条ただし書）。

　(g)　取消権の行使期間　民法は，取消権について短期の存続期間を定めている。取り消すことができる行為を長く不確定の状態にとどめておくときは，相手方および一般第三者の迷惑がはなはだしいからである。

　取消権は，追認できるようになってから5年間，または追認できるようにならなくとも行為の時から20年間経過することによって消滅する（126条）。取り消しできる行為は一定の期間内に取り消さないとその後は取消しできなくなる。「追認をすることができる時」とは取消原因たる状況が消滅した時からであり（大判明39・29民録12輯147頁），未成年の場合は，その未成年者が成年に達した後をいう（大判大5・9・20民録22輯1721頁）。この場合，成年被後見人以外の制限能力者は取消権のあることを知っていることを要しないと解されている。

　問題は，取消しによって原状回復請求権や現存利益の返還請求権を生ずるが，これら請求権は取消しの時からさらに10年の消滅時効期間（167条）が満了するまで存続するものと解すべきか，または取消権とその効果であるこれら請求権とをあわせて126条の存続期間に服すると解すべきかである。判例は前者の立場を採るが，学説上は争いがある。しかし126条の趣旨は取消権をなるべくはやく消滅させて法律関係を確定しようとするものであるから，後者の見解を採

用すべきであろう。

(6) 取消権の競合（複数の取消権者のいる場合）

無能力者の行為について，無能力者と法定代理人の取消権が発生した場合，また，未成年者が相手方を強迫して契約をした場合，相手方にも強迫による意思表示の取消しが問題となる。この場合には，一方当事者が取消権を行使すれば，その法律行為は無効となる。一方が，追認しても，他方当事者の取消権は消滅しない。

【展開講義 39】 民法における効力否定表現の諸相

(1) 民法上その条文において，効力否定の表現としては各種のものがある。

直接に「……は，無効とする」というように直接的に否定の表現を使うもの

たとえば，民法90条（公序良俗違反行為），93条（真意等の既知の相手方との単独虚偽表示），94条1項（当事者間の通謀虚偽表示），131条1項（既成条件付停止条件付法律行為）・2項（既成就の停止条件付法律行為），133条1項（不能条件付法律行為），134条（純粋随意条件付法律行為），470条（債務者悪意・重過失ある指図債権の弁済））である。

また，単に「……効力を生じない」との表現するものがある。

たとえば，民法152条（時効の中断），153条（時効の中断），154条（時効の中断），155条（時効の中断），374条2項（順位の変更），429条2項（不可分債権者の1人について生じた事由），440条（連帯債務者の1人に生じた事由）。単に「……しない，できない」と表現するもの501条1号2号（弁済に代位）。そして，「……することができない」という表現を使用するものもある。

このように，効力否定表現は多様である。そこで，これらの表現をどのように考えればよいのか。一見して分かったようで，実は不明確である。たとえば，これらの表現は，一律に，全く効力が生じない（絶対無効）と見てよいのかである。とくに，「……することができない」については，後述するようにその前提はさまざまである。

(2) 「……することができない」の意味についての総論

我妻博士は，その著『民法案内Ⅰ』で，まず，第6章「私法の効力・私法の効力として考えられること」と題する箇所において，以下のように述べている。

「私法の効力そのものについても問題が多い。なかでも，私法で『……することができない』などといっている場合に，その『できない』というのはどういう

意味なのか，また，『……の契約は無効だ』などといっている場合の「無効」，すなわち『効力がない』というのはどういう意味か，わかったようでわからない。さらに，私法に『……この場合には……することができる』などといっている場合に，予め別な約束をしていたらどうなるのか，そんなことも，案外簡単には解決することができない。」と述べ（我妻・案内Ⅰ187頁以下参照（平成17年版）），さらに，同章，第五私法の規定と私人の意思との関係と題する項の中の「強行規定に作用と形式」と題する箇所において，「強行規定は，契約によってこれと違ったことを定めることを許さないものであるから，『……することを得ず』という制限的な表現を用いている場合が多い。右の流質契約を禁ずる規定もそうである。期間を制限する規定などにもこの形式が多い（民278条・581条・604条など参照）」とされる。

　また，星野英一教授は，民法は特殊の例外を除き，罰則を科するものではないから，「民法で『……することを得ず』とある場合でその行為が法律行為である場合は，強行規定と言えよう」（星野英一『民法—財産法』131頁）とされる。

　以上の二文献において「……することを得ず」とは，強行規定をあらわしたものであるといわれている。法律行為がある法規に違反した場合の効果を考える際には，その法規が強行法規であるか否かが先ず問題となるが，多くの場合，法規の文言上からは明らかではなく，結局は法規の解釈によらざるを得ないことは当初から指摘されていた。

　以上の指摘から，「……できない」（対抗することができないを除く）との表現をもつ規定も，規定の趣旨から，強行法規違反＝無効との図式は，当然成り立つものではないとも考えられる。規定の趣旨・公益的性質からあくまで無効とすべき場合とそうでない場合とを分けて検討する必要がある。

【展開講義　40】　無効行為の取消しと追認とは

　無効行為の追認により，将来に向かってその行為を有効とするには，どのような要件が必要か。追認によって，無効な法律行為を遡及的に有効とすることができるか。できるとすれば，その根拠は何かが問題となる。

　民法は，法律行為が無効になるものとして，多くの場合を規定している。このような無効行為は，当然に，法律効果を生ぜず，法律的には何もなかったものとして扱われる。したがって，当事者がこれを追認したとしても，その効果は当然に有効とはならず（119条本文），新たな行為をしたものとされるにすぎない（119条ただし書）。

そこで，無効行為の追認を新たな行為とみなすことにより，どんな効果を認めるべきかが問題になる。新たな行為としての効果を認める以上，少なくとも，追認によって将来効を認めることを意図していると考えられる。それでは，追認による将来効が認められるために，追認以外に，どんな要件が必要とされるのだろうか。また，無権代理行為の追認の場合には，遡及効が認められている（116条）。この趣旨は，追認による遡及効を当事者が意図している以上，その意思に法律効果を認めるのが私的自治に適すること，相手方の利益にも合致すること等にあるとされている。では，同様の趣旨が妥当するこれ以外の場合に，遡及効を全く認められないとすることに問題はないだろうか。
　無効な法律行為は，誰からの主張をまたず，当然に法的効果を生じない。この場合，実際には，なんらかの行為がなされていたとしても，法的には，なんらの行為もなかったことになる。したがって，無効行為を追認——すなわち法律効果を生じない法律行為を有効なものにする意思表示を——したとしても，無効行為が，行為のはじめから有効とはならず（遡及効），新たな行為がなされたものとみなされるにすぎず（119条），通常，将来に向かって法的効果を持つものとされる（将来効）。
　では，無効行為の追認により，将来に向かって，法的効果を生ずるには，その追認をなす以外にどのような要件を充たせばよいのか。まず，当事者がその法律行為が無効であることを知り，その上で，新たな法律行為をなし，その行為を有効とする旨，意図することが必要である。この点，119条ただし書は，当事者が無効行為たることを知って追認をなすことを要件とする旨，明規している。次に，当事者が新たな行為によって法的効果の発生を欲していることと共に，その行為が無効原因を有していないことも要件となる。したがって，その法律行為の無効原因が公序良俗違反であったり，強行規定違反である場合には，たとえ追認しても有効とならない（後者の場合に，その規定自体が撤廃された後に，追認がなされれば有効になること当然である）。また，無効原因が，なんらかの要件を欠いていたことにある場合には，その要件を充足した上で，追認をしなければならない。たとえば，要式を欠く手形行為や，無効な養子縁組の届出等である。
　無効行為は，法的には何もなかったものとされることを理由として，その追認により，行為の初めから有効とすることはできないものとされ，前記のような将来効は別として，次のような場合を除き，遡及的効果が認められないものとされていた。まず，第1には，債権的遡及的追認といわれるものである。すなわち，当事者間において無効行為を遡及的に有効とする合意は，私的自治の見地より遡

及的効果が認められるというものである。たとえば，錯誤無効たる売買契約を契約締結時に遡って有効とする場合等である。第2には，無権代理行為の場合である。すなわち，当事者の意思は尊重すべきであること，その意思に法的効果を与えたとしても相手方に不利益を被らせるどころか，逆にその利益に資することになること等を理由に，遡及的効果を認めるというものである（116条）。したがって，無権代理行為は，追認されれば，はじめから有効な代理行為となるのである。ところで，現在，判例は，非権利者の処分行為の場合について，無効行為の追認に遡及的効果を認めているし，学説も，同様の立場を採る見解が多数を占めている。判例は，AがB所有の立木を無断で売却した後，Bが追認した事案で，取引保護の要請から，私的自治の原則に従い，権利者の意思をその根拠として，遡及的効果を認めた（大判昭10・9・10民集14巻1717頁）。その後，A所有の不動産に，Bが勝手にCと抵当権を設定した後，Aが追認した事案で，最高裁は，「或る物件につき，なんら権利を有しない者が，これを自己の権利に属するものとして処分した場合において真実の権利者が後日これを追認したときは，無権代理行為の追認に関する民法116条の類推適用により，処分の時に遡つて効力を生ずるものと解するものを相当とする。」（最判昭37・8・10民集16巻8号1700頁）と判示し，結論的には，上記大審院判決と同様，非権利者の処分行為につき，追認に遡及的効果を認めている。学説も，これら判例の立場に賛意を表しており，非権利者の処分行為に関するこの結論は，判例・学説ともに異論のないところといえる。最後に，その論理構成であるが，上記2判決にあるように，これには，「取引保護の要請・権利者の意思」と「116条の類推適用」の2つが考えられる。この点，116条の制度趣旨が，前記のように，当事者の意思と相手方の利益にあることを考えれば，前者を実質的根拠とし，条文上の形式根拠として，後者を掲げることで問題はないと思われる。

　無効行為の追認の法的効果については，119条によれば，「新たな行為」による「将来効」だけが認められるように読める。しかし，「取引保護の要請」と「権利者の意思」を無視して，「遡及効」を否定することは，いかにも硬直な考えである。本来，無効行為でも，「無権代理行為」については，「取引保護の要請」と「権利者の意思」を考慮して，「遡及効」が認められている（116条）。したがって，非権利者による処分行為の場合であっても，権利者の追認があった場合には，これらの趣旨に鑑み，「116条の類推適用」により，「遡及効」を認めるべきである。

【展開講義 41】 無効行為の転換は可能か

　無効行為の転換については，以下のような問題がある。①無効行為の転換は意思表示の解釈の問題か，②要式行為である嫡出子出生届を認知届に転換することが許されるか，③他人の非嫡出子として出生届を出した行為を養子縁組の届出があったものとすることが許されるか，である。

　法律行為が無効なとき，初めから当然に法律効果は生じない。しかし，学説・判例は，無効な法律行為が他の法律効果を生ずる法律要件を具備するときに，後者の効果を発生させる法律行為として有効にする場合を認めている。これが無効行為の転換理論である。

　無効行為の転換について，民法は個別的には規定を有している（971条）が，一般的な規定をもたないため，まず第１に，無効行為を有効な行為に転換しうるのはなぜか，第２には，具体的にどんな場合に無効行為の転換を認めるのかが，問題になる。第１の点については，意思表示の解釈の問題とする見解と，固有の制度であるとする見解が対立している。第２の点については，身分行為が多く問題とされ，その適用にあたり，学説と判例の間で争いがある。広く適用を認めようとする学説に対し，判例はとくに，他人の非嫡出子を嫡出子として出生届を出した場合に，養子縁組の届出への転換を否定している。

　法律行為の内容の一部だけに無効原因があるとき，無効な部分を除いた残部では，明白に当事者の意図する目的を達成できない場合を除き，残部を有効な法律行為として解釈している（一部無効の理論）。これは，法律行為制度が，表示から合理的に解釈される行為者の意思に法律効果を与えるものであることから認められる理論である。そこで，ある法律行為が無効であってもそれが他の法律要件をも具備しており，それによる効果を認めることで当事者の目的を達成できる場合には，その効果を認める方が法律行為制度の趣旨にかなうであろう。これが，無効行為の転換理論である。わが民法は，ドイツ民法のような一般規定をもたない（ド民140条）が，秘密証書遺言から自筆証書遺言への転換を明記しているものの（971条），学説・判例は，これ以外に適用を認めようとしている。さて，この理論は，いうまでもなく一部無効の理論の応用といえるが，単なる法律行為の合理的な解釈により，当然に導き出されるものなのか，それとも，法律行為の解釈を越えた固有の制度であるのかが，問題になる。法律行為の解釈ととらえる立場は，無効行為の具備する他の法律要件の部分に着目し，当事者の合理的意思として解釈するのに対し，固有の制度ととらえる見解は，法律行為の解釈を表示された意思のみ顧慮すべきものとした上で，推定的・仮定的意思をも顧慮しうる点を

固有の制度たる由縁としたり，転換の内容が直接的・現実的には当事者の意思とはいえない点に着目して，国家が独自的態度により転換を認める点に法律行為の解釈を越えた固有の部分と見，これに対峙する。しかし，これらの見解も，意思表示の解釈を個人の直接の意思そのものの解釈ととらえず，その達成しようとする社会的目的を尊重し，その範囲で裁判所の合理的な助力を認めるとの立場にたてば，結局は意思表示の解釈の問題に帰着することになろう。このように，無効行為の転換理論は，法律行為の解釈である以上，無効行為と転換する行為の目的が同じであり，かつ当事者が無効たることを知り，転換による法律効果を欲していたであろうと推定できれば適用してさしつかえない。ただ，不要式行為から要式行為への転換，とりわけ身分行為においては，要式性の取扱いが問題になる。

　要式行為への転換について，多くの学説は，要式性を緩和したとしても要式行為とした立法趣旨に反しない場合には，積極的に認めているようである。これに対し，判例は，適用にあたり厳格な姿勢を採っている。ここでは，まず，嫡出子としての届出を認知の届出に転換できるかを考えてみる。この点，判例も，大審院が「自己ノ子ナルコトヲ認ムル意思表示ヲ包含スルヲ以テ，……出生届ヲ為シ該出生子カ事実妾腹ノ子ナル本件ノ如キ場合ニ於テハ之ニ依リ私生子認知ノ効力ヲ生スルモノト解スルヲ相当トス」と判示して以来（大判大15・10・11民集5巻703頁），嫡出子出生届に認知の効果を認めている（最判明53・2・24民集32巻1号110頁）。

　学説の多くは，判例に賛意を表し，認知の意思は親子関係を生ぜしめようとする意思により認められるものであり，その表示の要式も認知届に限定されず，嫡出子出生届を含むものと考えて，転換を肯定しているが，嫡出子出生届を創設的届出としたうえで，前記判例は認知を意思表示と公示に分けるものであると考え，転換に消極的姿勢をみせる見解もある。

　次に，他人の嫡出でない子（非嫡出子）を嫡出子として出生届をした場合に，養子縁組の成立を認めるかについて，学説・判例は見解を異にする。判例は，一貫して養子縁組が所定の届出により法的効果を生ずる要式行為であり，それは強行法規に由来するものであるとして，嫡出子出生届を養子縁組の届出とすることはできないとしている（最判昭25・12・28民集4巻13号701頁，最判昭50・4・8民集29巻4号401頁ほか）。これに対し，学説の多くは，届出を公示として要求される従たる要件としたり，身分関係を明らかにする付随的要件として，届出を要する身分行為の本来の要素ではないとし，届出のもつ意味を無効行為の本質的意図との関連において実質的に考察すべきであるとする。そして，前記判例について，

転換を認めるべきであったと批判している。これは，要式それ自体に固有の必要性が見出されない場合には，要式性を厳格に適用して無効とするよりも，それを緩和し，要式の実質的要求を満たしていれば転換を認めてよいとするものである。結局，この問題は，届出のもつ法的意味・要式性をどの程度重視するか，すなわち，要式性の必要性と当事者の本質的意思のいずれの保護を図るかにある。理論的には，届出を効力発生要件あるいは対抗要件とみるか，創設的届出とみるかの問題である。

【展開講義　42】　無効・取消しと第三者保護の方法

(1)　総　説

(a)　わが民法は，権利本位，個人本位，個別主義の考え方を基礎としている。そのことから静的安全の保護（本人保護・権利者保護）を重視する方法で立法がなされている。しかし，その後の解釈論の発展や立法により今日では，権利の公共性による動的安全＝取引の安全（相手方・第三者の保護）を重視する考え方が有力である（民法の商化という）。

(b)　取引の安全の保護の方法には，①取引の相手方を保護することによる方法，②取引に利害関係のある第三者を保護する方法が考えられる。

(c)　第三者保護を直接目的とした規定としては，無効・取消しの効果につきこれを制限する規定，即時取得に関する規定，解除の効果に関しそれを制限する規定などがある。

(2)　無効と第三者保護

(a)　法律行為は一定の場合無効とされる（90条・91条・93条ただし書・94条・95条など）。無効な法律行為は原則として，当然に，かつ誰に対しても無効である。しかしそれでは，法律行為の相手方は仕方がないとしても，とくに善意の第三者は不足の損害を受けることとなって取引の安全に危険を及ぼしかねないから，場合によっては無効の効果を制限することが必要となる。

(ア)　心裡留保の場合には，表意者のみに虚偽の表示行為をなす意思があるのであって，相手方は知らないのが普通であるが，例外的に表意者の真意を知りまたは知り得た場合には無効とする（93条ただし書）。しかし，その場合，善意の第三者が外形を信頼して取引関係に入る場合の可能性がある。したがって，とくに規定はないが，94条2項を類推すべきかが問題となる。肯定的に考えるべきであろう（通説）。

(イ)　虚偽表示の場合，たとえば，ＡＢ間の虚偽表示によるＢの外形上の権利取

得を，真実なものであると信頼したCが，その権利を取得しようとしてBとの間で取引をした。その場合，無効としたのでは第三者Cが不測の損害を受け，取引の安全を損ねることが著しい。そこで，とくに第三者が善意の場合，虚偽表示の無効をもって対抗できないとした（94条2項）。

(ｳ) 錯誤についての95条の規定は，意思主義的であるとの非難も多い。しかし，第三者保護を配慮していないわけではない。すなわち，①法律行為の要素に関する錯誤の場合のみ無効とする。②表意者に重大な過失があるときは表意者自身は無効を主張できない，とする。

(3) 取消しと第三者保護

取り消すことができる行為も，いったん取り消されると初めから無効となるから（121条），善意の第三者を保護する必要性は無効の場合と同じといえる。しかし，民法上取消しの効果を第三者に対し制限するものとしては，詐欺に関する96条3項のみである。

(4) 動産の物権変動と第三者保護

動産の物権変動は，取引の頻繁性からも取引安全が最も要求される分野である。そこで，いわゆる公信の原則が採用されている（192条）。たとえば，未成年者Aから買い受けた動産を丙Cにさらに譲渡したBが，Aが法定代理人の同意を得ていないことを理由に，右の売買契約を取り消した場合には，遡及的に無権利者となる。Cは動産所有権を取得することはできない。しかし，CがA・B間の事情を過失なくして知らない（善意無過失）以上，192条の適用を受けて，動産所有権を即時に取得することとなる。なお，不動産については，登記に公信力を認めていないことから採用していない。

(5) その他の第三者保護規定

(a) 取得時効と第三者保護　取得時効において善意無過失者につき時効期間を10年間としている（162条2項）。観点は異なるがこれもまた，第三者保護を考慮したものである。

(b) 解除と第三者保護　解除権行使の効果として生ずる原状回復義務も買主から転得した第三者の権利に影響を及ぼさない旨の規定（545条1項ただし書）や，詐害行為取消権の効果も善意の受益者や転得者には及ばないとする規定（424条1項ただし書）も第三者を保護する規定である。

(c) 権利変動規定と第三者保護　物権変動について第三者への対抗要件としての公示主義を規定した条文（177条・178条），②債権譲渡に関する第三者対抗要件規定（467条・468条・469条・472条・473条等）がある。

(d) **間接的に第三者を保護する規定**　相手方保護規定が間接的に第三者保護になる場合がある。たとえば，①制限能力者の相手方保護規定（20条・21条・126条），②理事の代表者に加えた制限規定（54条），③表見代理における相手方保護規定（109条・110条・112条），④無権代理における相手方保護（114条・115条・117条），⑤無権限の弁済受領者に対する弁済者保護規定（478条・479条・480条），さらに⑥売主の担保責任規定（561条以下）である。この点は各箇所に譲るが，検討してみてほしい。

第21章　法律行為の付款（条件・期限），期間

1　条　　件

―――――――◆　導入対話　◆―――――――

学生：ここで勉強する「条件」は，次の「期限」と合わせて「法律行為の付款」と言われていますよね。この「法律行為の付款」というのは，どのような意味なのでしょうか？

教師：そうですね，「条件」と「期限」は，どちらも「法律行為（代表例は契約）に付け加えられた特別の約束」だと思ってください。たとえば何かの契約を結ぶような場合に，これらの特約によって契約内容が一定の範囲で制限されることになります。

学生：ところで，「就職の条件」とか「結婚の条件」などといったように，普段の生活の中でも「○○を条件として××をする」ということがありますよね。これは，民法に規定されている「条件」と同じ意味なのでしょうか？

教師：かなり大まかに捉えれば，同じように考えてもらって構わないでしょう。一般的な意味で使われる条件とは，「物事を決定したり約束したりするときに，前提あるいは制約となる事柄」のことを指しています。そうはいっても，日常生活では曖昧な意味合いで使用されることが多いので，法的に使用する際には少し注意が必要になりますね。

学生：具体的には，どういった違いがあるのでしょうか？

教師：一般的な使い方に対して，民法では，後で詳しくみるように，条件として付け加えられる事柄を限定的に考えています。また，条件の付けられた法律行為を2種類に分けて，それぞれの性質の違いを明らかにしています。それだけではなく，民法で扱われる「条件」には，さまざまな法律上の制限がかかってきます。たとえば，「近所のA君を殴ってきたら，10万円あげよう」と言った場合には，不法な事柄を条件事実としているので，条件とは認められません。また，「妻との離婚が成立したら，君と結婚する」と言ったとしても，婚姻と

いう行為に条件は付けられないと考えられています。
　こういったことからすると，民法上の「条件」は日常用語と基本的には同様の意味であるとしても，日常よりもかなり限定的に使用されているといえるでしょう。さらに細かくみると，一般的な「条件」は，前提とされる「事柄」を指していますが，民法の「条件」は法律行為に付け加えられる「意思表示」を指すことがあります。このように，用語法上も，若干の相違がみられますね。

1.1　条件の意義

　条件の付けられた法律行為とはどのようなものであろうか。まずは，よくあげられる例を2つみてみよう。

① 父が息子に対して，「もし現役で大学に合格できたら，自分の自動車を譲ってあげよう」と約束した。
② 母が大学生の娘に対して，「大学に留年したら，生活費の仕送りをやめるわよ」と言った。

　これら2つの例が示すように，条件とは，「法律行為の効力の発生または消滅を将来の成否不確実な事実にかからせる意思表示のこと」をいうとされる。もう少し分かりやすく説明しよう。たとえば，契約は申込みと承諾という意思表示が合致すれば，通常それと同時に効力が生じる。しかし，ある事実の成否がまだ不確定な段階で，「将来その事実が成立するかしないかがはっきりした時に契約の効力を生じさせよう」という特別の約束をすれば，契約の効力の発生はその時まで先送りされることになる。この特別の約束のことを，条件という。そして，契約などの法律行為に条件を付け加えるという意味で「法律行為の付款」と呼ばれている。

　1つ目の例①では，「将来の成否不確実な事実」は「現役で大学に合格すること」であり，法律行為は「自動車の贈与契約」である。また，2つ目の例②では，「将来の成否不確実な事実」は「大学に留年すること」であり，法律行為は「生活費の定期贈与契約」である。そして，いずれの例でも，「条件事実が成就すれば契約の効力が生じる（または消滅する）という意思を表示すること」が「条件」または「条件を付ける」ということになる。

　なお，上例①は効力の発生，上例②は効力の消滅という性質上の相違があり，

条件の種類として次の2つに分けられる。

1.2 条件の種類

(1) 停止条件

上例①のように，法律行為の効力の「発生」を「将来の成否不確定な事実」にかからせる場合がある。もし息子が大学に現役で合格すれば，父が自動車の所有権を息子に移転するという効力が「発生」することになる。これは，条件とされる事実が確定するまで効力の発生を停止させるという意味で「停止条件」と呼ばれる（下図21-1参照）。停止条件の場合，条件事実が不成就の時には効力が発生しないことになる。

(2) 解除条件

上例②のように，法律行為の効力の「消滅」を「将来の成否不確定な事実」にかからせる場合がある。もし娘が留年すれば，母が生活費を定期的に贈与するという契約の効力が「消滅」することになる。これは，条件事実が確定すれば，すでに発生している効力が解除されるという意味で「解除条件」と呼ばれている（下図21-1参照）。

これら2種類の条件については，その性質の違いから，次の「条件に関する制限」を考慮するにあたってそれぞれ取扱いを異にする場合がある。

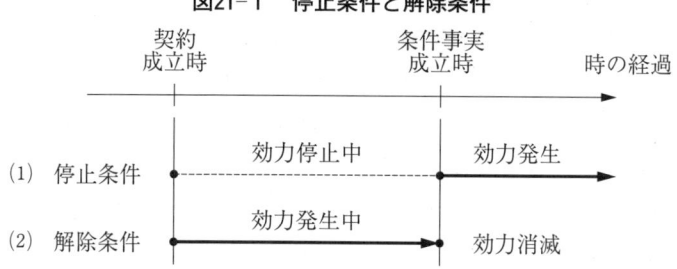

図21-1　停止条件と解除条件

	契約成立時	条件事実成立時	時の経過
(1) 停止条件		効力停止中	効力発生
(2) 解除条件		効力発生中	効力消滅

1.3 条件に関する制限

契約等の法律行為に常に条件を付けられるというわけではなく，一定の場合には条件を付けることが制限されている。そのような場合として，(1)行為の性質から条件が付けられない場合と，(2)条件とされる事柄の性質から，条件とは認められない場合とがある。

(1) 条件を付けられない行為

法律行為に条件を付けると，効力の発生または消滅の時期が先送りされることになる。そのうえ，条件が不成就の場合には，効力が発生しなかったり，または消滅しなかったりする。このことから，法律行為に条件を付けると効果の面で不安定になるといえる。そこで，次の2つの場面では，このような行為の性質を考慮して条件を付けることができないものとされている。

(a) 身分上の行為　婚姻や離婚など，身分上の行為については，その効果を直ちに確定的に発生させることが一般的に要求されている。もしこのような身分行為に条件を付けるなら，身分関係が不安定となり，公序良俗に反する結果となる。また，見方を変えれば，婚姻や離婚については，その効力の発生する時点で確定的な意思が存在している必要がある。条件はこのような意思を不確定にすることから，身分行為に条件をつけることはできないと考えられている。たとえば，不倫関係にある男女間で，「今の配偶者と離婚が成立したら，あなたと結婚する」というように，婚姻に条件を付けることはできない。

(b) 単独行為　取消し，追認，解除といった単独行為についても，原則として条件を付けることはできない。なぜなら，単独行為の相手方を一方的に不安定で不利な地位に置く可能性があるからである。ただし，例外的に，相手方の同意がある場合や，相手方を特別に不利な立場に置くような条件でない場合には，条件を付けることは認められる。たとえば，「債務者が履行しないこと」を停止条件として契約を解除するという意思表示は，一般に有効とされている。なぜなら，「債務者が当然になすべきことをしないこと」を条件としている点で，相手方（債務者）を特別に不利な立場には置かないからである。

上記(a)および(b)の場合には，条件を付けることができない。それにもかかわらず，これに反して条件を付けた場合には，条件のない行為とはされず，法律行為全体が無効となる。

(2) 条件として認められない事柄

条件として認められない事柄を条件として付けている場合には，(a)既成条件，(b)不法条件，(c)不能条件，(d)純粋随意条件がある。

(a) 既成条件　既成条件とは，「すでに確定している過去の事実」を条件とした場合のことである（131条）。ここに含まれるのは，客観的には既に確定しているが，当事者のみがその事実の確定を知らない場合である。条件事実の

成否が一般に知られていない場合には，通常の条件と同様に考えてよい。なお，条件としうる事実は「将来の事実」をいい，既成条件はそもそも条件ではないという考え方がある。しかし，過去の事実であっても，当事者にとっては将来において確定しうる事実であるならば，条件に準じて考慮されるべきである。

　既成条件の場合には，条件の成否，または停止条件か解除条件かという性質によって，その効果が異なってくる。まず，条件事実が既に成立していた場合には，停止条件であれば無条件となり，解除条件であれば無効となる（同条1項）。たとえば，「昨日の試合で日本代表が勝っていたら」食事をご馳走してあげるという停止条件を付けたところ，実際に勝っていた場合には，このような条件はなかったことになる。次に，条件事実が既に不成立に確定していた場合には，停止条件であれば無効に，解除条件であれば無条件となる（同条2項）。同じ例で，日本代表が実際には負けていた場合には，停止条件なので契約自体が無効となる。

　(b) **不法条件**　これは，条件を付けることによって法律行為全体が不法性を帯びるような場合のことをいう（132条）。たとえば，「Yを殴ってきたら10万円あげる」というような場合，法律行為自体が無効となる。また，不法な行為をしないことを条件とする場合，たとえば「Yの殺害を思いとどまったら100万円あげる」という場合も，同様に法律行為自体が無効となる（同条後段）。

　(c) **不能条件**　これは，実現できないことが確定しているような条件のことである（133条）。たとえば，「1年前に亡くなった俳優Aが生き返れば，100万円あげる」というような場合，不能な停止条件として法律行為自体が無効となる（同条1項）。また，「毎月生活費を送ってあげるが，死んだ息子が生き返ったら送金をやめる」という場合は，不能な解除条件として定期贈与契約は無条件となる（同条2項）。

　(d) **純粋随意条件**　これは，条件が債務者の意思のみにかかる場合のことであり（134条），停止条件の場合のみ無効となる。たとえば「気が向いたら100万円あげる」といったような場合がこれに該当する。

1.4　当事者の期待権

　条件の付けられた法律行為の当事者は，その条件が成就したら「ある一定の利益を受けることができる」と期待するものである。たとえば，1.1であげた

例①では，息子は「現役で大学に合格すれば父から自動車をもらえる」と期待する。そこで，128条はこのような利益を受ける当事者の期待を権利として保護している。この権利は条件付権利と呼ばれ，期待権の一種とされている。先の例では，父親は条件が成就するかどうか不明の間に車をスクラップにするなどして，息子の期待権を害してはいけない。もし，相手方が利益を得る当事者の期待権を害したなら，不法行為による損害賠償責任（709条）が問われることになる。他方で，当事者以外の第三者がこのような期待権を害した場合にも，128条の予定外ではあるが，期待権の侵害として不法行為責任が問われることになる。

このような条件付権利（期待権）は，条件の成否が未定の間においては不確定な権利として存在している。しかし，民法の一般規定に従って処分，相続，保存または担保することが認められている（129条）。そこで，基本的には一般債権と同様に扱えばよいといえる。

【展開講義 43】 条件成就の妨害──条件が成就したとみなされる場合──

たとえば，「本年度の公務員試験に合格したら，R社製の腕時計を安価で売ってあげるよ」とA君が友人B君に約束したとしよう。その後，試験前に数回行われる定評ある模試でB君が余裕を持って合格点を採った。しかし，そうこうしているうちにA君は時計を売りたくなくなり，B君が試験を受けられなくなるように画策した。その結果，B君は試験を受けられなかったとする。この場合，条件は成就しなかったので，A君はB君に時計を安価で売る必要はないのであろうか。

民法は，条件の成就によって不利益を受ける当事者が，故意にその条件の成就を妨害した場合には，利益を得るはずであった相手方はその条件が成就していたものとみなすことができる，とする（130条）。その際に要件として問題となるのは，不利益を受ける当事者に「故意」があることと，妨害と条件不成立との間の「因果関係」の存在である。まず前者について，「故意」とは「条件成就を妨害する」と認識していたことで足り，害意までは必要ないとされる。先の例では，A君に「条件成就を妨害することについて認識がある」という点では問題ない。次に，後者の「因果関係」については，「そのような妨害がなければ条件が成就したであろう」という程度の蓋然性が必要とされる。先の例では，B君が合格するという蓋然性があるか否かが問題となる。一般的に蓋然性の判断は困難な場合が多い。しかし，この例ではB君が数回の直前模試で余裕を持って合格点を採って

いたということから，B君が本試験を受けていれば合格の蓋然性があったといえるであろう。したがって，B君は条件が成就していたとみなして，A君からR社製の時計を安価で譲ってもらえるといえよう。

　以上とは逆に，条件の成就によって利益を受ける当事者が故意に条件を成立させた場合には，相手方は条件が成就していなかったものとみなしうる（130条類推適用），とした判例がある（最判平6・5・31民集48巻4号1029頁，判百Ⅰ〔第5版補正版〕90頁参照）。

2　期　限

◆　導入対話　◆

学生：先日の定期試験で合格点が取れなかったのですが，担当の先生から「レポートを提出したら合格させてあげよう。提出期限は1週間後とします」と言われました。この場合の提出期限は，これから勉強する期限と同じ意味なのでしょうか？

教師：そうですか，合格点が取れなかったんですか…。まあ，それはそれとして，民法で扱う「期限」は少し特殊な使い方をしています。ですから，日常の用語法とは異なる点があることに注意してください。たとえば「レポートの提出期限」という場合は，「期間」または「期日」の意味で使用されています。このように，期限，期日，期間はそれぞれ異なる意味で使用されます。これらの相違については，本章の後半で改めて説明を加えることにします。ここではまず，「期限」とは何かについて検討していきましょう。

学生：「期限」は，先に説明のあった「条件」と同様に「法律行為の付款」とされていますよね。期限と条件とは違うものなのでしょうか？

教師：多少は似た面があるのですが，理論的には区別されるべき概念です。先ほどみた「条件」が「将来において，成立するか否かが不確実な事実」を対象としていたことに対して，「期限」は「将来において，到来することが確実な事実」を対象としています。

2.1 期限の意義

期限の付けられた法律行為とはどのようなものであろうか。まずは，具体例をみてみよう。

① 父が息子に「1年後の車検時期（7月30日）が来たら自動車をあげよう」と約束した。
② A君が友人B君に「次に雨が降ったときには，家で遊べるようにゲーム機を貸してあげる」と約束した。

このように，期限とは「法律行為の効力の発生や消滅または法律行為から生じる債務の履行を将来到来することが確実な事実の発生にかからせる意思表示のこと」とされている。いずれの例も，法律行為に特約が付けられていて，その効力（または履行時期）が「ある時点」まで先送りされているといえる。この点で，前に説明した「条件」と似た側面を有している。そこで，両者をまとめて法律行為の付款と呼んでいる。しかし，期限の場合には，「1年後の7月30日」や「次に雨が降るとき」といった「将来の事実が必ず到来する」という点で，条件とは異なっている。

2.2 期限の種類

(1) 確定期限と不確定期限

上記2.1の例で，①「1年後の7月30日」や②「次に雨が降るとき」は必ずやって来る。ただし，前者①は到来する時期が確定していることに対して，後者②の時期は確定していない。そこで，これら2つの場合を区別して，前者を確定期限，後者を不確定期限と呼んでいる。

ところで，不確定期限と先にみた条件との区別が問題とされることがある（【展開講義 45】参照）。

(2) 始期付期限と終期付期限

停止条件と解除条件とが性質上区別されていたように，期限も，効力の発生（または債務の履行）と，効力の消滅の場合とで区別される。前者のように，効力の発生に関して付けられる期限を始期と呼ぶ。たとえば，「1ヵ月後に自動車をあげる」というような場合がこれにあたる。これに対して，後者のように，効力の消滅に関して付けられる期限を終期と呼んでいる（135条2項）。たとえば，「1ヵ月間，お金を貸してあげる」というような場合である。

(3) 履行期限と停止期限

上記の始期付期限は，さらに履行期限と停止期限という2種類に分けられる。

まず履行期限とは，始期を債務の履行時期とみる場合である。たとえば，「1カ月後に自動車をあげる」と約束した場合，約束をした時点で契約（贈与契約）は成立し，その効力は生じているが，債務の履行（自動車の引渡し）は1カ月後に行うという場合である（135条1項）。

これに対して停止期限とは，法律行為の効力自体について一定の期限が到来した時から効力が発生すると考える場合である。たとえば，「1年後に家を貸してあげる」と約束した場合，一方で，賃貸借契約の成立時からすでに効力が生じている（履行期限）とみることも可能である。しかし，家屋の引渡しおよび賃料の支払といった債務の効力自体が1年後に成立する（停止期限）と捉えることが一般的である。民法上，停止期限を定めた規定は存在しないが，このような期限を特に禁止する必要性は認められない。そこで，当事者が合意すれば停止期限も有効と解されている。

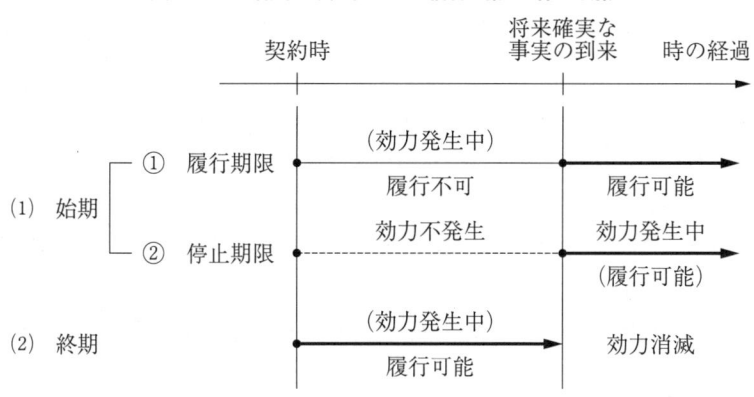

図21-2　始期と終期および履行期限と停止期限

		契約時	将来確実な事実の到来	時の経過
(1) 始期	① 履行期限	（効力発生中） 履行不可	履行可能	
	② 停止期限	効力不発生	効力発生中（履行可能）	
(2) 終期		（効力発生中）履行可能	効力消滅	

2.3　期限の利益

(1) 意　義

期限の利益とは，当事者が期限到来までに得ることのできる利益のことをいう。たとえば，「1年後の5月26日に借りたお金を返します」という契約をした場合，債務者は借りたお金をすぐに返さなくてもよいという利益を得ることになる。言い方を変えれば，債務者は借りたお金を1年間自由に使用すること

ができるという利益を得ていることになる。

このような期限の利益は、通常は債務者に認められる。そこで、136条1項は、期限は債務者の利益のために存在すると推定している。ただし、期限の利益は債務者にしか認められないということではなく、当事者それぞれに認められる場合がある。たとえば、上の例で「1年間で8パーセントの利息を取る」という特約が付いていた場合には、債権者は1年間お金を貸し続けることで1年分の利息を得ることができる。これは債権者の側に認められる期限の利益といえる。

(2) 期限の利益の放棄

たとえば、「1年後（5月26日）に借りたお金を返します」という例の場合に、お金を借りた債務者Bが半年後に大もうけをしたことから、債権者Aにそのお金を返そうと思ったとしよう。この場合、債務者Bは期限の利益を放棄できるであろうか。

136条2項は、期限の利益を有する者はこの利益を放棄することができると規定する。そこで、期限の利益が一方当事者にのみ存在する場合には、反対当事者に不利益を与えることはないことから、期限の利益を自由に放棄できると考えられている。したがって、債務者Bは1年間お金を借りられるという期限の利益を放棄して、半年後にお金を返すことができる。

これに対して、反対当事者に不利益を及ぼす場合はどうであろうか。たとえば、上の例に「1年間で8パーセントの利息を取る」という特約が付けられており、債権者Aにも期限の利益が存在する場合には、債務者Bが自由に期限の利益を放棄してお金を返すことができるとすると、債権者Aの側の期限の利益を害することになる。この場合、136条2項ただし書は、「相手方の利益を害することはできない」と規定している。そこで、債務者Bは債権者Aに生じる損害を賠償しなければ、期限の利益を放棄することはできないと考えられる。したがって、債務者Bは1年分の利息全額を支払えば、半年の時点でお金を返すことができることになる。

これとは逆に、債権者の側が半年分の利息はいらないから半年後の時点でお金を返せとは言えないものと考えられる。なぜなら、債務者は1年間お金を借りることで、それを元手に利息分よりも大きな利益を上げることができるかも

しれないからである。ただし，例外として，期限の利益がもっぱら債権者の側にあるときは，債権者は期限の利益を放棄できるものとされる。たとえば，銀行の定期預金の場合（銀行が債務者，預金者が債権者），もっぱら預金者のために期限の利益（定期利率）があると捉えうることから，預金者は中途解約が可能である。なお，この場合に解約できるとしても，相手方である銀行に損害があれば賠償すべきことは当然である。たとえば，通常より高い定期利率は適用されず，普通預金の利率が適用されることになる。

(3) 期限の利益の喪失

たとえば，債務者が1年間お金を借りているとして，半年が経過した時点で事業の失敗が明らかとなり，債権者としてはその後半年間も弁済を待っていたならば，お金を回収できないことが明らかな状況になったとしよう。このような場合にも，債権者は1年の期限を付けたことによって，期限が到来するまで指をくわえて待っていなければならないのであろうか。

民法は，債務者の経済的信用が失われるような事態が生じた場合には，債権者を保護するために期限の利益は喪失し，ただちに債務を履行しなければならないと規定する。具体的には，137条で，①債務者が破産手続開始の決定を受けたとき，②債務者が担保を滅失・損傷または減少させたとき，③債務者が担保の供与義務を負担しているのにそれを履行しないとき，という3つの場合に債務者は期限の利益を失うとする。このような民法による場合のほか，特約によっても期限の利益を喪失する場合がある（【展開講義 44】）。

【展開講義 44】 期限の利益喪失約款

137条は，上述のように，債務者の経済的信用が失われる顕著な場面を3つ規定する。しかし，それ以外にも経済的信用を失ったと認められる場合がありうることから，債権者は債権回収の自衛措置として，期限の利益が失われる場合を特約に記しておくことがある。これを「期限の利益喪失約款」と呼ぶ。たとえば，「債務者が他の債権者から差押えなど強制執行を受けた場合には，直ちに債務を履行しなければならない」とか，分割払で物を購入した際に，「1回でも弁済を怠れば直ちに残額全部の弁済を請求できる」という約款が付けられる場合がある。また，銀行取引においては，各銀行による取引約定書で期限の利益喪失条項が詳細に取り決められていることが多い。

このような期限の利益喪失約款は，性質上2種類に区分して捉えられている。まず①所定の事由が生じた場合には当然に期限の利益が喪失するという趣旨のものと，②所定の事由の発生に加えて，債権者からの請求によって期限の利益が喪失するという趣旨のものである。このように区分する実益は次の点にある。まず，①の場合であれば，所定の事由が発生した時点から債務者は当然に履行遅滞に陥ることになる。しかし，②の場合であれば，所定の事由の発生に加えて，債権者の請求があった時点から履行遅滞に陥ることになる。そこで，特約が②とされるよりも①の趣旨とされるほうが，債権者にとっては保護に資する。ただし，実際には，特約がこれらいずれの趣旨であるか判別しがたい場合が多い。このような場合には，取引の性質および債務者の信用悪化とされる事情などを考慮して，いずれの趣旨であるかが決定されることになる。

【展開講義 45】 出世払い債務——条件か期限か——

条件と期限は，将来発生することが「確実な事実」であるか，それとも「不確実な事実」であるかによって理論上は明確に区分される。しかし，実際には条件と不確定期限とは区別しがたい場合がある。その代表例が出世払い債務である。たとえば，学生のA君は友人の学生B君に10万円を貸してあげる際に「お金は出世したときに返してくれたらいいよ」と言ったとしよう。この「出世したとき」に返すという特約は，条件なのか，それとも不確定期限なのか。かりに「B君が出世するかもしれないが出世しないかもしれない」という趣旨であれば，条件ということになる。しかし，A君の気持ちの中では，「B君が出世することは確実で，ただ出世するまで弁済を猶予してあげよう」という趣旨であれば，これは不確定期限ということになる。

両者のどちらと捉えるかによって，B君が出世しなかった場合に，契約の効果面で大きな違いが生じることになる。まず，条件と捉えれば，B君が出世しないことが確実になった時点で，条件は成就しないことに確定する。この場合，A君は，B君が出世しなければ10万円を返してもらうつもりはないと判断されることになる。すなわち，弁済期のない金銭消費貸借ということになり，A君はB君から結局のところ10万円を返してもらえないことになる。これに対して，不確定期限と捉えるならば，B君が出世しないことが確実になった時点で，A君はそれ以上弁済を猶予しない趣旨と考えられる。そこで，A君はB君が出世しないことが確実となった時点から10万円を返してもらえることになる。

以上の区別については，結論から言えば，当事者の意思解釈によるべきものと

いえよう。すなわち，出世しない場合であっても，債権者が債務の履行を望んでいたとすれば不確定期限であったと判断し，債務の履行を望んでいなかったとすれば条件であったと判断すべきということになる。

　判例は，一般的には「出世したら返してもらうが，出世しなかったら返さなくてもよい」という趣旨でお金を貸すなどの契約をすることはないと判断して，このような出世払い債務は不確定期限であると解している。したがって，債務者が自分は出世していないから弁済しないと主張するためには，出世払いの特約が条件であったという特別の事情の存在を証明しなければならないことになる。

3　期　　　間

―――――――◆　導入対話　◆―――――――

学生：これまで，条件と期限についてみてきました。民法上の用語法は，いずれも日常の使い方とは異なっていました。そうすると，きっと「期間」も日常の用語法と異なっているのでしょうね。
教師：いえいえ，「期間」については日常の使い方と同じものと思ってもらって結構です。
学生：えっ，何も違いはないのですか？
教師：そうですね，期間という概念の捉え方自体については，違いはないといえます。ただし，期間の「計算の仕方」には，さまざまな方法がありえます。そこで，法的な安定性を確保するには，当事者間の特約や特別法の規定がない場合に，どのような方法で期間を計算するべきかを確定しておく必要があります。そのために，民法上，期間の計算方法が詳細に規定されています。このような計算方法を理解しておくことは，とりわけ法律実務において重要となってきます。また，民法の期間の規定が公法関係の法律などにも準用されていて，このような意味でも重要性があると言えるでしょう。

3.1　期間の意義

(1)　意　　　義

期間とは，「ある時点からある時点にいたるまで継続する時の区分のこと」

をいう。一般に，時は過去から現在未来へと不断に流れるものと捉えられている。このような時の経過を一定の基準を用いて表したものが，時間という単位である。しかし，1年後の今日というように，時間の流れを一定の周期（1年間，1カ月間など）で切り取って捉えることも可能である。このように，一定の時間の区分を表す基準のことを期間という。この期間には，時・分・秒を単位とする短期的な期間と，日・週・月・年を単位とする中・長期的な期間とがある。民法の分野においても，このような期間が法律要件および法律効果に一定の影響を与えることがある。たとえば，前記2でみた期限は，将来に到来することが確実な事実として一定期間の経過を要件とする場合がある（確定期限）。また，後にみる時効制度でも，一定期間の経過が要件とされている。そこで，民法典第5章に「期間」の章が置かれ，主に期間の計算方法について規定されている。この規定は，公法などその他の法規にも補充的に準用されていることから，一般的に適用される期間に関する通則と位置付けられている。

(2) 期間の発生原因

期間は，①当事者の意思，②法律の規定，③裁判所の命令によって発生する。

【展開講義 46】 期間，期日，期限の相違

図21-3 期間・期日・期限の相違

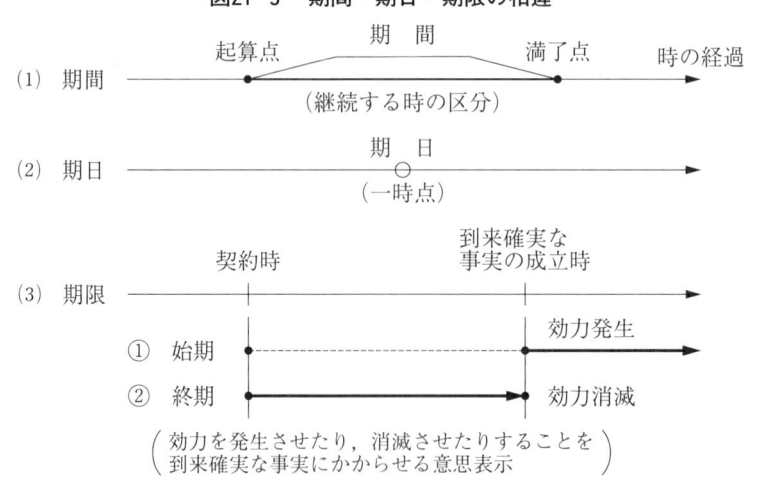

(1) 期間：起算点——期間——満了点——時の経過
（継続する時の区分）

(2) 期日：期日（一時点）

(3) 期限：契約時——到来確実な事実の成立時
① 始期：効力発生
② 終期：効力消滅

（効力を発生させたり，消滅させたりすることを到来確実な事実にかからせる意思表示）

期間，期日，期限はそれぞれ時にかかわる概念であるが，それぞれ区別して理解する必要がある。前述のとおり，(1)期間は「ある時点からある時点にいたるまで継続する時の区分」のことであり，時間がどれくらいの「長さ」で継続しているかに重点をおく。(2)期日は「ある行為がなされるか，またはある事実が生ずべきとされている時点または時期」のことであり，時間が経過する中での「一時点」に重点をおく概念である。(3)期限とは「法律行為の効力の発生や消滅または法律行為から生じる債務の履行を将来到来することが確実な事実の発生にかからせる意思表示」のことであり，ある法律行為の効力の発生または消滅を将来到来することが確実な事実が発生するまで「先送り」することに重点がある。したがって，いずれも異なる概念であることに注意が必要である。

3.2　期間の計算方法

(1)　民法による計算方法（起算点と満了点）

　期間の計算は，特約または特別規定があればそれによる。このような定めがなければ，民法の規定が適用されることになる。

　期間は「ある時点からある時点にいたるまで継続する時の区分」を指すことから，初めと終わりが重要である。そこで，出発点となる時点のことを「起算点」と呼び，期間の終了すべき時点のことを「満了点」と呼んでいる。期間を計算する場合，起算点をまず確定し，次にどれだけの時間が継続するかによって満了点が算定されることになる。継続する時間の単位が「時・分・秒」の場合と，「日・週・月・年」の場合とで計算方法が異なっているので，以下で分説する。

(a)　時・分・秒を単位として計算する場合
① 　起算点　…　即時（139条）
② 　満了点　…　自然的計算方法（時計に従った計算方法）により計算し，
　　　　　　　　期間が満了したとき

　例）「今（午前9時30分30秒）から2時間」といえば，起算点は午前9時30分30秒であり，満了点は午前11時30分30秒となる。

(b)　日・週・月・年を単位として計算する場合
① 　起算点　…　原則：初日不算入（翌日が起算点となる）

　　　　　　　　　例外：完全に初日が1日ある場合には，初日から計算する
②　満了点　…　暦法的計算方法（暦に従った計算方法）により計算し，期
　　　　　　　　　間が満了したとき
　イ）　期間が月または年をもって定められたときには，これを日数に換算
　　せず，暦に従って計算する（143条1項）。そして，月または年の最初か
　　ら期間を起算しない場合には，起算日に対応する日（応答日）の前日
　　（末日）を満了点とする（143条2項）。
例①　2007年8月10日午前10時に「今から3カ月間」といえば，2007年8月
　　11日が起算日，暦で8月11日に対応する3カ月後の日は11月11日であり，
　　その前日は11月10日であるので，2007年11月10日が末日になり，その日
　　の24時が満了点になる。
例②　2007年8月10日午前10時に「今から1年間」といえば，起算日は2007
　　年8月11日であり，暦で2007年8月11日に応答する1年後の日は2008年
　　8月11日で，その前日は2008年8月10日であるので，この日が末日とな
　　り，その24時が満了点になる。
　ロ）　末日が祝日・日曜日・その他の休日にあたるときで，その日に取引
　　をしない慣習があれば，その次の日を末日にする（142条）。
　　　なお，特定商取引法によるクーリング・オフ期間に関しては，この規
　　定は適用されない。なぜなら，同法は書面による発信主義を採っている
　　ことから，期間の末日が休祭日であっても郵便物を投函しうるからであ
　　る。
(2)　期間の逆算
　民法における期間の計算方法は，起算点から満了点まで将来に向かって流れる時の経過を計算する場合を念頭におく。しかし，起算日から過去にさかのぼって期間が計算されるべき場合がある。たとえば，社団法人の総会招集方法に関する「一週間前」（一般社団・財団法人法39条），時効期間「満了前6カ月」（158条）が満了点とされるような場合である。この場合，判例・通説によれば，民法の期間計算に関する規定を類推適用すべきであるとされる。

【展開講義　47】　民法による期間計算の例外——年齢計算の特則など——

　民法の規定によらず，法令等によって期間計算の方法が規定される場合がある。たとえば，年齢計算に関する法律によれば，年齢を計算する場合，出生の日を算入するものとされている。すなわち，出生時間が午前0時ではなく，初日が丸1日なかったとしても，計算上その日は参入されることになる。そこで，4月1日生まれの人は，1年後の3月31日に1歳年を取ることになり，4月2日生まれの人よりも学年が若くなる（早生まれ）。また，戸籍法によれば，出生届は出生の日を含めて14日以内になすべきとされており，同じく初日が含まれている。他方で，特定商取引法によるクーリング・オフ期間についても，初日を算入する点に注意が必要である。これらは民法が初日不算入としていることの例外といえる。

第22章　時効制度の基本となる考え方

1　時効の意義

　時効という制度は，大きく2つの種類（取得時効，消滅時効）に分けられる。民法は，これら2つの時効制度に共通する原則を抜き出して，時効総論としてはじめに規定を置いている。そこで，本章では時効制度の基本となる考え方を説明しながら，時効に共通する原則をみていく。そして，後の章で，個別の時効制度についてそれぞれ説明を加えることにする。

◆　**導入対話**　◆

学生：時効という言葉は，「○○はもう時効だよ」というように，日常よく耳にすることがあります。また同じような質問になるのですが，民法上の「時効」と日常で使用される「時効」とは同じものなのでしょうか？

教師：基本的には同じものだと思ってもらって構いません。ただし，日常で使われる時効は，かなり曖昧に使用されていることが多いですね。時には刑事訴訟法で用いられる犯罪被疑者に関する公訴時効を指していることもあります。しかし，民法上の時効は，私権の取得または消滅という効果が発生する制度のことを指していて，かなり限定して使用されています。さらに要件および効果の面でも，特殊な考慮が必要となる場合があります。このようなことから，私人間の権利関係が問題となる場合には，民法上の時効制度がどのようなものかを正確に理解している必要があるでしょうね。

学生：時効という制度があることで，人によっては得をしたり，損をしたりするようですね。たとえば，一定の間，他人の土地に住んでいれば，その他人の土地を自分の物にできたりしますよね。そんなことは，社会的に許されていいのでしょうか？　なにかおかしな気がするのですが……。

教師：それは時効の存在理由に関係する話で，いろいろな考え方が主張されています。詳細は基本講義のはじめの方で説明します。さらには，時効の効果をど

> のように説明すべきかという点でも，さまざまな学説があります。これらの問題について，今のところ統一した見解は成り立っていません。そこで，本章の最後で，時効制度の法的構成について解説したいと思います。
> 学生：時効にもいくつかの種類があると聞きましたが，どのようなものがあるのでしょうか？
> 教師：大きくは2つの制度に分けられます。1つは時効によって権利を取得する場合で，取得時効と呼ばれています。もう1つは時効によって権利が消滅する場合で，消滅時効と呼ばれています。これらの時効に関する固有の要件および効果については，後の23章以下で説明しますが，まず，どちらの時効にも共通する考え方および制度について，総論的に考えてみましょう。

1.1 具体例

時効制度とはどのようなものであろうか。まずは具体的な例をあげてみよう。

① Aが自己の土地の境界を越えて塀を立てて，B所有の隣地を長らく自己の土地として占有し，使用してきたとしよう。この場合，一定の要件を満たせば，隣地の所有権はAのものとなる。

② C君がD君に1万円を貸してあげたとしよう。C君がD君に一定期間「お金を返せ」と言わずに放置していたとすると，D君に対してお金を返せという権利が消滅する。

1.2 意義

以上の例から分かるように，時効とは「ある状態が一定期間続いた場合に，たとえその状態が真実の権利関係とはちがっていても，その状態を認めようという制度」ということができる。

このような時効制度も，その性質から2つの種類に分けられる。まず，上記1.1の例①のように，ある状態が一定期間続いた場合に「権利を取得する」ものとして，取得時効という制度がある。具体例では，Aが一定期間，B所有の隣地を自分の物として占有すると，土地の所有権はAに帰属することになる。このような取得時効の要件および効果の詳細については後述する（第23章参照）。

他方で，例②のように，ある状態が一定期間続いた場合に「権利が消滅する」ものとして，消滅時効という制度がある。具体例では，C君がD君に一定

期間「お金を返せ」と言わずに放置していたとすると，D君に対してお金を返せという権利が消滅する。この詳細についても後述する（第24章参照）。

図22-1 取得時効と消滅時効のイメージ

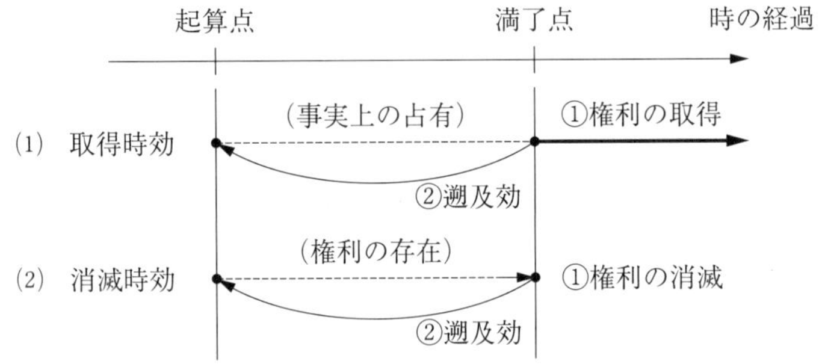

```
           起算点              満了点         時の経過
            ┤                  ┤            ─────→
                 （事実上の占有）   ①権利の取得
(1) 取得時効 ●━━━━━━━━━━━━━━●━━━━━━━━━→
                 ②遡及効
                 （権利の存在）    ①権利の消滅
(2) 消滅時効 ●━━━━━━━━━━━━━━●
                 ②遡及効
```

1.3 時効に共通する原則——民法の構造——

以上のように，時効にも2種類の制度があり，それぞれ異なる側面を有している。ただし，2つの時効制度は，「一定期間の経過を1つの要件として何らかの効果が生じる制度」という意味では共通性を有する。そこで，民法典第1編第7章に統一的な時効制度が規定され，その第1節で時効制度に共通する原則が規定された。これに続く第2節で取得時効，第3節で消滅時効が規定されている。

2 時効制度の存在理由

2.1 時効制度はなぜ存在するのか

はじめに，時効制度がなぜ存在するのかを考えてみたい。先に期間の説明の冒頭（第21章263頁）で触れたように，社会の諸状況は時の経過とともに変化していくものである。民法における時効という制度は，このような時の経過が社会的な事実関係に与える影響を民法という法的世界の中に持ち込んだものということができる。

ところで，人は現在に生きるものであって，過去の事実については記憶または記録によって認識しうるにすぎない。そして，ある程度の長い期間が経過すれば，このような過去の事実に関する記憶は薄れ，また記録は滅失または損傷

されがちであるといえる。他方で，長い期間続いてきた現在の事実関係は，真実の事実関係であると一般には認識されがちであるともいえよう。そこで，一定期間の経過を1つの要件として，たとえその状態が真実の権利関係とはちがっていても，その状態を現実のものとして認めようという制度，すなわち時効制度が要請されたといえるであろう。このような時効制度を認めることで，当事者間の紛争および訴訟を避けることが可能となり，社会秩序および平和な生活を維持しうることにもつながる。時効制度の存在理由について，一般論としては以上のように説明できるであろう。

ただし，より具体的な形で時効制度の成立根拠を探るなら，時効制度を統一的に説明できるか否かという問題を含めて，学説上さまざまに争われている。そこで，その存在理由に関する主張を次にみていきたい。

2.2 時効を正当化する根拠

(1) 一般的にあげられている正当化の根拠

時効を正当化する根拠として，主に次の3つが主張されている。

① 長期間続いている事実状態の尊重　　長期間にわたって存続している事実状態を尊重する必要がある。これにより，その事実状態にもとづいて構築された社会秩序や法律関係の安定をはかることができる。

② 権利の行使を怠る者を保護する必要はないということ　　権利を行使しうるにもかかわらず，長らく放置していたような者を権利者として保護する必要はない。これは，「権利の上に眠る者は保護に値しない」と表現されることがある。

③ 立証の困難を救済するということ　　過去の事実を証明することは困難である場合が多い。したがって，時効制度によって現在の事実状態を現実の権利関係と推定的に認めることによって，立証の困難を救済することができる。

(2) 正当化の根拠に関する見解

正当化根拠の説明の仕方という視点からは，時効制度を一元的に理由付けようと試みる見解と，それぞれの時効ごとに多元的に説明しようとする見解とに分かれる。前者は民法が時効制度を統一的に規定しているため，統一的な説明を試みるものといえる。しかし，先にあげた①から③の正当化根拠は時効の種

類によっては適切な説明となりえない場合がある。そこで，時効制度に一元的な説明を加えることはできないと考えることが，現在では一般的である。それでは，この正当化根拠がどのような場合に適切な説明となり，逆にどのような場合に適切な説明とはならないのであろうか。

(a) 根拠①について　まず根拠①に対しては，長期間続いた事実状態を前提として構築された「法律関係」の存在が特には時効の要件として要求されていないとの批判がある。そもそも，社会秩序や法律関係の安定を根拠として，時効を第三者の保護を図る制度と考えるのであれば，第三者の保護要件（善意・無過失）を要求すべきである。しかし，現在の時効制度では第三者の保護要件は規定されておらず，時効の利益を受ける当事者の保護に主眼が置かれているといえる。そうであるならば，少なくとも社会秩序や法律関係の安定という説明は，2つの時効制度に対する主体的な説明とはなりえないと批判される。

(b) 根拠②について　次に根拠②に対しては，権利者が権利の行使を長い間怠っているとはいえないような場合にも，時効が成立することがあると批判される。たとえば，取得時効においては，占有者が善意・無過失であれば10年で時効が完成する。とりわけ所有権の取得時効の場合には，占有者が所有者から10年間権利を行使されなかったことをもって長期間の権利不行使といえるかには疑問がある。さらに顕著なのは，消滅時効において短期の時効期間（1年や2年など）が認められていることである。したがって，いずれにしても，長期間の権利不行使という根拠のみで時効制度を統一的に説明することはできないとされる。

(c) 根拠③について　最後に，根拠③に対しては，当事者の記憶や証拠書類などから事実関係が明白な場合でも，真実とは逆の効果が発生する場合があることから，立証の困難を救済するという点でのみ時効制度を統一的に説明することは困難であると批判される。この批判は，取得時効と消滅時効のいずれの場合にも当てはまる。

以上のことから，時効制度を統一的に説明しうる根拠は見出しがたく，個別の時効制度ごとに存在理由を検討すべきものと考えられている（星野英一「時効に関する覚書――その存在理由を中心として」星野・論集(4)）。

2.3 時効学説——時効の存在理由との関係——

次に，以上の時効の存在理由の議論と関連する問題として，時効制度の法的構成に関する学説の概略をみていきたい（松久三四彦「時効制度」講座Ⅰ541頁以下参照）。これは，時効の効果をどのように捉えるべきかという問題である。ただし，この時効学説は，後に述べる時効の援用および中断とも密接に関連している。そこで，これらの事項を理解したうえでなければ，時効学説の詳細を説明することはできない。したがって，ここでは時効の存在理由との関係に主眼をおいて，時効の効果に関する学説の概略的な説明のみを行うことにする。時効学説の詳細については，本章の最後で改めて説明を加える。

このような時効学説は，大きくみれば2種類のものに分けられ，それぞれ実体法説と訴訟法説と呼ばれている。この2つの見解の立場の相違が，後にみる各種の対立の出発点になっていることに注意してほしい。

(a) 実体法説　時効が成立することによって，権利の取得または喪失という実体法上の効果が生じるとする見解である。逆に言えば，時効制度は実体法上の権利得喪についての1つの原因であるということになる。この見解は，2.2で述べた時効の正当化根拠①および②と結びつきやすい。

(b) 訴訟法説　時効の成立を，権利の存在または不存在，消滅についての法定証拠と捉える見解である。たとえば，取得時効においては，所有者が自己に所有権があるということを証明することが困難な場合に，時効が成立したことをもって債権が存在することの「法定証拠」とみることによって，訴訟法上の立証の困難を救済する制度であると説明することになる。また，消滅時効においても，たとえば債務者にとって債務が存在しないことなどの証明が困難な場合に，同じく立証の困難を救済する制度と説明することになる。これは，2.2で述べた時効の正当化根拠③と結びつきやすい。

【展開講義　48】　時効の効果に関する学説状況

上記の時効学説のうち，実体法説は民法の規定に適合的である。なぜなら，162条は「所有権を取得する」と規定し，167条は「債権は……消滅する」と規定していることからすると，時効の効果として実体法上の権利の得喪が生じることを予定しているからである。これに対して，訴訟法説は，時効を法定証拠制度と

捉えることから，民法の規定に適合的とはいえないことになる。

　しかし，実体法説にも問題がある。実体法説を採るならば，無権利者が権利を取得する場合があることや，義務者であるのに義務を免れる場合があることについて，社会的に不道徳であるという批判に正当に反論することができない。これに対して，訴訟法説を採るのであれば，時効の成立自体を権利得喪に対する法定証拠とみるので，このような制度趣旨からすると時効は不道徳なものではないと説明できることになる。

　以上のように，両説はいずれも説明に窮する場合があり，一概にどちらの説が妥当とはいえない状況にある。そこで，時効の具体的な場面ごとにその存在理由を考慮するのと同じように，時効の効果についても多元的に捉えるべきである，と考えることが一般的である。

3　時効の効力

3.1　時効の遡及効と時効の援用・放棄

　時効の成立要件は個別の時効制度ごとに異なる側面が多く，後の章で個別に検討する。ここでは，時効制度の効力の面で共通する問題として，遡及効，そして時効の援用および時効利益の放棄について説明を加えたい。

(1)　時効の遡及効

　時効の効力は起算日にさかのぼる（144条）。すなわち，時効が完成すれば，時効期間の初めから権利があった（取得時効），または権利がなかった（消滅時効）ということになる。時効が完成した時点から後に向かって権利の取得や消滅の効果が生じるのではない。このことは，次の2点で重要である。

(a)　取得時効においては，時効を主張する者が真の権利者ではなかったとしても，途中の占有が不法行為ではなかったことになる。

(b)　消滅時効においては，時効を主張する義務者（債務者）が実際に時効期間中に義務を負っていたとしても，義務者は途中の遅延損害金も支払わなくてよいことになる。

(2)　時効の援用・放棄とは

　時効が成立するためには，一定の時効期間の経過が要件とされている。しか

し，時効期間が経過しただけで時効の効力が必ず生じるというわけではない。まず，時効の利益を受けようとする者が，「時効の利益を受ける」という意思表示をする必要がある。この意思表示を時効の援用と呼ぶ。他方で，時効期間が経過した後に，時効の利益を受けうる者が「時効の利益を受けない」という意思表示をすることも可能である。このような意思表示を時効利益の放棄と呼んでいる。以下では，この時効の援用と放棄について詳しくみていきたい。

3.2　時効の援用

(1) 意　義

　時効の援用とは，時効によって利益を受ける者が，時効の利益を受ける意思を表示することである（145条参照）。その趣旨は，「永続した事実状態の尊重」と「当事者の意思」との調和にあるとされる。すなわち，単に時効期間が経過したという事実状態だけではなく，時効の利益を受ける意思を要求することによって，時効の利益を受ける当事者の意思をも尊重しようとしたといえる。このような時効の援用に関する規定は，良心規定といわれている。たとえば，取得時効によって権利を得る者が真の権利者ではなかったとして，その者が時効によって権利を得ることを潔くないと考えた場合には，時効を援用しないことによって権利を取得しないという自由があることになる。また，消滅時効によって債務の弁済を免れる債務者が，実際には弁済していなかった場合には，時効を援用しないことによって債務を弁済する自由があることになる。これは，時効の利益を得る者が時効の利益を得るか否かをその良心にしたがって選択しうるという意味を有している。

(2) 援用権者

　それでは，時効によって利益を得ることができる人は誰か。これにつき時効によって利益を得ることのできる当事者が，時効の援用をなしうる者である。この者を援用権者と呼んでいる。逆に言えば，時効によって利益を得ない者は時効を援用できない。なぜなら，援用は「利益を得るか否かの自由」を当事者に与えるためのものと考えられるからである。また，時効を援用することによって時効の効力が生じると，相手方が不利益をこうむる場合がありうることから，利益を受ける者にのみ援用権を認めたともいえる。

　それでは，「時効によって利益を受ける当事者」とは，どこまでの範囲の人

を指すのであろうか。たとえば，消滅時効における債務者や，取得時効における占有者が時効の利益を得る当事者であることに関しては問題がない。しかし，それ以外の関係者には問題が生じる。判例は，援用権者を「時効によって直接に利益を受ける者」として，基本的にはある程度制限的に解釈しようとしている。それにもかかわらず，たとえば次のような場面で，いずれも時効の利益を受ける者にあたると判断した。

① 主たる債務者の債務が消滅する場合における，保証人・連帯保証人
② 債務者の債務が消滅する場合における，物上保証人
③ 被担保債権が消滅する場合における，担保目的物の第三取得者

さらに，その後の判例で，一般債権者・後順位抵当権者・詐害行為の受益者を消滅時効の援用権者として認めたものがある。このように，判例は，援用権者を一定の範囲に制限する立場をとりつつも，その制限を緩和して解釈する方向にある（【展開講義　49】）。

【展開講義　49】　援用権者の範囲論

学説上も，援用権者の範囲を一定程度広く捉えることで一致している（山本豊「民法145条（時効の援用の意味および援用権者の範囲）」『民法典の百年Ⅱ』有斐閣，1998年，257頁以下参照）。上記①②③の場面における関係者は，それぞれ主となる権利の時効に関して，それに付随する権利の義務者である。主となる権利の時効が成立してその権利が消滅すれば，それに付随する権利も消滅することから，付随する権利の義務者にも時効の利益があると判断されている。以下では，問題とされる場面をそれぞれ検討したい。なお，そのためには，保証および担保物権の基礎知識が必要である。

（1）　保証人・連帯保証人

保証とは，たとえばある人Ｓ（債務者）が資金を得るために銀行Ｇ（債権者）からお金を借りようとする場合に，銀行ＧはGは貸したお金をＳから取り戻せない場面を想定して，Ｓが弁済できない場合に代わりにお金を返す人（Ｈ）を要求する制度のことをいう。そして，このＨのことを保証人と呼ぶ。保証人Ｈからすると，債務者ＳがＳ自身の債務（以下，主債務と呼ぶ）を弁済するか，またはその他の原因でＳ―Ｇ間の債権が消滅したなら，保証債務から免れることになる。このことを，保証債務は主債務の存在に従うという意味で「保証債務の付従性」と呼び，

S—G間の債務が時効で消滅する場合もこれに含まれる。そこで，主たる債務者S自身が時効を援用すれば，問題なく保証債務も消滅する。

しかし，そのSが時効を潔くないと考えたなど何らかの理由で時効を援用しなかった場合には，問題が生じる。たしかに，通常であれば，S—G間の主債務が発生すると同時にH—G間での保証債務も発生するので，保証人としては自己の保証債務の時効消滅を主張すれば問題はない。しかしながら，主債務の発生から遅れて保証人を立てたような場合には，保証債務は遅れて時効期間が満了する。このような場合，保証人Hとしては，債務者Sに代わってS—G間の主債務の時効消滅を主張する利益があるということになる（下図参照）。判例は，保証人も「時効によって直接に利益を受ける者」であると判断し，援用権者と認めている（大判大4・7・13民録21輯1387頁）。なお，保証の特殊形態である連帯保証の場合にも，保証の場合と同様，連帯保証人も援用権者に含まれるとされる（大判昭7・6・21民集11巻1186頁）。

図22-2　保証人による主債務の時効援用

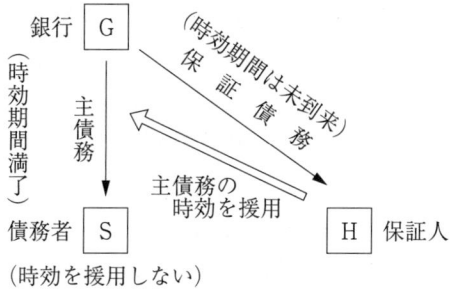

(2) 物上保証人

物上保証とは，債務者Sが自己の土地ではなく，他人Zの所有する土地に抵当権を設定してもらった場合などをいう。その際に，担保のために土地を差し出した所有者Zのことを物上保証人と呼んでいる。この場合，Sの債務が時効で消滅すれば，Zも自己の土地に設定された抵当権の実行を免れることになる。したがって，保証の場合と同じく，物上保証人も，主債務の時効を援用する利益があるといえる。判例は，かつて物上保証人は援用権者に含まれないとしていたが，現在では，物上保証人も援用権者に含まれると判断している（最判昭42・10・27民集21巻8号2110頁）。

(3) 抵当不動産の第三取得者

たとえば，債務者Sが自己の土地に抵当権を設定した後に，その土地を他人Z

が購入したような場合に，Zのことを抵当不動産の第三取得者と呼ぶ。抵当権の設定された土地が売買される場合には，その土地は基本的には抵当権の付着したまま所有権が移転することになる。したがって，抵当不動産の第三取得者は物上保証人と同じ責任を有していることになる。判例は，抵当不動産の第三取得者について，かつては援用権者に含まれないとしていたが，現在は立場を改めて，この者も援用権者に含まれると判断している（最判昭48・12・14民集27巻11号1586頁）。

(3) 援用の場所——裁判外での援用を認めるか——

当事者による時効の援用は，裁判外でも可能なのであろうか。判例において，裁判外の援用を認めるものがある（大判昭10・12・24民集14巻2096頁参照）。学説上は，裁判上の援用に限るとする見解と，裁判外の援用も認めるという見解とが対立している。このように見解が対立している背景には，時効制度をいかに捉えるかという時効学説の影響がある。たとえば，時効の効果を訴訟上の法定証拠と捉える見解（訴訟法説）によれば，時効の援用も裁判上行うべきという主張につながる。他方で，時効の効果を実体法上の権利の得喪であると捉える見解（実体法説）に立った上で，時効の援用があるまでその効果が確定しないと考えるのであれば（この見解を不確定効果説と呼ぶ。詳細については，290頁参照），裁判上の援用だけでなく裁判外の援用を認めるという主張につながりやすいといえる。このような議論の実益はどこにあるのだろうか。

判例では，時効の援用権者は「時効によって直接に利益を受ける者」と限定的に解されている。そうであるならば，関係者の中で，一定の利益を受ける可能性があるにもかかわらず，援用権者とは認められない者（非援用権者と呼ぶ）が存在することになる。このような者にとっては，援用権者による裁判外の援用を認める見解を採ることが有利である。なぜなら，時効の援用権者に裁判外で援用をしてもらって，これにより権利の得喪が確定すれば，この効果を非援用権者が自己の裁判で利用する道が開けることになるからである。ただし，先にみたように，判例および通説は，援用権者を一定の範囲に制限するとしつつも，実際にはある程度制限を緩和している。そうであるならば，時効の利益を受けようとする者は，自己が援用権者として時効の援用を行う可能性が生じることになり，裁判外の援用を認める必要性は少ないことになる。以上からす

ると，現在では裁判外の援用を認める実益は少ないといえよう。
　(4) 援用の効果の及ぶ範囲
　援用権者が数人いる場合において，1人の者が時効を援用したならば他の者も時効を援用したと主張できるのであろうか。これについて，援用の効果は他の援用権者には及ばないと考えられている。これを時効の援用の相対効と呼ぶ（【展開講義　50】）。

───────────────────────────────────────

【展開講義　50】　時効の援用の相対効

　一般的に絶対効といえば，当事者以外の誰に対しても効果を主張できることをいう。これに対して，相対効とは，当事者の間でのみ効果が生じることをいう。ところで，時効の効果に関して実体法説を採るならば，実体法上の効果として権利の得喪が発生することになる。そうであるならば，本来は，時効の援用の効果は誰に対しても主張できる，すなわち絶対効と考えることが素直である。しかし，援用の趣旨について，時効によって利益を得ることを不道徳と考える援用権者にとって，良心による選択の機会を与えたものと考えるならば，援用するかしないかは援用権者がそれぞれ判断すべきということになる。そこで，このような趣旨から援用の効果は相対効と考えられている。

───────────────────────────────────────

3.3　時効利益の放棄──時効によって得られる利益を放棄できるか──
(1) 意　　義
　時効利益の放棄とは，時効が完成した後に，「時効の利益を受けない」という意思表示をすることである。民法上は，時効利益は時効完成前に放棄することはできないと定められていることから (146条)，その反対解釈によって時効の完成後には放棄可能とされている。また，時効の利益を受けるか否かを当事者の意思に委ねるという趣旨からも，時効利益の放棄は正当化されうる。
　時効利益の放棄に関して，時効が完成した後に債務者が債務を承認した場合に，時効利益を放棄したとみるか否かが問題とされている（【展開講義　51】参照）。
(2) 時効完成前の放棄
　民法上，時効利益は時効完成前にはなぜ放棄できないとされるのであろうか。その理由としてあげられるのは，弱者（債務者）保護の視点である。すなわち，

債権の消滅時効を念頭に置くと，金融業者等がその強い立場を利用して，お金を貸すと同時に債務者に時効利益を放棄するように迫る可能性があるということを考慮してのことである。

同様の趣旨から，時効の完成を阻止する，または困難にするような意思表示も無効とされる。たとえば，債権が永久に時効にかからないという合意などは無効であるし，時効期間を50年に延長するとか，中断・停止事由を拡張するような特約も無効である。ただし，時効期間を短縮するなど，時効の完成を容易にするような特約は有効とされている。なぜなら，通常は弱い立場にある債務者にとって有利に働くからである。

(3) 時効利益の放棄の効果──放棄の相対効

援用権者が時効利益を放棄した場合，その効果は放棄した本人にしか及ばない。これは時効の援用の場合と同じく，放棄の相対効と呼ばれる。すなわち，他に援用権者がいたとしても，その者には放棄の効果は及ばず，個別に時効の援用をなしうることになる。たとえば，債務者が時効完成後に時効利益を放棄したとしても，それとは別に保証人は時効を援用しうる。

【展開講義 51】 時効完成後の債務の承認と時効利益の放棄

たとえば，A君がB君に1万円を貸したとする。A君がお金を返せと言わないうちに一定期間が経過し，時効（消滅時効）が完成した場合，B君は時効を援用すればお金を返さなくてもよいことになる。それにもかかわらず，B君がA君に「1万円を返す」といった場合にはどう扱えばよいのであろうか。そもそも時効が完成した後に債務を承認したとしても，「時効の利益を受けない」と明示しているわけではないので，債務の承認をもって直ちに時効の利益を放棄したといいうるわけではない。そこで，時効利益の放棄に該当するか否かが問題となる。その際，債務者であるB君が時効の完成を知っていた場合と，そのことを知らなかった場合とに分けて考える必要がある。

まず，債務者が時効の完成を知っているにもかかわらず，それでも債務を承認する場合には，これは時効利益の放棄にあたると考えられている。判例も，この場合には黙示の放棄があると判断している。したがって，時効の完成を知って「1万円を返す」と言った場合には，B君はA君に1万円を返さなければならない。

これに対して，B君が時効の完成を知らなかった場合にはどうであろうか。こ

の場合に債務を承認することを自認行為と呼ぶ。これについて，時効の完成を知らなかったとしても，自認行為があれば時効の利益を放棄したとする見解がある。すなわち，援用権者は一般に時効が完成したことを知っているはずであると推定し，援用権者がこのような推定を覆す事実を証明しない限り，時効の利益を放棄したものとする見解である（かつての判例の立場）。しかし，そもそも援用権者が時効の完成を知っていると推定することは不自然である。また，仮に援用権者が一般に時効の完成を知っていると推定しうるとしても，通常は時効が完成していれば，その利益を放棄するとは考えられないであろう。そこで，このような批判を受けて，最高裁は判例を変更し，時効完成後の自認行為について，時効の完成を知ってなされたものと推定することは許されないとした。ただし，時効完成後に債務を承認する行為があった場合には，相手方である債権者はもはや時効は援用されないとの期待を抱くものであるから，信義則上，時効の援用は認めないとする（最（大）判昭41・4・20民集20巻4号702頁，判百Ⅰ〔第5版補正版〕96頁）。したがって，B君が時効の完成を知らなかったとしても，いったん「返す」といった以上は，1万円を返さなければならないことになる。

4 時効の完成を阻止する事由——時効の中断と停止——

　時効期間の経過によって時効は完成する。しかし，一定の事情が存在すれば，時効期間は一時停止したり，または，はじめに戻って時効期間が再度進行したりすることになる。前者を時効の停止と呼び，後者を時効の中断と呼ぶ。

4.1 時効の中断——時効にかからせないためにはどうすればよいか——

(1) 意　　義

　すでに述べたように，時効とは「ある状態が一定期間続いた場合に，たとえその状態が真実の権利関係とはちがっていても，その状態を認めようという制度」のことである。そこで，このような時効が完成するためには，「一定期間権利不行使の状態が続くこと」が必要とされる。もし時効を完成させたくないのであれば，その逆に権利を行使することによって，権利不行使の状態を解消すればよいといえる。そのための手段が時効の中断である。

　このような時効の中断は，「時効期間の経過中に，当事者の一定の行為に

よって，それまでの期間の経過を覆し，振り出しに戻すこと」と定義され，当事者の一定の行為のことを中断事由と呼ぶ。この時効の中断という手段によって，たとえば消滅時効の場合には，時効によって権利を失う者が時効の完成を阻止することができる。また取得時効の場合には，権利者がその権利を占有者に取得されないために時効の完成を阻止しうる。

(2) 時効の中断事由

それでは，いかなる行為があれば時効が中断されたと判断されるのであろうか。民法は，このような時効中断事由として，3つの場合（請求，差押え等，承認）を規定している（147条）。これらによる中断は法定中断と呼ばれ，取得時効と消滅時効とに共通して適用されることが予定されている。これに加えて，取得時効に固有の中断事由として自然中断がある（自然中断については，【展開講義 57】［本書299頁］で説明する）。

(a) 請求　　請求とは，債権者が債務者に対して債務の履行を求めることをいう。しかし，時効の中断事由としての請求には何らかの「裁判所の関与」が必要とされており，単に履行を求めるだけでは足りない（単に履行を求めることを催告と呼ぶ）。そこで，一般的な意味での請求とは異なる点に注意が必要である。

以下では，まず典型的な場面としての裁判上の請求について説明し，次に，裁判上の請求には該当しないが，裁判所の関与する請求とされる場合（支払督促，和解および調停の申立て，破産手続参加等，催告）について説明していく。

(ア) 裁判上の請求　　裁判上の請求とは，債権者が原告となって債務者に対して履行の請求を裁判所に訴えることである。このように訴訟を提起すると，訴え提起の時点で中断の効果が発生し（民訴法147条），裁判が確定するまで中断の効果は持続する（民法157条1項）。そして，判決が確定した時点から新たに時効期間が進行する（同条2項）。

問題は，債権者の訴えが認容されず，訴えが却下されるか，または取り下げられた場合に中断の効力はどうなるかということである。これについて，民法は「訴えの却下又は取下げの場合」には中断の効力は生じないとする（149条）。さらに，明文規定はないが，訴えが棄却された場合も当事者間では時効中断の効力は生じないと解されている。なお，このような訴えの却下または取下げの

場合には，裁判上の請求としての時効中断事由には該当しないとしても，催告としての効力を認めるべきではないかと主張されている。このような場合を「裁判上の催告」と呼ぶ（【展開講義 52】参照）。

　裁判上の請求は，厳密に言えば，債権者が原告となって給付訴訟を提起する場合である。しかし，このような裁判上の請求の概念は，判例によって緩やかに解される傾向にある。たとえば，債権者による債権の確認訴訟の場合でも，また，債権者が反訴を提起する場合でも，裁判上の請求があったと認められている。これに加えて，債権者が訴えられて（債務不存在の確認訴訟），被告として権利の存在を主張して勝訴した場合でも，裁判上の請求に含まれると考えられている。さらに，裁判の中で権利の存否が争いの対象とされていなくても，裁判でその権利が実質的に確定したといえるような場合には，時効の中断の効力が認められている。

　他方で，裁判上の請求が債権の一部分についてなされた場合に，残りを含む債権全体について時効中断の効力が生じるか否かが争われている（【展開講義53】参照）。

　(イ)　支払督促，和解および調停の申立て，破産手続参加等　　支払督促とは，金銭その他の代替物または有価証券の一定数量の給付を目的とする請求について，債権者の申立てによって裁判所が発する命令のことをいう（民訴法382条以下）。手続の詳細は民事訴訟法に譲るが，支払督促の申立ては訴えの提起に擬制されていることから，確定判決と同一の効力を有するといえる。そこで，裁判上の請求と同視して，時効中断事由の１つとされている（民法150条）。この場合，債権者が法定の期間内に仮執行の宣言の申立てをしないことによって支払督促の効力が失われた場合には，時効中断の効力は生じないとされている（同条）。

　また，裁判上の和解および調停は判決と同一の効力を有することから，これら両者の申立てがあれば，時効が中断される（151条）。ただし，相手方が出頭せず，または和解もしくは調停が成立しなかった場合には，時効中断の効力は生じない（同条）。その際，和解もしくは調停を申し立てた当事者が１カ月以内に訴えを提起すれば，これらの申立ての時を基準にして時効中断の効力が生じる（同条）。

最後に破産手続参加とは，破産債権者が，裁判所が定める期間内に破産の配当に加入するために自己の債権を裁判所に届け出ることである（破産法111条）。手続の詳細は破産法に譲るが，債権者の届け出た債権が債権表に記載されると，時効中断の効力が生じる（民法152条）。ただし，債権者がその届出を取り下げた場合，またはその届出が却下された場合には，中断の効力は生じない（同条）。なお，再生手続参加および更生手続参加についても，破産手続参加と同様に扱われる（同条）。

　(ｳ)　催告　　催告とは，権利者が裁判外で義務者に義務の履行を請求することをいう。先に述べたように，債権者が債務者に対して「単に債務を履行するように求めること」を指しており，一般的な意味での「請求」は催告の意味で使用されている点に注意が必要である。催告がされたとしても，債権者の一方的な主張が存在するに過ぎないことから，完全な時効中断の効力は認められていない。しかし，債権者による一定の権利行使が存在していることから，民法は，催告後6カ月以内に裁判上の請求など他の中断事由の手続をとることによって，催告の時点から時効中断の効力が生じるとしている（153条）。なお，判例によれば，このような催告は何度も繰り返すことはできないとされる。

　以上から，催告とは，裁判所の関与する中断事由が手続的に面倒な側面を有することを考慮して，中断手続をとるまでの次善の策として認められるものといえよう。たとえば，債権者が給付訴訟を提起しようとしている場合に，債権の時効消滅を目前に控えているにもかかわらず，いまだ裁判資料などがそろわない時に，とりあえず債務者に履行の請求（催告）をすることで訴訟提起まで6カ月の猶予ができることになる。

　(b)　差押え・仮差押え・仮処分　　法定中断事由として，上記で説明した請求に続いて，差押え・仮差押え・仮処分があげられる（147条2号）。これらは，権利行使の一形態といういうこと，そしてこれらの手続によって権利の存在がある程度公的に確認されうるということから，時効の中断事由とされている。それぞれの手続に関する詳細は民事執行法で勉強してほしい。

　これらの手続が権利者の請求によって取り消された場合や，法律の規定に従わないことによって取り消された場合には，時効中断の効力は生じない（154条）。

(c) 承認　　たとえば，100万円を借りている債務者がお金を貸した債権者に対して「自分は100万円を借りています」と認めたような場合には，時効は中断する。このように，承認とは，時効の利益を受けるべき者が，時効によって権利を失うべき者に対して，その権利が存在するという認識を示すことである。承認は，負担を負っている義務者が自らその負担を認めることであるので，義務者を不当な地位に置くものではない。したがって，請求などのように厳格な手続や方式は規定されていない。判例において「承認」があるとされた事例として，支払の猶予を懇願した場合，手形の書換えを承諾した場合，利息を支払った場合などがある。

　義務者が承認をするには，相手方の権利について処分の能力または権限は必要ないと規定されている（156条）。すなわち，民法の規定によれば，未成年者など行為能力が制限された者であっても承認できるということである。しかし，たとえば債務者が債務を承認することによって時効が中断すれば，時効によって支払わなくてもよいはずの債務を履行しなければならなくなる。そこで，制限能力者に156条を適用してよいかについて疑問が呈されている。判例において，成年被後見人や未成年者の承認は取り消しうるとしたものがある。

(3)　中断の効果

　いったん時効が中断すると，それまで進行していた時効期間は白紙に戻る。そして，中断事由が終了した時から新たに時効期間が進行することになる（157条1項）。

　中断の効果は，当事者および承継人の間でのみ有効である（148条）。これを中断の相対効と呼ぶ。そこで，たとえば2人の者が連帯して債務を負担する場合において（連帯債務），そのうちの1人の者（連帯債務者）について時効が中断したとすると，それ以降，2人の連帯債務者にとってはそれぞれ個別に時効期間が進行することになる。ただし，中断の相対効にも例外が認められる。たとえば，先の連帯債務の場合には，債権者から連帯債務者の1人への請求は絶対効とされている（434条）。この場合，1人の連帯債務者への時効の中断が他の連帯債務者に影響することになる。また，主たる債務者への時効の中断は保証人にも効力が及ぶ（457条1項）。同じく，連帯保証人への請求があった場合には，主たる債務者に中断の効力が及ぶ（458条）。

【展開講義 52】 裁判上の催告

　訴えの却下，取下げ，または訴えの棄却の場合が，裁判上の請求としての時効中断事由には該当しないとしても，催告として一時的な中断の効力を認めてもよいものとされる。なぜなら，訴えを提起している以上，それが裁判上認められないとしても，債権者による通常の意味での請求があったと同視しうるからである。これを裁判上の催告と呼ぶ。判例も，訴えの取下げの事案でこれを認めている（最判昭45・9・10民集24巻10号1389頁）。

　なお，訴訟提起の時点で催告があったと考えると，その時点から6カ月以内により強力な中断を行わなければならないことになる。しかし，訴訟提起から6カ月以上経過してから却下等がなされたような場合には，中断の措置が取れないことになり，債権者が保護されない場合が生じる。そこで，訴え提起の時点で催告がなされたことにはなるが，催告の効果が訴えの却下等の時点まで継続すると有力に主張されている。これによれば，訴え却下等の時点から6カ月以内により強力な中断の措置を取れば，訴訟提起のときにさかのぼって時効が中断されたことになる。

【展開講義 53】 一部請求と中断——債権全体に中断の効力が生じるか——

　裁判上の請求が，時効の対象とされる債権の一部分について行われた場合に，その残部についても時効の中断の効力が生じるのであろうか。たとえば，不法行為の被害者が加害者に対する損害賠償を求めて提訴した際に，請求の額が損害全額の一部である旨を明示しての一部請求であったとする。この場合，一部分については時効が中断するとしても，残額についても時効が中断したと判断されうるのであろうか。判例は，このように一部請求の趣旨が明示された場合には，残額に中断の効力は及ばないと判断した（最判昭34・2・20民集13巻2号209頁）。しかし，たとえ一部であるとしても，債権の存在について訴訟で争われているのであるから，提訴の段階で全額について中断の効力を認めるべきと主張する見解も有力である。判例の中でも，一部請求の趣旨が明らかでなかった場合には，一部請求であっても，同一性のある債権全額について時効中断の効力が生じるとするものがある（最判昭45・7・24民集24巻7号1177頁）。

4.2 時効の停止

(1) 意　　義

　時効の停止とは、「時効期間の経過中に一定の事実が生じた場合に、時効の完成が一時猶予されること」である。時効によって不利益を被る権利者が、時効の完成間際に時効を中断させる措置を取ることが困難な事情（停止事由）が発生した場合に、その事情が消滅してから一定期間が経過するまで時効期間の進行を一時猶予することによって、権利者の保護を図ることができる。

　このように時効の停止は時効期間の進行を一時猶予するということであり、時効期間がはじめに戻るのではないという意味で、先の時効の中断とは異なっている。そこで、時効期間を10年として、起算点から7年経過した時点で中断事由または停止事由が生じた場合を比較してみよう（下図参照）。

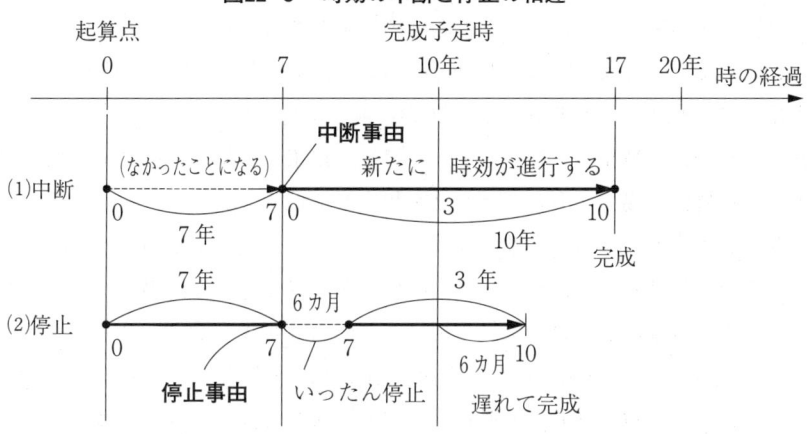

図22-3　時効の中断と停止の相違

(2) 停　止　事　由

　停止事由とは、権利者が時効の中断という措置を取りえないような障害となる事情のことである。具体的には、(a)人的な障害（158条から160条）と、(b)天災およびこれに類する外部的な障害（161条）とに分けられる。

(a) 人的な障害

　(ア) 未成年者または成年被後見人に法定代理人がいなかった場合　　時効期間が満了する時点より前の6カ月以内において、未成年者または成年被後見人に法定代理人がいなかった場合には、その者が行為能力者となった時、または

法定代理人が就任した時から6カ月以内は時効が完成しない（158条1項）。これは，未成年者および成年被後見人を保護するための規定である。

(イ) 未成年者または成年被後見人が財産管理者に対して権利を有する場合
　未成年者または成年被後見人がその財産を管理する法定代理人（父母や後見人）に対して権利を有する場合，その者が行為能力者となった時，または後任の法定代理人が就任した時から6カ月以内は時効が完成しない（158条2項）。これも未成年者および成年被後見人を保護するための規定である。

(ウ) 夫婦の一方が他方に対して権利を有する場合　　夫婦の一方が他方に対して権利を有する場合には，婚姻解消のときから6カ月以内は時効が完成しない（159条）。これは，婚姻関係が解消される時には，夫婦の一方から他方に対して権利を行使しえないことが多いことを考慮している。

(エ) 財産が相続された場合　　相続財産に関しては，相続人の確定，相続財産の管理人の選任または破産手続開始の決定のあった時から6カ月以内は時効が完成しない（160条）。この相続財産には，相続の開始によって被相続人から相続人に移転すべき積極および消極の財産（権利および義務）のすべてが含まれる。本条は，被相続人の死亡という偶然の出来事が生じた際に，相続人や管理人が不確定な場面があることなどを想定している。

(b) 天災事変　　時効の期間満了時にあたって，天災やその他に避けることのできない事変が生じた場合には，時効を中断させられない場合が多い。そこで，このような場合には，天災事変による障害が止んだ時から2週間以内は，時効は完成しない（161条）。天災とは，地震，洪水などの自然災害を意味し，その他の事変とは，暴動，戦乱など当事者に関わらない外部的な障害のことを意味する。そこで，権利者の病気や不在などの主観的な事由は，その他の事変には含まれない。

5　時効学説——時効の援用および中断を踏まえての再検討——

5.1　はじめに

　本章2.3（本書273頁）で，時効制度の正当化根拠を踏まえながら，時効の効果をいかに説明するかという時効学説の概略を説明した。ここでは，さらに一

歩進めて，時効の中断および時効の援用をいかに説明するかという点を含めて，時効学説を検討したい。

5.2 中断の法的性質をどのように説明するか

先にみたとおり，時効の中断とは「時効期間の経過中に，当事者の一定の行為（中断事由）によって，それまでの期間の経過を覆し，振り出しに戻すこと」をいう。すなわち，中断事由が存在すれば，時効期間が経過しても時効の効果は発生しないことになる。このような時効の中断は法的にいかに説明されるのであろうか。

(a) 権利行使説　　まず，実体法説の立場からすると，時効の効果は，権利者による権利不行使の状態が長年にわたって続いていることによって正当化されるものと説明されている。そこで，この見解によれば，時効の中断については，権利者が権利を行使することによって，時効の効果が発生しないことと説明されることになる。すなわち，中断事由を権利者の権利行使の現れとみていることになる。この見解を権利行使説と呼んでいる。なお，権利行使説によると，請求については上手く説明できる反面，債務者による債務の承認に関しては，承認が権利者による権利行使とはいえない点で問題が生じる。

(b) 権利確定説　　これに対して，訴訟法説の立場からすると，時効の効果は，長年の権利不行使の状態が権利の不存在を推定することであるとされている。そこで，時効の中断は，権利の存在が確定されることによって生じると説明されることになる。すなわち，中断事由は，権利の存在の確認事由ということになる。これを権利確定説と呼んでいる。この見解によれば，請求のみならず，差押え等や承認についても上手く説明されうることになる。

以上からすると，時効の中断に関しては，訴訟法説の立場から主張される権利確定説の方が説得的であるとみられる。なお，実体法説を採った上で，中断については権利確定説を採ることも，論理的に不可能ということではない点に注意が必要であろう。

5.3 援用の法的性質をどのように説明するか

時効の援用とは，「時効によって利益を受ける者が，時効期間が完成した後に時効の利益を受ける意思を表示すること」をいう。この援用は，法的にいかに説明されるのであろうか。

(a) 攻撃防御方法説　　まず，実体法説の立場に立って，時効期間の経過によって権利の得喪が生じることを前提としつつ，これを訴訟で取り上げてもらうためには証拠の提出が必要であって，そのために当事者による援用が必要と考える見解がある。これを攻撃防御方法説と呼んでいる。この見解によると，援用は権利の得喪という実体法上の効果とは無関係のものであって，訴訟上の行為に過ぎないということになる。かつての判例はこの見解を採っていたとされる（大判明38・11・25民録11輯1581頁）。しかし，この見解に対しては，援用を訴訟法上の攻撃防御方法とみる点で，援用の趣旨が当事者の良心に求められることに反すると批判されている。また，当事者が証拠物を裁判所に提出しなければ訴訟上の証拠として取り上げてはいけないという原則は，すべての権利について当てはまることである。それにもかかわらず，時効における援用についてのみ，このような特別の意味を与えることはおかしいとも批判されている。

(b) 不確定効果説　　これに対して，時効の効果に関して実体法説の立場を採る点では(a)の攻撃防御方法説と同じであるが，さらに援用をも実体法上の制度として説明する見解がある。この見解によれば，時効の効果は実体法上のものとされるものの，時効期間の経過のみによっては確定的な効果が発生しないとされる。その意味で，不確定効果説と呼ばれている。さらに，この見解は２つの立場に分かれる。

(ア) 停止条件説　　まず，時効期間の経過によって確定的に効果が発生しているわけではないということを前提として，当事者が援用することを停止条件としてはじめて効果が発生すると説明する立場がある。これは停止条件説と呼ばれており，現在の通説とされている。現在の判例もこの立場をとるとされている（最判昭61・3・17民集40巻2号420頁）。

(イ) 解除条件説　　(ア)説とは別に，時効期間の経過によって一応効果が発生しているとしつつも，これは確定的な効果ではないものとし，当事者が援用しないことを解除条件として効果が消滅すると説明する立場がある。これを解除条件説と呼ぶ。

これら(ア)および(イ)の見解に対しては，時効期間の経過によって効果が確定的に発生しないことを前提としている点で，時効期間の経過によって権利の得喪が生じるとする民法の規定（162条および167条）と整合しないと批判される。

(c) 法定証拠提出説　　最後に，時効の効果に関する訴訟法説の立場から，援用も訴訟法上の行為であると説明する見解がある。訴訟法説によると，時効制度は，実体法上の権利の得喪原因とはされず，権利の存在または不存在，消滅についての法定証拠と捉えられる。すなわち，時効は立証の困難を救済する制度と説明されることになる。そこで，この見解によれば，当事者による時効の援用は，法定証拠の提出行為に他ならないということになる。これを法定証拠提出説と呼ぶ。この見解に対しては，民法の規定に適合しないという訴訟法説への批判がそのまま当てはまることになる。また，先の(a)の攻撃防御方法説への批判も同じく当てはまることになる。

5.4　時効学説のまとめ

以上の学説の全体像をまとめるならば，まずは，時効の効果に関して，実体法上のものとして説明するか，訴訟法上のものとして説明するかに大きく分かれる。そしてこれらの見解が，それぞれ時効の中断および援用をいかに説明するかという点に影響を及ぼしているといえる。したがって，上述のように，各場面ごとの学説はお互いに密接な関係にあるといえる。ただし，それらの学説が必ずしも論理必然の関係にあるとはいえない場合がある。また，それぞれ場面ごとに各学説に対する批判があり，時効学説は未だに混迷した状況にあるといえよう。この点を解明するにあたっては，時効の制度史的な研究も必要であると指摘されており（加藤・第2版422頁），今のところ光明のみえない問題の1つであるといえる。

第23章　取得時効

1　所有権の取得時効

───────◆　導入対話　◆───────

学生：前章の説明を聞いて，時効という制度については，何となくのイメージがつかめた気がします。その中で何度か出てきていましたが，取得時効とは簡単に言うとどのようなものなのでしょうか？

教師：うーん，そうですか，何となくのイメージですか……（苦笑）。時効の全体像をつかむことは，細かい問題点を理解していくうえで重要になってきますので，何度か復習をしておいてくださいね。

　それはさておき，取得時効をごく簡単に説明すれば，一定の期間が経過すれば権利を取得することのできる制度といえるでしょうね。その際に，時効の援用や中断などに注意が必要となりますが，その点は学習済みですね。もう一度確認しておくといいでしょう。

学生：それでは，取得時効に固有の問題としては，どのようなものがあるのでしょうか？

教師：取得時効には，所有権を対象とする場合と，所有権以外の財産権を対象とする場合とがあります。それぞれ，どのようにして時効が成り立つかという要件面で固有性があります。たとえば，時効が完成するまでの期間は何年かといった問題は，物の占有（または行使）状態によって異なってきます。ですから，所有権とそれ以外の場合とに分けたうえで，それぞれ要件を中心に考えていきましょう。

1.1　意義──所有権の取得時効とはなにか──

　所有権の取得時効とはどのようなものであろうか。第22章1.1（本書269頁）であげた例をもとにして，まずは具体例を考えてみよう。たとえば，Aが自己

の土地の境界を越えて塀を立てて，B所有の隣地を占有し，使用してきたとしよう。その後，Aが20年間自分の土地として隣地を占有し続けたとすると，その隣地の所有権はAのものとなる。このように，所有権の取得時効とは，他人の物を，所有の意思をもって平穏・公然に占有を継続することによって，その所有権を取得する制度である。

　取得時効という制度が存在しなければ，当該土地はいつまでも真の所有者であるBの物のはずである。しかし，第22章2（本書270頁以下参照）で説明したように，長い期間が経過すればその土地が誰の物であったかを証明することが困難となる。また，真の所有者がBと判明しても，そのBが長らく土地に対する権利を行使しなかったとすると，このようなBを保護すべき必要性は低減するといえる。逆に言えば，その土地に関して，長らくAの土地らしき事実関係が続いてきたことからすると，他からみれば，その土地はAの物と思われるであろう。このようなことからすると，Aが長らく占有しているという事実状態を保護すべき必要性が認められる。以上の問題を解決するための制度が所有権の取得時効である。ただし，一口に取得時効といってもさまざまな場面が考えられる。したがって，その存在理由も一概に確定しうるものではないことに注意が必要である（【展開講義　54】参照）。

　所有権の取得時効が成立するためには，ただ一定の時間が経過すればよいというだけではない。1．2以下でその要件をみていくことにしよう。

||||||||||||||||||||||||||||||||||||||||||||||||||||||||||||||||||||||||||||||||||||||

【展開講義　54】　取得時効の存在理由──個別の検討──

　　取得時効といっても，さまざまな場面が想定される。そこで，その存在理由についても個別に検討すべきものとされる。

　　まず想定される場面としては，まったくの無権利者が他人の土地を一定期間占有し続ける場面が考えられる。しかし，このような場合には，占有者が土地の登記を確認しておらず，公租公課も負担していない場合が多い。このことからすると，占有者に自主占有（後述）は認められず，そもそも取得時効が認められない場合が多いといえよう。

　　そこで実際に生じうる場面としては，隣地との境界が不明の場合，および土地の二重譲渡の場合があげられる。まず前者であるが，隣地との境界が長らく不明の場合に，一定期間占有していたという事実によって土地を時効取得できる場面

であるので，立証の困難の救済という根拠による説明に馴染みやすいといえる。

これに対して，後者の土地の二重譲渡の場合にはどうであろうか。たとえば，土地の所有者Aから，Bが土地を購入し，そこに居住しているが，登記の移転を受けていなかった場合に，別のCがAから同じ土地を二重に譲り受け，先に登記を移転した場面が考えられる。この場合に，Aが善意で10年間その土地を占有していれば，時効によって土地の所有権を取得できることになる。この場面について，第二譲受人Cが登記を有していることからすると，立証の困難の救済という根拠では説明が困難である。そこで，権利の不行使または永続する事実状態の尊重という根拠によって説明されることになる。これは，占有者が悪意であって，20年間の時効期間が問題とされているのであれば適切な説明といえる。しかし，占有者が善意の場合には，時効期間は10年間である。そうであるとすると，長期間にわたる権利の不行使とか，永続する事実状態の尊重という根拠からは説明しにくいと批判される。そこで，このような見解によれば，動産の即時取得に対応する制度として，民法162条2項は善意占有者について物に関する取引の安全を考慮した制度であると説明されることになる。

1.2 要　　件

(1) 所有の意思を有すること（自主占有）

取得時効が成立するためには，占有者がその物に対して所有者と同じような支配を及ぼしていることが必要である。これを「所有の意思をもった占有」，すなわち「自主占有」と表現している。

実際に自主占有と判断されるためには，占有者が単に内心で自分の物にしようと思っているだけでは足りない。自主占有か否かは，占有を始める原因となった事実の性質によって客観的に決定すべきものとされる。たとえば，売買契約によって土地を購入した際に，土地の境界線を越えて塀を立てたことによって隣地を自分の土地として占有しているような場合，または他人の物を盗んできて使っている場合などは，客観的に自主占有と判断される。

これに対して，他人の物を他人の物として占有する場合には，「所有の意思を伴わない占有」とされ，「他主占有」と呼ばれる。たとえば，他人の土地を賃借している賃借人は他主占有者である。したがって，長らく他人の土地を占有していても時効で土地を取得することはない。なお，他主占有が自主占有に

転換する場合がある（【展開講義　55】）。

【展開講義　55】　他主占有から自主占有への転換

　賃借人の占有は，客観的には他主占有と判断され，内心で自己の物として占有していたとしても，その物を時効で取得することはない。しかし，占有の途中に一定の行為があれば，他主占有から自主占有に転換する場合が認められ（185条），それ以降，時効取得が可能となる。それは，どのような場合であろうか。

　まず，占有者が，自己に占有を始めさせた者に対して「所有の意思があること」を表示した場合があげられる。たとえば土地の賃貸借の場合であれば，借地人が貸主に対して「これ以降自分の土地として使用する」という意思を伝えることを意味する。ただし，客観的にみて自主占有に転換されたと判断される必要がある。そこで，借地人が自分の物として使用するといいながら，それ以降も賃料を支払い続けているような場合には，自主占有への転換は認められない。

　次に，新たに権原（新権原）が生じた場合において，その新権原によってさらに所有の意思をもって占有を始めた場合があげられる。これは，たとえば借地人が貸主である土地の所有者からその土地を購入したような場合である。この場合，売買契約が新権原となり，それ以降は客観的にも自主占有と判断される。なお，判例によれば，売買契約が無効とされた場合であっても，新権原による自主占有があると判断されている。

　この問題に関連して，相続が新権原となるかが争われている。たとえば，土地の賃貸借がなされている場合に，借地人が死亡し，相続が開始したとしよう。その際に，相続人が「所有の意思」を有しているとすると，相続人の占有は新権原による自主占有といってよいのであろうか。判例は，一定の場合にこれを肯定している（最判昭46・11・30民集25巻8号1437頁）。この問題の詳細は，物権法における占有権の箇所で説明される。

(2)　平穏かつ公然の占有

　取得時効が成立するためには，他人の物を平穏かつ公然に占有していることが必要である。ここでいう平穏とは暴力的な態様で占有を取得していないことであり，公然とは，占有を隠して秘密にしていないということである。

(3)　占有者の善意・無過失と占有期間

　占有の開始時点において，占有者が①善意・無過失であれば，10年間の占有

継続で時効が完成する (162条2項)。これに対して，占有者が②悪意・有過失であれば，20年間の占有継続で時効が完成することになる (162条1項)。

占有者の「善意・無過失」とは，占有している物が自己の所有物であると信じ，かつそのように信じることについて過失がないことである。そこで，本章1.1の例を振り返ると，Aは隣地を自己の土地と過失なく信じて占有していたなら，10年間で時効が完成する。しかし，自己の所有物と信じているわけではないとすると，取得時効が成立するには20年の占有継続が必要となる。

(4) 他人の物の占有

所有権の取得時効の要件の1つとして，「他人の物」を占有することがあげられる (162条)。この要件に関して，いくつかの問題がある。まず，「物の一部」について時効取得は可能かが問題となる。また，「自己の物」を時効取得できないのかが問題となる。最後に，「公物」を時効で取得できるのかという問題がある (【展開講義 56】参照)。

(a) 「物の一部」を時効取得できるか　この問題については，物の一部であっても取得時効の対象になるとされている。たとえば，判例によれば，一筆の土地の一部に取得時効が認められている。

(b) 自己の物の時効取得は可能か　そもそも，自己の物であるのにさらに時効で所有権を取得することは無意味であると考えたことから，162条は「他人の物」という限定を加えている。しかし，場合によっては自己の物の時効取得が問題とされなければならない。たとえば，実際には自己の所有物であるが，それを証明することができない場合に，「自己の所有物」であるからといって時効取得を認めないことは不当である。したがって，自己の所有物であるという可能性がある場合であっても，時効取得できると考えるべきである。判例上も，所有者から土地の贈与を受けたが，登記をすることなく自己の土地として10年間占有していた者について，当該土地を競落し，移転登記を受けた者に対して，取得時効の援用をなすことを認めたものがある (最判昭42・7・21民集21巻6号1643頁，判百Ⅰ〔第5版補正版〕98頁参照)。これは，贈与者から土地の贈与を受けた時点で，意思主義により受贈者に所有権が移転しているとされることから，自己の物の取得時効の主張が認められた例といえる。

【展開講義　56】　公物の取得時効

　公物を時効で取得することは可能であろうか。たとえば，公共の河川敷にバラック小屋を建てて長らく住んでいた場合，その土地の時効取得は認められるのであろうか。従来の判例は，公用廃止処分がない限り，公物について取得時効は成立しないと判断していた。すなわち，公物に関して，一切時効取得を認めないという見解をとっていた。しかし，その後，公物が公共用財産としての形態および機能を欠く場合や（最判昭51・12・24民集30巻11号1104頁），黙示の公用廃止があった場合には（最判昭52・4・28裁集民120号549頁），取得時効を肯定するとの判断を示している。したがって，現在の判例によれば，一定の要件を満たせば，公物も時効取得できる場合があるといえよう。

(5)　要件の推定

　民法186条1項は，占有者は所有の意思をもって善意，平穏かつ公然に占有をするものであると推定している。したがって，「所有の意思」，「平穏かつ公然」，「善意」という要件は占有があれば推定されることになる。これに対して，占有者に「無過失」は推定されない（動産の即時取得の場合と異なることに注意）。

1.3　所有権の取得時効の効果

　取得時効が完成した場合には，それを援用することによって，占有者は時効期間の開始時にさかのぼって占有物の所有権を取得する。この所有権の取得態様について，前主からの承継取得ではなく，原始取得と考えるのが通説である。すなわち，占有者は前の所有者からその所有権を引き継ぐのではなく，時効完成によって占有者が新たに所有権を取得するということである。そして，前の所有者は所有権を時効で取得されたことの結果として，反射的にその所有権を失うことになる。また，前の所有権に付着していた担保なども引き継がないことになる。

　他方で，不動産を時効で取得した場合には，とりわけ第三者に対する対抗要件として登記が必要か否かという争いがある。この問題を理解するには登記および物権変動の知識が必要となることから，物権法の該当箇所で説明されることになる（本書導入対話シリーズ『物権法（第二版）』67頁参照）。

2 所有権以外の財産権の取得時効

2.1 意義──所有権以外の財産権の取得時効とはなにか──

たとえば，無権利者から土地を利用する権利（地上権）を譲り受けた場合にも，取得時効が成立しうる。このように，特別規定のない限り，所有権以外の財産権一般についても取得時効が認められる（163条）。ただし，権利の性質によっては取得時効が認められない場合があることから，それぞれ個別に検討する必要がある。

所有権以外の財産権の取得時効は，所有権の取得時効の要件および効果と基本的には同様に考えれば足りる。したがって，共通する問題点については簡単な説明にとどめたい。

2.2 要　件

所有権以外の財産権については，基本的には所有権の時効取得と同様である。異なる点は，所有権を取得する場合ではないので，所有の意思が必要とされないことである。また，所有権の取得時効では「占有の継続」が必要であるが，所有権以外の財産権では「事実上の権利行使」が必要とされる点でも異なっている。そこで，ここでの要件をまとめるならば，①自己のためにする意思で，②平穏かつ公然に，③その財産権を行使することである。そして，④時効期間は，善意・無過失の場合には10年，悪意・有過失の場合には20年ということになる。

なお，所有権の取得時効での議論と同じく，自己のためにする意思で財産権を行使したと判断するためには，単に内心でそのように思うだけでは足りず，財産権の行使者であると客観的に判断されうることが必要である。

2.3 対象──取得時効の認められる権利，認められない権利──

所有権以外の財産権について，一般に時効取得が認められる。しかし，権利の性質上，時効取得が認められない場合がある。

(1) 肯定されるもの

① 地上権，永小作権，地役権などの用益物権に関しては，問題なく時効取得の対象とされる。ただし，地役権については，「継続的に行使され，かつ，外形上認識することができるもの」に限って，時効取得の可能性が認

められる（283条）。
② 担保物権に関しては，質権のみ肯定される。
③ 一般債権に関しては争いがあるが，通常は肯定されている。また，賃借権については，地上権と区別する必要が無いことから，一般に肯定されている。その際，判例によれば，「土地の継続的な用益という外形的事実が存在」すること，かつ，「それが賃借の意思に基づくことが客観的に表現されている」ことが要件として必要とされる（最判昭43・10・8民集22巻10号2145頁）。
④ 著作権法21条による複製権に関して，判例はこれを取得時効の対象と認めている（最判平9・7・17民集51巻6号2714頁）。
(2) 否定されるもの
① 担保物権に関しては，留置権や先取特権は取得時効の対象とされない。なぜなら，これらは法律の規定によって直接に成立すべき権利であって，事実上の権利行使には馴染まないからである。また，抵当権については，占有を伴わないという権利の性質上，取得時効の対象とはされない。
② 取消権，解除権も取得時効の対象とされない。権利の性質上，1回の行使で消滅するからである。

2.4 効　果

所有権の取得時効の効果と同様に考えられる。

―――――――――――――――――――――――――――――――

【展開講義　57】　自然中断――取得時効に固有の中断事由――

　第22章4.1（本書281頁）でみたように，時効期間を白紙に戻し，再度はじめから時効期間を進行させることを時効の中断という。この中断の効力を生じさせる事由には，法定中断の場合と自然中断の場合とがある（法定中断はすでに説明した）。後者の自然中断は，取得時効に固有の中断事由である。
　自然中断とは，占有者が任意に占有を中止した時，または他人によって占有を奪われた時に，時効が中断されることをいう（164条）。すなわち，事実状態としての占有が途切れることである。たとえば，土地を自己の物として占有している者が，海外に移住して占有をやめてしまったような場合や，他人によってその土地から追い出されたような場合である。なお，後者の場合には，占有の訴えに

よって物の占有を取り戻すことができたとすると,占有権は消滅していなかったとされるので(203条ただし書),時効は中断しなかったことになる。

第24章　消滅時効

1　消滅時効の概観

◆　導入対話　◆

学生：長かった民法総則編も，いよいよ最後の章までたどり着きました。あと少しですが，最後まで気を抜かずに頑張ります。ということで，消滅時効とはどのような制度なのでしょうか？

教師：いやー，私も最後まで気を抜かずに説明しないといけませんね。もっと早くに脱落するかと思っていましたが……（笑）。
　　えーと，それでは，消滅時効を簡単に説明するならば，一定期間が経過すれば，権利が消滅する制度といえるでしょう。こちらも，既に説明したところですが，時効に共通する原則，たとえば時効の中断や援用が問題となりますね。

学生：では，消滅時効については，何が固有に問題とされているのでしょうか？

教師：まず，時効によっては消滅しない権利があるといわれています。そこで，具体的にどのような権利が時効にかからないのかが議論されています。また，消滅時効がどのようにして成立するかという要件の面にも，その固有性が認められます。たとえば，時効がいつから進行するかという起算点の問題ですが，時効の対象とされる権利によって異なってきます。さらに，時効が完成するまでの期間も，権利の種類によって長さが異なっています。

学生：これまで，時の経過に関連のある民法上の制度として，条件・期限，期間，時効をみてきました。これら以外に，時の経過が問題とされるような制度は存在しないのでしょうか？

教師：民法上の規定としては，条件・期限，期間，時効以外にはありません。しかし，民法の解釈上，いくつかの制度が問題とされています。たとえば，「除斥期間」という概念と，「権利失効の原則」とがあげられます。いずれも，消滅時効と類似の側面があるといわれています。そこで，消滅時効の説明をした後に，本章の最後でこれらを扱うことにしましょう。

1.1 意義——消滅時効とはなにか——

まず，第22章1.1（本書269頁）であげた消滅時効の例を振り返ろう。たとえば，C君がD君に1万円を貸してあげたとする。その後，C君がD君に一定期間「お金を返せ」と言わずに放置しておいたとすると，D君に対してお金を返せという権利が消滅する。これが消滅時効の典型例である。このように，消滅時効とは，権利不行使の状態が一定期間続いた場合に「権利が消滅する」という制度である。要件および効果の詳細については，後にみていくことにする。

ところで，消滅時効にかかる権利として，まずは「債権」が念頭に置かれている（167条1項）。次に，「債権または所有権以外の財産権」があげられる（同条2項）。ただし，後者の財産権については，債権と所有権以外のすべての権利が消滅時効にかかるわけではなく，消滅しない権利も存在する。そこで，まずは消滅時効にかからない権利についてみていきたい。

1.2 消滅時効にかからない権利

(1) 所有権

所有権は消滅時効にかからない権利である（167条2項）。なお，他人に所有権を時効取得されることによって，反射的に所有者が所有権を失う場合があるが，時効によって消滅するというわけではない。

(2) 独立して時効にかからない権利

(a) 担保物権　担保物権は，単独で時効消滅することはない。なぜなら，担保物権は債権を担保するために存在する権利であることから，被担保債権から独立して時効にかかるとすると，担保という目的を達成できないからである。これとは逆に，被担保債権が時効によって消滅した場合には，抵当権は消滅する（396条）。また，抵当権以外の担保物権も同じく消滅すると考えられる。

(b) 物権的請求権　物権的請求権も，単独では消滅時効にかからないとされる。なぜなら，物権的請求権は本体としての物権を保護するために認められる付随的な権利と考えられるところ，単独での消滅時効を認めると物権の保護という目的を達成できなくなるからである。なお，所有権が消滅時効にかからないということから，とりわけ所有権にもとづく物権的請求権は時効で消滅しないと説明されることになる。

(3) 形成権

形成権とは，権利者が自分だけの行為によって一方的に法律関係を発生，変更，消滅させることができる権利のことをいう。たとえば，取消権や解除権がこれにあたる。このような形成権については，消滅時効にかかるか否かが争われている。形成権も時効で消滅することを認める見解がある。しかし，形成権の性質を考慮して，消滅時効にかかることを否定する見解が有力に主張されている。この問題に関しては，形成権の性質を考えることが必要であること，さらに，消滅時効類似の制度としての除斥期間（後述［本書310頁］）と関連していることから，別途検討を加える（【展開講義 61】参照）。

(4) 抗 弁 権

　抗弁権が消滅時効にかかるか否かも争われているが，一般的には時効にかからないと考えられている。抗弁権が時効で消滅しないという性質のことを，「抗弁権の永久性」と呼ぶことがある。同様に，権利が抗弁的に主張される場合には，そのような権利は時効によって消滅しないと考えられている（【展開講義 58】）。

【展開講義 58】 抗弁権の永久性

　具体的には，たとえば双務契約における同時履行の抗弁権を思い浮かべてほしい。A君がバイクショップB店からバイクを買ったとすると，A君がバイクの引渡債権を有する反面，B店は代金債権を有する。この両債権は同時履行の関係にあるので，A君がバイクを引き渡すように請求したとすると，B店は代金を支払うように主張することができる（533条）。その際に，B店の代金債権のみが時効にかかって消滅していたとすると，本来であれば，B店はA君の主張に対して同時履行の抗弁権を主張できないはずである。しかし，同時履行の関係にある2つの債権の一方が主張された場合には，他方の存在も推定されるべきであり，そのために同時履行の抗弁権が認められているとされる。そうであるとすると，反対債権が存在する限りは，同時履行の抗弁権も消滅させるべきではないということになる。これが抗弁権の永久性の一例である。

　また，売買契約が詐欺によって取り消される場合を考えよう。たとえば，A君が友人B君に騙されて中古バイクを購入させられたとしよう。この場合，騙されたA君はB君に対して取消権を行使できる。しかし，B君がすぐには代金を請求してこなかったので，A君は「B君が代金を請求してきたら契約を取り消そう」

と思い、しばらくそのままにしていたとする。この場合、取消権は5年で時効消滅（または除斥期間として消滅）することになる。その後、B君が10年以上代金を請求しなければ、代金債権も時効によって消滅することになるので、とくに問題は生じない。しかし、B君が7年くらい経った時点で代金を請求してきた場合には、代金債権は消滅していない。そうであるならば、この場合、A君はB君からの代金請求に応じなければならないはずである。しかし、このような結論は不当であると批判されている。学説上、取消権等の形成権が抗弁的に主張された場合には、時効によって消滅しないという見解が有力である（除斥期間と捉えても、同様に期間制限にはかからない）。そこで、この見解によれば、A君はB君の代金請求に対して、抗弁的に取消権を主張することが可能となる。

2 消滅時効の要件

2.1 権利の不行使と時効の起算日

消滅時効の時効期間は、権利を行使できる時から進行する（166条）。消滅時効では、権利の不行使状態が継続することによって、権利消滅という権利者にとって不利な効果が生じることになる。そこで、本条は、権利が行使可能であるにもかかわらず、権利者がそれを行使しないことを要求するものといえる。それでは、「権利を行使できる時」とは具体的にどのような場面であろうか。

(1) 期限の付けられた債権

債権に期限が付けられている場合には、期限到来の時から時効期間が進行する。したがって、割賦払債権については、個別の割賦金債権の弁済期ごとに時効期間が進行することになる。ただし、割賦払債権に期限の利益喪失約款が付されている場合には、特殊な考慮が必要になる（【展開講義 59】）。

(2) 停止条件の付けられた債権

債権に停止条件が付けられている場合には、条件成就の時から時効期間が進行する。

(3) 期限の定めのない債権

債権の履行時期が特に定められていない場合には、原則として債権成立の時から時効期間が進行する。なぜなら、期限の定めのない債権については、債権

者はいつでも履行を請求できるからである (412条3項)。ただし，損害賠償請求権については，特殊の考慮を要する (【展開講義 60】)。

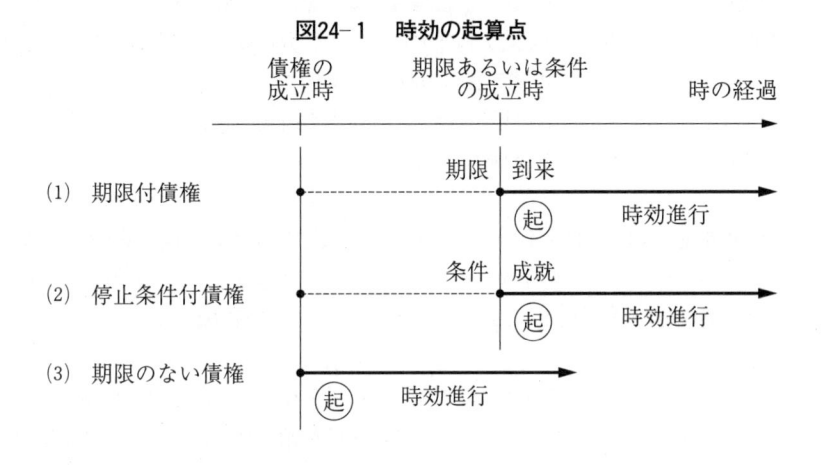

図24-1 時効の起算点

	債権の成立時	期限あるいは条件の成立時	時の経過
(1) 期限付債権		期限 到来 ㊞起 時効進行	
(2) 停止条件付債権		条件 成就 ㊞起 時効進行	
(3) 期限のない債権	㊞起 時効進行		

〰〰〰〰〰〰〰〰〰〰〰〰〰〰〰〰〰〰〰〰〰〰〰〰〰〰〰〰〰〰〰〰〰〰〰〰〰〰〰

【展開講義 59】 割賦払債権の消滅時効の起算点──期限の利益喪失約款との関係──

たとえば，AがB銀行から120万円を借り入れるにあたって，毎月10万円の12回払で金員を弁済する旨を契約したとしよう (金利は考慮しないものとする)。そして，この契約に際して，B銀行はAとの間で「Aが1回でも弁済を怠れば，直ちに残額すべての支払を求める」という特約 (期限の利益喪失約款) を付していたものとする。この場合に，Aは初回1回の弁済を行ったのみで，後の弁済を怠ったとすると，残額すべてについて何時から時効期間が進行するのであろうか。

まず，期限の利益喪失約款からすると，不払があった時点から残額すべてについて権利を行使しうるので，その時点から残額すべての時効期間が進行すると考えることが有力である (我妻・講義Ⅰ487頁，他参照)。この見解によれば，Aが不払をした時点から，直ちに残額すべて (110万円) について時効期間が進行することになり，時効消滅が早まるという意味で債権者である銀行Bにとっては不利な考え方であるといえる。逆に言えば，債務不履行をした債務者が有利になる。これに対して，不払の時点から直ちに残額すべての時効期間が進行するのではなく，債権者が残額すべてを請求する意思を表示した時から，はじめて残額すべての時効期間が進行すると考えることも可能である。これによれば，B銀行はAの

不払の後に残額すべての請求をした時点から，時効期間が進行することになる。
　この問題に関して，判例は，期限の利益喪失約款の性質を考慮して，期限の利益の喪失が当然に生じる場合と，債権者の請求を待って喪失する場合とに分けて判断している（期限の利益喪失約款の性質上の区分に関して，【展開講義　44】参照）。前者の場合には，債務不履行の時から残額すべての時効が進行するとし，後者の場合には，債権者が残額を請求した時から時効が進行すると判断している（大判昭15・3・13民集19巻544頁）。

【展開講義　60】　債務不履行または不法行為にもとづく損害賠償請求権

　債務不履行または不法行為にもとづく損害賠償請求権は，いずれも損害発生の時に成立する。それでは，これらの債権について，消滅時効はいつから進行するのであろうか。
　まず，債務不履行の場合には，本来の債権を行使しうる時から時効が進行するとされる。なぜなら，債務不履行による損害賠償請求権は，本来の債権が法的に同一性を維持しつつ変形したものと捉えられるからである。なお，債務者が履行遅滞に陥る時期は，債権者から請求を受けた時であり，消滅時効の起算点とは異なることに注意が必要である（履行遅滞については，債権総論で勉強する）。
　次に，不法行為にもとづく損害賠償請求権の時効の起算点については，3年の短期のものでは「損害及び加害者を知った時」とされている（724条）。判例によれば，後者の「加害者を知った時」とは，「被害者が損害の発生を現実に認識した時」とされる（最判平14・1・29民集56巻1号218頁）。不法行為の際に3年の短期消滅時効とされた理由は，長い期間の経過によって責任の所在や損害額の確定等が困難になるということに加えて，被害者の被害感情が沈静化するということがあげられる。不法行為の被害者（債権者）にとっては，損害と加害者を知っている場合には，時効期間が短期になり，不利といえる。そこで，時効の起算点を「損害の発生時」とはせず，「損害及び加害者を知った時」と遅らせることで，被害者（債権者）の保護を図ったといえよう。なお，20年の長期の期間（724条後段）については，除斥期間として「不法行為の時」から期間を計算する（最判平元・12・21民集43巻12号2209頁）。

2.2　時効期間

時効が完成するまでの期間は，「債権」と「債権又は所有権以外の財産権」

とで区別されている（167条）。

(1) 債権の消滅時効

(a) 原則　一般債権の時効期間は，10年である（167条1項）。なお，商事債権は5年で時効消滅する（商法522条）。なぜなら，商行為では取引の迅速性が要求されるからである。

(b) 例外　(ｱ) 定期金債権　定期金債権とは，一定額の金銭などを定期的に給付させることを目的とする債権のことをいう。たとえば，年金債権や地上権の地代債権などがその例である。この定期金債権は，具体的に各時期に発生する支払請求権（これは「支分権」と呼ばれ，次の定期給付債権に関係する）とは異なり，支分権を生じさせる元となる権利（これを「基本権」と呼ぶ）のことを指す。

定期金債権は，第1回の弁済期より20年で時効が完成するか，または，最後の弁済期より10年で時効が完成する（168条1項）。

(ｲ) 定期給付債権　定期給付債権とは，年またはこれよりも短い時期をもって定めた金銭などの給付を目的とする債権のことをいう（169条）。具体的には，家賃，地代，利息，給料など，1年以内に定期的に支払われる債権のことをいう。また，上で述べた定期金債権の支分権で，弁済期が1年以内に繰り返される債権も含まれる。なお，分割払で売買契約を締結したような場合における月々の支払（割賦金）はここには含まれず，それぞれの割賦金ごとに通常の10年の時効期間に服することになる。

この定期給付債権は，5年で時効にかかる。なぜなら，債権者が定期給付債権を請求もせずに長らく放置しているならば，定期給付が生活をしていくにあたってそれほど必要でないと判断されうるからである。また，定期的に給付される金銭などをしばらく放置していた債権者が，まとめてこれらの履行を迫ることになると，債務者にとっては思わぬ高額の支出を一時期に負担させられることになり，債務者に破産等の危険が生じるからでもある。したがって，10年の時効期間の原則に対して，5年という短期間に制限したのである。

判例では，マンション管理組合による部屋の所有者に対する管理費および修繕積立金について，年に1度の総会決議によって金額が増減するとしても「定期給付金」にあたるとして，169条の適用を認めたものがある（最判平16・4・

23民集58巻4号959頁)。

(ウ) **特別の短期消滅時効にかかる債権**　条文上，3年，2年，または1年という短い期間で時効にかかる債権が列挙されている (170条から174条)。これらの債権は，日常の取引から生じる少額の債権が念頭に置かれており，通常は迅速に弁済されるべきものであるといえる。また，このような債権にあっては，契約書，領収書など，証拠書類の作成および保存を通常は期待できないものであるといえる。したがって，短期の時効期間に服すべきものとされた (下図参照)。

図24-2　短期消滅時効の期間と債権の種類

短期消滅時効期間	対象とされる債権の種類	条文
3年	①医師・助産師・薬剤師による診療，助産および調剤に関する債権	170条1号
	②工事の設計・施工または管理を業とする者の工事に関する債権	2号
	③弁護士（法人）・公証人が職務に関して受け取った書類の返還	171条
2年	①弁護士（法人）・公証人の職務に関する債権	172条本文
	②生産者・卸売商人・小売商人の売却代金債権	173条1号
	③自宅労働者・製造人の仕事に関する債権	2号
	④学芸や技能の教育者が有する教育・衣食・寄宿料に関する債権	3号
1年	①月またはこれより短い期間で定めた使用人の給料（アルバイト料）	174条1号
	②労働者・芸人の報酬債権，供給した代金債権	2号
	③運送賃	3号
	④旅館・料理店・飲食店・貸席・娯楽場の宿泊料・飲食料・座席料・入場料・消費物の代価・立替金	4号
	⑤動産の損料	5号

(2)　**債権または所有権以外の財産権の消滅時効**

これらの財産権の時効期間は，20年である (167条2項)。債権が原則として10年で時効にかかることに対して，より長期の時効期間を設定している。その理由として，物権的な権利は債権よりも強い保護を与える必要があるからと説

明されている。なお，所有権が消滅時効にかからないことについては，すでに説明した。

(3) 公的に確定された権利

確定判決によって確定された権利は，短期消滅時効にあたる権利であっても，時効期間が一律10年に延長される (174条の2第1項)。また，裁判上の和解や調停など，確定判決に準じる公権力によって確定された権利についても，同様に10年に延長される (同条同項)。この10年という時効期間の起算点は，確定判決の時である。なお，本条は5年で時効が完成する商事債権についても適用がある。

このように時効期間を延長するのは，裁判所によって債権が存在することの確証が得られたからである。さらに実質的理由としては，債務を履行しようとしない債務者は確定判決があっても債務を履行しない可能性があるところ，再び短期消滅時効に服させることになれば，またすぐに時効を中断させるために提訴する必要が生じることから，権利者に負担を強いるということがあげられる。

以上に対して，確定判決の時点でまだ弁済期が到来していなかった債権については，同条1項は適用されず，時効期間は10年に延長されない (同条2項)。

3　消滅時効の効果

3.1　共通の効果

消滅時効によって利益を得る当事者が時効を援用することによって (145条)，権利は消滅する。また，消滅時効が完成し当事者に援用されると，時効の起算日にさかのぼって権利は消滅する。これら時効の援用および遡及効については，第22章3 (本書274頁以下) で既に述べた。

3.2　消滅時効に固有の問題

消滅時効では，債権は遡及的に消滅することになるが，債権がまったく存在しなかったと同じ効果が生じるわけではない。たとえば，相殺権者は，時効で消滅した債権を自働債権として，反対債権 (受働債権) と相殺することが認められている (508条)。

4 消滅時効と類似の制度

4.1 除斥期間

(1) 意　義

除斥期間とは，一定の期間内に権利を行使しないと，その後は一切権利行使ができなくなるという趣旨で認められた期間のことである。民法に明文はないが，学説上，消滅時効とはまったく異なる制度趣旨を有するものとして，除斥期間という概念が認められている。除斥期間と消滅時効とは，一定期間の経過を1つの要件として法律関係を確定させようとする点で制度としては似た側面を有する。しかし，消滅時効は，一定期間継続する権利不行使の状態から権利の不存在を推定し，権利を消滅させる制度であった。そこで，除斥期間が純粋に「期間の経過」に主眼を置くことに対して，消滅時効が「権利不行使状態の継続」に主眼を置く制度である点で，両者は異なっている。このような趣旨の違いが，解釈上にも影響を及ぼしている。

(2) 消滅時効との相違点

第1に消滅時効は「権利不行使状態が継続していない」とされる場合には，時効の中断を認める。しかし，「期間の経過」にのみに主眼を置く除斥期間では，このような中断は認められない。第2に，消滅時効では，当事者が時効の利益を受ける旨を表示（援用）する必要があるが，除斥期間では一定期間が経過しさえすればよいことから，当事者の援用は必要ない。

第3に権利の発生した時点を起算点とすることと，効果が遡及しないということがあげられる。

なお，除斥期間には停止が認められないとする見解もあるが，現在ではこれを認める見解が有力である。判例も，時効の停止に関する民法158条の法意に照らし，除斥期間の効果を制限すべきと判断した（最判平10・6・12民集52巻4号1087頁）。

(3) 除斥期間の具体例

民法上，除斥期間という用語が用いられていないことから，どのような期間制限が除斥期間を定めたものなのかが争われている。かつては条文上に「時効」の文言があるかどうかで判断すべきとする見解があった。しかし，現在で

は，権利の性質と規定の趣旨とによって実質的に判断すべきと考えられている。それでは，実際にはどのような場合が除斥期間と考えられているのであろうか。

一般に除斥期間として，①即時取得に対する盗品遺失物の例外（193条），②占有者による動物取得の期間制限（195条），③占有の訴えに関する期間制限（201条1項・3項），④権利の一部が他人に属する場合の売主の担保責任に関する期間制限（564条），⑤売買目的物に制限物権が付着している場合の売主の担保責任に関する期間制限（566条3項），⑥婚姻，協議離婚，養子縁組，協議離縁などの取消権に関する期間制限（745条から747条・807条・808条・812条），などの場合があげられる。

なお，売主の瑕疵担保責任による損害賠償請求権については，除斥期間の定め（570条・566条3項）があるとしても，消滅時効の規定の適用は排除されないとした判例がある（最判平13・11・27民集55巻6号1311頁）。他方で，形成権の期間制限については，除斥期間か消滅時効かが争われている（【展開講義　61】）。

【展開講義　61】　形成権と消滅時効・除斥期間

形成権の期間制限に関しては，立法者は消滅時効と考えていたが，現在では除斥期間と解することが有力である（我妻・講義Ⅰ439頁，他）。形成権は，権利者による一方的な1回の権利行使で法律関係の変動が生じ，形成権自体はそれと同時に消滅するという性質を有する。このような性質を考慮するならば，形成権に権利不行使状態の継続を断ち切るという意味での中断を認める意味はないといえよう。そこで，たとえば取消権については，5年と20年の期間制限が定められているが（126条，いわゆる二重期間），この期間は，条文の文言にとらわれず，いずれも除斥期間と考えることになる。また，解除権については，期間制限の規定はないが，債権に準じて10年以内に解除権を行使する必要があるとされており，これを除斥期間と考えている。

4.2　権利失効の原則

権利失効の原則とは，権利者が長期間にわたって権利を行使せずに放置していたことによって，相手方に「権利の行使はもうないだろう」という信頼を与えた場合には，そのような権利は失効するという理論のことをいう。この理論を認めるか否かが争われている（【展開講義　62】）。

この理論が認められるならば，その実効性は次の場面で認められることになる。まず，所有権は時効によって消滅しないとされるが，権利失効の原則を認めることで，所有権行使が制限されうることになる。また，消滅時効が完成していない段階であっても，権利失効の原則によって権利行使を制限しうる場面が存在することになる。

【展開講義　62】　権利失効の原則の妥当性

権利失効の原則は，そもそもドイツにおいて一般に認められた理論である。この理論は，いわゆる信義則という一般条項を根拠に認められるものである。日本においても，一般条項として信義則が定められていることから，権利失効の原則を認める土壌は存在している。実際にこれを認める見解がある（我妻・講義Ⅰ441頁）。判例上も，具体的に適用を明示したわけではないが，この権利失効の原則の趣旨を一般論として認めたとされるものがある（最判昭30・11・22民集9巻12号1781頁）。しかし，法律上確立された時効制度の存在が一般条項を介してないがしろにされる結果となることから，当該理論を認めるべきではないという見解も有力である（四宮＝能見・第7版357頁，他）。たしかに，消滅時効が完成していないにもかかわらず，信義則という一般条項を介して権利者の権利を消滅させる可能性を認めることは，法律関係の安定性を害するように思われる。また，所有権が時効によって消滅しないのは，所有者が権利を行使する自由があると同時に，権利を行使しない自由をも認めるべきだからであろう。かりに所有者が権利を行使せずに長期間放置していた場合に，権利関係にかかわった者がいたとすると，その者の保護は所有権の取得時効という制度によって図られることになる。そうであるならば，所有者が権利を行使していないからといって，一般条項を用いてあえて所有権を失効させる必要はないものといえよう。以上からすると，権利失効の原則については，理論的には可能であるとしても，新たな実益でも生じない限りは，否定説に分があるように思われる。

索　引

あ

相手方善意説 …………………………… 81
安全配慮義務 …………………………… 38

い

意思主義 ………………………………… 23
　　──と表示主義 …………………… 152
意思的効果 …………………………… 232
意思能力 ………………………………… 45
意思表示 ……………………………… 150
　　──の効力発生時期 …………… 193
　　瑕疵ある── ………………… 236
一物一権主義 ………………………… 121
一般私法 ………………………………… 4
一般法 …………………………………… 5
一筆の土地 …………………………… 125
違法行為 ……………………………… 133

え

営利法人 ………………………………… 91
NPO（特定非営利活動法人）…… 109, 118
援用権者 ……………………………… 270
援用の相対効 ………………………… 279

お

公の秩序 ……………………………… 146

か

外国人の権利能力 ……………………… 49
解除条件 ……………………………… 253
解除条件説 …………………………… 290
学説の法源性 …………………………… 13
拡張解釈 ………………………………… 27
確定期限 ……………………………… 258

確定判決 ……………………………… 309
瑕疵担保責任 ………………………… 169
果　実 ………………………………… 129
過失責任の原則 …………………… 18, 19
割賦金と時効期間 …………………… 302
仮差押え ……………………………… 284
仮住所 …………………………………… 74
仮処分 ………………………………… 284
監　事 ………………………………… 100
慣習法 …………………………………… 12
間接代理 ……………………………… 201

き

期　間 ………………………………… 263
　　──の起算点 ………………… 266
　　──の計算方法 ……………… 266
　　──の満了点 ………………… 266
期　限 ………………………………… 258
期限の利益 …………………………… 259
　　──の放棄 …………………… 260
既成条件 ………………………… 255, 259
擬制死亡 ………………………………… 78
寄附行為 ………………………………… 95
基本代理権 …………………………228, 229
義　務 ………………………………… 35
旧民法 ………………………………… 14
強行規定 ……………………………… 31
強行法規 ……………………………… 144
共同代理 ……………………………… 204
強　迫 ………………………………… 175
許可主義 ……………………………… 93
虚偽表示 ……………………………… 158
　　──の撤回 …………………… 158
居　所 …………………………………… 74
禁反言の法理 ………………………… 38

く

区分所有建物 …………………… 127
クーリング・オフ ………………… 179

け

形成権 ……………………………… 36
契約自由の原則 …………………… 17
原始取得 …………………… 127, 297
原始的不能 ………………… 135, 144
現存利益 …………………………… 79
元　物 …………………………… 129
顕　名 …………………………… 206
権利意思説 ………………………… 35
権利確定説 ……………………… 289
権利（行使）自由の原則 ………… 36
権利行使説 ……………………… 289
権利失効の原則 ……………… 38, 311
権利能力 …………………… 45, 46
　　──の始期・終期 …………… 46
　　──の消滅 ………………… 48
権利能力なき社団 ……………… 109
権利の変動 ……………………… 130
権利本位システム ……………… 20
権利濫用の禁止 ………………… 39
権利利益説 ………………………… 35

こ

行為能力 ………………………… 45
公益社団法人 …………………… 94
公益法人 ………………………… 91
公共の福祉の原則 ……………… 37
攻撃防御方法説 ………………… 290
後見登記 ………………………… 64
公私混合法 ………………………… 6
公示による意思表示 …………… 196
公序良俗 …………………… 135, 146
後発的不能 ……………………… 144

公物の取得時効 ………………… 297
抗弁権の永久性 ………………… 303
公　法 ……………………………… 4
公法人 …………………………… 92
個人の尊厳 ……………………… 17
個別主義 ………………………… 21
誤　認 …………………………… 190
　　──と詐欺 ………………… 190
困惑と強迫の差異 ……………… 190
困惑型 …………………………… 183

さ

催告権 …………………………… 68
催告と時効中断 ………………… 279
財産管理人の選任と改任 ……… 76
財産権 …………………………… 36
財団法人 …………………… 90, 94
裁判上の催告 …………………… 281
裁判上の請求 …………………… 277
債務不履行 ……………………… 301
詐　欺 …………………… 172, 190
　　──と善意の第三者 …… 173, 174
　　──の効果 ………………… 173
錯　誤 …………………………… 164
　　──と瑕疵担保 …………… 169
　　──と詐欺の二重効 ……… 169
　　──と電子取引 …………… 170
　　──の効果 ………………… 168
　　──の要件 ………………… 165
　　──の類型 ………………… 164
　　人に関する── …………… 166
　　目的物に関する── ……… 166
　　要素の── ………………… 166
差押え …………………………… 279
差止請求権 ………………… 188, 189

し

始　期 …………………………… 258

索　引　315

私権の享有 …………………………… 45
時　効 ………………………………… 268
　──の起算日 ……………………… 304
　──の中断 …………………… 281, 289
　──の中断事由 …………………… 282
　──の停止 ………………………… 287
　──の停止事由 …………………… 287
時効学説 ……………………………… 273
時効制度 ……………………………… 268
時効の援用 …………………… 275, 289
　──の相対効 ……………………… 279
時効利益の放棄 ……………… 275, 279
自己契約の禁止 …………………… 210
使　者 ………………………………… 201
自主占有 ……………………………… 294
事情変更の原則 ……………………… 38
自然人 ………………………………… 46
自然中断 ……………………………… 282
失踪期間 ……………………………… 77
失踪宣告 ……………………………… 77
　──の取消し ……………………… 78
実体法説 ……………………… 273, 289
私的自治の拡張 …………………… 200
私的自治の原則 …………………… 17
私的自治の補充 …………………… 200
私的所有権の保障 ………………… 18
指導原則の修正 …………………… 18
自認行為 ……………………………… 281
支払督促 ……………………………… 283
私　法 ………………………………… 4
死亡後の法律関係 ………………… 49
私法人 ………………………………… 92
社員権 ………………………………… 100
社員総会 ……………………………… 100
社団法人 ……………………………… 90
終　期 ………………………………… 258
集合物論 ……………………………… 123
住　所 ………………………………… 72

住所単一説 …………………………… 72
住所複数説 …………………………… 73
自由設立主義 ……………………… 93
従　物 ………………………………… 128
縮小解釈 ……………………………… 26
出生の時期 ………………………… 46
出生の証明 ………………………… 47
出世払い債務 ……………………… 263
取得時効 ……………………… 269, 292
　──の存在理由 ………………… 291
主　物 ………………………………… 128
準婚関係 ……………………………… 20
準則主義 ……………………………… 93
準法律行為 …………………… 136, 138
承継取得 ……………………… 132, 297
条　件 ………………………………… 252
条件成就の妨害 …………………… 256
条件付権利 ………………………… 256
招集手続 ……………………………… 101
承　認 ………………………………… 280
消費者契約の不当条項 …………… 186
消費者契約法 ……………………… 179
　──と他の法律との関係 ……… 190
消費者団体訴訟制度 ……… 188, 190
消滅時効 ……………………… 264, 301
　──と形成権 …………………… 302
　──と抗弁権 …………………… 303
　──と物権的請求権 …………… 302
　──にかからない権利 ………… 302
条　理 ………………………………… 12
　──の法源性 …………………… 11
除斥期間 ……………………………… 310
　──と消滅時効の相違 ………… 310
　──の具体例 …………………… 310
所有権以外の財産権一般 ………… 293
所有権の取得時効 ………………… 293
自力救済禁止の原則 ……………… 23
信義誠実の原則 …………………… 38

信頼関係の原則……………………38
心裡留保………………………151, 153

せ

制限能力……………………………67
制限能力者制度……………………51
　——と相手方の保護……………68
清算法人の職務と能力…………109
制定法………………………………12
成年後見……………………………54
成年後見制度………………………53
成年後見登記制度…………………63
成年後見人…………………………56
成年被後見人………………………56
責任能力……………………………45
絶対権………………………………36
絶対的構成説……………………160
絶対的喪失………………………132
善　意………………………80, 153, 297

そ

臓器移植……………………………49
相　殺……………………………309
相対権………………………………36
相対的構成説……………………160
相対的喪失………………………132
双方善意説…………………………80
双方代理の禁止…………………210
遡及効……………………………274
訴訟法説……………………273, 289

た

胎児の法律上の地位………………47
代　理……………………………199
　——と類似の制度……………200
　——の種類……………………200
　——の存在理由………………199
代理権……………………………202

——の消滅………………………205
——の濫用………………………204
代理権授与………………………223
代理権授与行為…………………209
代理行為…………………………205
代理人行為説……………………200
代理人の権限外の行為…………224
他主占有…………………………294
脱法行為…………………………145
短期消滅時効……………………308
単独行為…………………………254
担保物権……………………299, 302

ち

中間法人……………………109, 117
中間法人法………………………117
中　断……………………………310
——の相対効……………………280

つ

追認の効果………………………239
追認の効力………………………235
追認権者…………………………238
通謀虚偽表示………………151, 156
——と第三者……………………159
——と登記………………………160

て

定　款………………………………95
定期給付債権……………………307
定期金債権………………………300
停　止……………………………302
停止条件…………………………253
停止条件説………………………290
定着物……………………………125
抵当不動産の第三取得者………278
撤　回……………………………236
電子取引での意思表示…………152

索　引　317

天然果実 …………………………… *129*

と

動　機 ……………………………… *150*
　──の錯誤 ……………………… *166*
動　産 ……………………………… *127*
同時死亡の推定 …………………… *48*
当事者の期待権 …………………… *250*
到達主義 …………………………… *194*
特殊な取消し ……………………… *236*
特定承継 …………………………… *132*
特定非営利活動法人（NPO）…… *109, 113*
特別失踪 …………………………… *77*
特別私法 …………………………… *4*
特別法 ……………………………… *5*
取消し ………………………… *232, 236*
　──の効果 ……………………… *237*
　──の方法 ……………………… *237*
取消権 ………………………… *181, 238*
　──の競合 ……………………… *242*
　──の行使期間 ………………… *241*
　──の否定 ……………………… *69*
取消権者 ……………………… *236, 241*
取締規定 …………………………… *31*
取締法規 …………………………… *145*

な

内縁関係 …………………………… *20*

に

二重効肯定説 ……………………… *70*
二段の故意 …………… *175, 179, 191*
日常家事債務 ……………………… *227*
任意後見監督人 …………………… *61*
任意後見制度 ……………………… *60*
任意代理（人）……………… *200, 208*
任意規定 …………………………… *31*
認可主義 …………………………… *93*

認定死亡 …………………………… *82*

は

背信的悪意者論 …………………… *38*
白紙委任状 …………………… *223, 226*
破産手続参加 ……………………… *279*
発信主義 …………………………… *193*
阪神電鉄事件 ……………………… *47*
反対解釈 …………………………… *27*
判例の法源性 ……………………… *13*

ひ

非財産権 …………………………… *36*
被保佐人 …………………………… *57*
被補助人 …………………………… *59*
表意者の死亡 ……………………… *195*
表意者の重過失 …………………… *162*
表見代理 ……………………… *219, 221*
　権限外の行為の── …………… *226*
　代理権授与表示による── …… *222*
　代理権消滅後の── …………… *225*
表見代理制度 ……………………… *221*
表見代理責任 ……………………… *226*
表示主義 …………………………… *152*

ふ

不確定期限 ………………………… *258*
不確定効果説 ……………………… *285*
不可分物 …………………………… *123*
複製権 ……………………………… *294*
復代理（人）………………… *207, 208*
不在者 ……………………………… *76*
不代替物 …………………………… *124*
普通失踪 …………………………… *77*
物権的請求権 ……………………… *302*
物権の排他性 ……………………… *122*
物上保証人 ………………………… *272*
不動産 ………………………… *124, 125*

不特定物 …………………………… *124*
不能条件 …………………………… *255*
不法行為能力 ……………………… *45*
不法行為の損害賠償と時効 ……… *301*
不法条件 …………………………… *255*
不要式行為 ………………………… *137*
不利益事実の不告知 ……………… *184*
文理解釈 …………………………… *25*

へ

平穏かつ公然へ ……………… *295, 297*

ほ

包括承継 …………………………… *142*
法規的効果 ………………………… *232*
放棄の相対効 ……………………… *280*
法　源 ……………………………… *11*
法　人 ……………………………… *46*
　――の機関 ……………………… *97*
　――の行為目的 ………………… *106*
　――の住所 ……………………… *95*
　――の消滅 ……………………… *108*
　――の登記 …………………… *95, 96*
　――の能力 ……………………… *102*
　――の不法行為責任 …………… *104*
　――の目的の範囲内 …………… *103*
法人格なき社団 …………………… *109*
法人格否認の法理 ………………… *89*
法人擬制説 ………………………… *87*
法人実在説 ………………………… *87*
法人制度 …………………………… *85*
法人否認説 ………………………… *87*
法人理論 …………………………… *86*
法定解除条件説 …………………… *48*
法定果実 …………………………… *129*
法定後見制度 ……………………… *54*
法定証拠提出説 …………………… *294*
法定代理 …………………………… *200*

法定代理人 ………………………… *208*
法定中断 …………………………… *282*
法定追認 …………………………… *240*
法定停止条件説 …………………… *47*
法律行為 …………………… *133, 151*
　――の種類 ……………………… *133*
　――の成立 ……………………… *140*
　――の成立要件 ………………… *135*
　――の付款 ……………………… *251*
　――の有効要件 ………………… *135*
　――の類型 ……………………… *136*
法律行為自由の原則 ……………… *138*
法律効果 …………………………… *131*
法律事実 …………………………… *133*
法律要件 …………………………… *131*
保佐人 ……………………………… *58*
保証人 ……………………………… *281*
補助人 ……………………………… *59*
ボランティア ……………………… *113*

ま

満了点→期間

み

未成年者 …………………………… *67*
身分行為 …………………………… *254*
民法の基本原則 …………………… *17*
民法の思想的原理 ………………… *17*
民法の立法技術的原理 ………… *17, 20*
民法は私法の一般法（基本法） …… *5*

む

無因行為 …………………………… *138*
無過失責任主義 …………………… *19*
無記名債権 ………………………… *127*
無権代理 …………………… *212, 217*
　――の追認 ……………………… *238*
無権代理行為 ……………………… *212*

無　効 …………………… 232, 233, 248
　　──の相対化 ……………………… 70
　　──の 7 要素 …………………… 233
　　──の類型 ……………………… 234
無効原因 …………………………… 233
無効行為 …………………………… 234
　　──の効果 ……………………… 232
　　──の追認 ……………………… 305
　　──の転換 ……………… 233, 246
　　──の取消し …………………… 242
無償行為 …………………………… 138
無体物 ……………………………… 120

め

明認方法 …………………………… 127

も

目的論的解釈 ………………………… 26
物 …………………………………… 120
　　──の個数 ……………………… 121

ゆ

有因行為 …………………………… 138
有権代理 …………………………… 201
有　効 ……………………………… 232
誘誤型 ……………………………… 183
有償行為 …………………………… 137

有体物 ……………………………… 120

よ

用益物権 …………………………… 293
要式行為 …………………………… 137
要物契約 …………………………… 137

り

理　事 ………………………………… 98
　　──の代表権 …………………… 98
　　──の代表行為 ………………… 99
立法者意思解釈 ……………………… 26
立　木 ……………………………… 127
良心規定 …………………………… 275
両性の本質的平等 …………………… 17

る

類推解釈 ……………………………… 27

れ

連帯保証人 ………………………… 276

ろ

論理解釈 ……………………………… 26

わ

和解契約 …………………………… 167

導入対話による 民法講義（総則）〔第4版〕

1998年4月10日　第1版第1刷発行
2006年4月1日　第3版第1刷発行
2007年4月1日　第4版第1刷発行

ⓒ著者　橋　本　恭　宏
　　　　松　井　宏　興
　　　　清　水　千　尋
　　　　鈴　木　清　貴
　　　　渡　邊　　　力

発行　不　磨　書　房
〒113-0033 東京都文京区本郷6-2-9-302
TEL 03-3813-7199／FAX 03-3813-7104

発売　（株）信　山　社
〒113-0033 東京都文京区本郷6-2-9-102
TEL 03-3818-1019／FAX 03-3818-0344

制作：編集工房INABA　　　印刷・製本／松澤印刷
Printed in Japan, 2007

ISBN978-4-7972-8540-6 C3332

◇広中俊雄 編著◇
日本民法典資料集成

近代法制の息吹と現代への示唆

《全15巻》
第1巻発売中

[編集協力]
大村敦志
中村哲也
岡孝

第一部「民法典編纂の新方針」第一巻
第二部「修正原案とその審議」第二～八巻
第三部「整理議案とその審議」第九巻
第四部「民法修正案の理由書」第十～十一巻
第五部「民法修正の参考資料」第十二～十四巻
第六部「帝国議会の法案審議」第十五巻

《日本民法典編纂史研究の初期史料集の決定版》

穂積陳重、梅謙次郎、箕作麟祥関係文書などの新方針に関する部分を複製、体系的かつ網羅的に集成。

1 民法典編纂の新方針／2 修正原案とその審議 総則編関係／3 修正原案とその審議 物権編関係／4 修正原案とその審議 債権編関係 上／5 修正原案とその審議 債権編関係 下／6 修正原案とその審議 親族編関係 上／7 修正原案とその審議 親族編関係 下／8 修正原案とその審議 相続編関係／9 整理議案とその審議／10 民法修正案の理由書 前三編関係／11 民法修正案の理由書 後二編関係／12 民法修正の参考資料 入会権資料／13 民法修正の参考資料 身分法資料／14 民法修正の参考資料 諸他の資料／15 帝国議会の法案審議－附表 民法修正案条文の変遷

●待望の刊行● **1 民法典編纂の新方針**

【目次】
『日本民法典資料集成』(全15巻)への序／全巻凡例／日本民法典編纂史年表 全巻総目次／第1巻目次(第1部細目次)
第1部「民法典編纂の新方針」総説
 Ⅰ 新方針(＝民法修正)の基礎
 Ⅱ 法典調査会の作業方針
 Ⅲ 甲号議案審議前に提出された乙号議案とその審議
 Ⅳ 民法目次案とその審議
 Ⅴ 甲号議案審議以後に提出された乙号議案
第1部あとがき(研究ノート)

信山社
〒113-0033
東京都文京区本郷6-2-9
東大正門前

□法律・歴史・文化.日本近代史研究に必備□
カラー写真含め、当時の資料そのままを掲載。圧倒的リアリティーで迫る!!

定価210,000円（税送料梱包料込）

ご注文は直接弊社まで（FAX03-3818-1019/E-Mail:order@shinzansha.co.jp）

広中俊雄 編著『日本民法典資料集成』(全15巻)

民法典制定より110年を経て今ようやく包括的な資料集を持つ

瀬川信久
(北海道大学法科大学院教授)

我々は本書自体による民法編纂史研究の飛躍に感嘆させられる

- 現行民法典編纂作業を包括する『日本民法典資料集成』の刊行が始まった。今回刊行された第1巻の対象は、1890年(明23)3月～1893年(明26)7月の3年間、旧民法典の施行を延期し、新民法典編纂の骨格を決めた時期である。続く第2巻～第9巻は、個々の条文をめぐる法典調査会の審議に当てられる。第10巻、第11巻は新民法典の種々の理由書を収め、第12巻～第14巻は、起草作業が参考にした入会権・身分法・法典論争・その他に関する資料を収録し、最終の第15巻は帝国議会での審議を扱う予定だという。したがって、この第1巻は資料集成全体の15分の1、編纂事業のほんの端緒でしかない。しかし、既に、全15巻の資料群の価値の大きさ、確かさを宣言している。

- 第1巻収録の資料は3つに分けられる。まずは、旧民法施行延期の建議、施行延期法律案、法典調査会の設置をめぐる帝国議会の議論など、旧民法の修正を決定するための資料である(Ⅰ 新方針の基礎)。次は、「法典調査ノ方針」「法典調査規程」である(Ⅱ 法典調査会の作業方針)。ここで法典調査会は、帝国議会での議論を踏まえて、起草作業の目標と現行民法典の5編構成を確定し、審議作業のルールを定めている。最後は、「民法目次案」「乙号議案」をめぐる議論である(Ⅲ 甲号議案審議前に提出された乙号議案とその審議」「Ⅳ 民法目次案とその審議」「Ⅴ 甲号議案審議以後に提出された乙号議案」)。法典調査会は、個々の条文の検討に入る前に、「予メ議定ヲ要スヘキ重要ノ問題」──いわゆる「予決議案」──を審議し、新民法典の「目次」の決めた。

- 「Ⅰ 新方針の基礎」の中の、第一回帝国議会貴族院「民法及商法ニ関スル建議」は、法典論争が、「国家」という社会を構築する規範的な作業であったことをまざまざと教えてくれる。しかし、民法を研究する者の関心を強く惹くのは、最後の予決議案・目次案の審議である。そこで取り上げている、「物」、「証拠」、「時効」、「賃借権」、「物権」、「入会権」、「登記」、「用益権」、「使用権・住居権」、「地上権・永借権」、「自然債務」、「不当弁済」、「全部義務」、「債権者間ノ連帯」、「合意」、「無期年金」という事柄は、今日でも民法の問題を突き詰めてゆくと突き当たる問題である。また、破産法を民事・商事共通とすること、観望・明取窓や婚姻の予約については規定しないこと、登記事務のあり方、利息制限法の廃止、遺産相続の分割主義、親族会員の選定など、起草者達のグランド・デザインに従って民法典の台石を一つ一つ据えてゆく作業であった。

- 本書の593頁、610頁、682頁以下によると、当初の法典調査規程案は、「総裁ハ……各裁判所各地方弁護士会及商業会議所ニ通知シテ法典修正ニ関スル意見ヲ求ム可シ」(第23条)、「総裁ハ官報ニ公告シテ汎ク法典修正ノ意見ヲ求ム可シ」(第24条)としていた。しかし、時間的制限の故であろう、これらの規定は法典調査会総会に付議される前に削除された。そして、できた民法典について、起草者らは、「欠点が頗る多い」「夫故に……民法の改正を企つると云ふことも、遠からざる中に起こるであらう」(梅謙次郎「伊藤公と立法事業」966頁)、「短期間ニ此ノ如キ立法事業ノ成リタルハ主トシテ〔条約改正という〕政治上ノ必要ニ原因セルモノナルコト……他日更ニ一大改正ヲ必要トスル時期ノ到来スヘキコト」(富井政章『民法原論』71頁)と考えていた。このように暫定的な立法であったにもかかわらず、民法典が、親族編・相続編を除くと1世紀以上持ち堪えた。それ

は、起草者のグランド・デザインがその後の日本社会が必要とした民法規範の骨格を的確に把握していたからであろう。そのことは、「物」や「自然債務」の予決議案をめぐる議論によって確認することができる。

- 起草者の考えをこのように直ちに確認できるのは、本資料集成が、関係資料を時系列で並べただけの資料集ではないからである。戦前からの民法編纂史研究の蓄積の上に、資料の相互関係を精査して配列し、新たに発掘された資料と法典調査会の議論を関係付け、各資料の位置と意義を解説している。上に述べた民法典編纂作業の基礎工事の深さに接することができるのは、編者広中俊雄博士の御研究を踏まえたこの編纂作業のおかげである。さらに、厳密な典拠選択、写真版収録を堅持された編集哲学によって、多数の資料館に散在する貴重資料を、居ながらにして写真版で系統的に参照できることは、これからの民法研究の飛躍を可能にしてくれるであろう。否、「調べる資料集」であると同時に「読む資料集」でもある本書を一読すれば、本書自体による民法編纂史研究の飛躍に感嘆させられるのである。

- 民法典制定より110年を経て、我々は今ようやく包括的な資料集を持つ。フランスのLocre, La legislation civile, commerciale et criminelle de la France, ou commentaire et complement des codes francais 1827-32、あるいは、Fenet, Recueil complet des travaux preparatoires du code civil, 1827、ドイツのMugdan, Die gesammten Materialien zum Burgerlichen Gesetzbuch fur das Deutsche Reich, 1899、あるいは、Jacobs und Schubert, Die Beratung des Bugerlichen Gesezbuchs in systematischer Zusammenstellung der unveroffentlichen Quellen, 1978-2004 に比べて、なんと長い年月を要したことか。

- 民法典編纂資料の編集が遅れた直接の理由は、審議内容が公開されず、記録が整理されなかったからであろう。しかし、最大の理由は、日本民法典の編纂の基礎がそれ以前の実務と学説ではなくて、諸々の外国法にあったからであろう。そのために、民法典制定後の実務と学説は、問題を考えるときの参照枠を直接外国法に求め続けたのであろう。わが国では、判例と学説が蓄積してはじめて、その蓄積を循環する法知識から法典編纂過程を振り返る条件ができた。そして、実務と学説が変革を迫られたときに、出発点たる枠組みの基本思想が探究されるようになったのである。

- もっとも、古くは我妻栄博士の『近代法における債権の優越的地位』、近年は『法と経済学』のように、起草作業を見ないでも変革の基礎となる民法体系を考えることはできる。しかし、そうするときにはどうしても、制度や問題の具体性を看過することを我々は知っている。問題の具体性を重視した来栖三郎博士の「社会学的方法」、星野英一博士の「利益考量論」が起草過程の研究に向かったのはそのためであろう。

- 民法典の条文を改変するたびに、民法の具体的な構造の再構成が必要になる。その再構成は、「泰西法」のシステムを最初に構築したときの社会的記憶を新たにする作業を伴う。その作業にとって、本書を含む全15巻は不可欠の資料集になるであろう。

(2006.8.16)

判例総合解説シリーズ

分野別判例解説書の新定番　　　　　　　実務家必携のシリーズ

実務に役立つ理論の創造

緻密な判例の分析と理論根拠を探る

石外克喜 著 (広島大学名誉教授)　2,900 円
権利金・更新料の判例総合解説
●大審院判例から平成の最新判例まで。権利金・更新料の算定実務にも役立つ。

生熊長幸 著 (大阪市立大学教授)　2,200 円
即時取得の判例総合解説
●民法192条から194条の即時取得の判例を網羅。動産の取引、紛争解決の実務に。

土田哲也 著 (香川大学名誉教授・高松大学教授)　2,400 円
不当利得の判例総合解説
●不当利得論を、通説となってきた類型論の立場で整理。事実関係の要旨をすべて付し、実務的判断に便利。

平野裕之 著 (慶應義塾大学教授)　3,200 円
保証人保護の判例総合解説〔第2版〕
●信義則違反の保証「契約」の否定、「債務」の制限、保証人の「責任」制限を正当化。総合的な再構成を試みる。

佐藤隆夫 著 (國学院大学名誉教授)　2,200 円
親権の判例総合解説
●離婚後の親権の帰属等、子をめぐる争いは多い。親権法の改正を急務とする著者が、判例を分析・整理。

河内　宏 著 (九州大学教授)　2,400 円
権利能力なき社団・財団の判例総合解説
●民法667条〜688条の組合の規定が適用されている、権利能力のない団体に関する判例の解説。

清水　元 著 (中央大学教授)　2,300 円
同時履行の抗弁権の判例総合解説
●民法533条に規定する同時履行の抗弁権の適用範囲の根拠を判例分析。双務契約の処遇等、検証。

右近建男 著 (岡山大学教授)　2,200 円
婚姻無効の判例総合解説
●婚姻意思と届出意思との関係、民法と民訴学説の立場の違いなど、婚姻無効に関わる判例を総合的に分析。

小林一俊 著 (大宮法科大学院教授・亜細亜大学名誉教授)　2,400 円
錯誤の判例総合解説
●錯誤無効の要因となる要保護信頼の有無、錯誤危険の引受等の観点から実質的な判断基準を判例分析。

小野秀誠 著 (一橋大学教授)　2,900 円
危険負担の判例総合解説
●実質的意味の危険負担や、清算関係における裁判例、解除の裁判例など危険負担論の新たな進路を示す。

平野裕之 著 (慶應義塾大学教授)　2,800 円
間接被害者の判例総合解説
●間接被害による損害賠償請求の判例に加え、企業損害以外の事例の総論・各論的な学理的分析をも試みる。

三木義一 著 (立命館大学教授)　2,900 円
相続・贈与と税の判例総合解説
●譲渡課税を含めた相続贈与税について、課税方式の基本原理から相続税法のあり方まで総合的に判例分析。

二宮周平 著 (立命館大学教授)　2,800 円
事実婚の判例総合解説
●100年に及ぶ内縁判例を個別具体的な領域毎に分析し考察・検討。今日的な事実婚の法的問題解決に必須。

手塚宣夫 著 (石巻専修大学教授)　2,200 円
リース契約の判例総合解説
●リース会社の負うべき義務・責任を明らかにすることで、リース契約を体系的に見直し、判例を再検討。

信山社

二宮周平・村本邦子 編

法と心理の協働

¥2,600(税別)　4-7972-9137-0　実務家・研究者・学生必読

発行：不磨書房

> 当事者支援の可能性を探る初の試み
> **法規範の基準だけでは解決できない家族関係
> 人間関係の構築と修復のために**
> 法曹・臨床心理などの専門家、家庭裁判所・福祉機関、さまざまなNPOなどの連携やネットワークのあり方とは

【目次】
第Ⅰ部　法と心理の協働の必要性［法的な紛争解決の限界／心理的援助の可能性と限界／法と心理の交錯―民事法の観点から］
第Ⅱ部　米国調査に学ぶ法と心理の連携［米国リーガル・クリニックと法曹養成／裁判所における連携〜DVコートを中心に／NPO/関連機関との連携／米国調査に見る法と心理の協働］
第Ⅲ部　協働の試み〜「司法臨床〜女性と人権」の授業実践［法学から／臨床心理学から］
第Ⅳ部　ケースに見る法と心理の協働の可能性［児童虐待／離婚と親子／ドメスティック・バイオレンス／セクシュアル・ハラスメント］

二宮周平 著　　　　　　　　　　　　　実務家・研究者・学生必読

事実婚の判例総合解説

¥2,800(税別)　4-7972-5653-2

> **多様化する内縁の今日法的な具体的問題解決への指針**
> 1900年前後からほぼ100年におよぶ内縁判例の展開を、個別具体的な問題領域毎に整理し検討。単に判例を紹介するだけではなく、解決方法に対する著者の私見も展開する。

信山社

◆東京本社　HOMEPAGE http://www.shinzansha.co.jp/
〒113-0033 東京都文京区本郷6-2-9 東大正門前
TEL.03(3818)1019　FAX.03(3818)0344
E-MAIL：order@shinzansha.co.jp

日本の人権／世界の人権　横田洋三著　■ 1,600 円 (税別)

導入対話による 国際法講義【第2版】
廣部和也(成蹊大学)／荒木教夫(白鷗大学) 共著　　■本体 3,200円 (税別)

みぢかな 国際法入門　松田幹夫編　■本体 2,400 円 (税別)

講義国際組織入門　家 正治編　■本体 2,900 円 (税別)

国際法 ◇ファンダメンタル法学講座　水上千之／臼杵知史／吉井淳編著　■本体 2,800 円 (税別)

◆はじめて学ぶひとのための　法律入門シリーズ◆　　[学部・LS 未修者に]

プライマリー 法学憲法　石川明・永井博史・皆川治廣 編
■本体 2,900 円 (税別)

プライマリー 民事訴訟法　石川明・三上威彦・三木浩一 編

プライマリー 刑事訴訟法　椎橋隆幸(中央大学教授)編
■本体 2,900 円 (税別)

早川吉尚・山田 文・濱野 亮 編

ADRの基本的視座
根底から問い直す "裁判外紛争処理の本質"

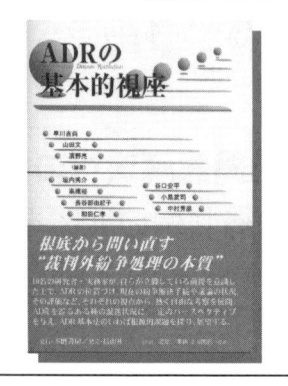

1　紛争処理システムの権力性と ADR における手続きの柔軟化　　(早川吉尚・立教大学)
2　ADR のルール化の意義と変容アメリカの消費者紛争 ADR を例として　　(山田 文・京都大学)
3　日本型紛争管理システムと ADR 論議　　(濱野亮・立教大学)
4　国による ADR の促進　　(垣内秀介・東京大学)
5　借地借家調停と法律家 日本における調停制度導入の一側面　　(髙橋 裕・神戸大学)
6　民間型 ADR の可能性　　(長谷部由起子・学習院大学)
7　現代における紛争処理ニーズの特質と ADR の機能理　　(和田仁孝・早稲田大学)
8　和解・国際商事仲裁におけるディレンマ　　(谷口安平・東京経済大学／弁護士)
9　制度契約としての仲裁契約 仲裁制度合理化・実効化のための試論　　(小島武司・中央大学)
10　ADR 法立法論議と自律的紛争処理志向　　(中村芳彦・弁護士)

A 5 判　336 頁　定価 3,780 円 (本体 3,600 円)

不磨書房

◆既刊・新刊のご案内◆

gender law books
ジェンダーと法
辻村みよ子 著（東北大学教授） ■本体 3,400円 (税別)

導入対話による
ジェンダー法学【第2版】
監修：浅倉むつ子（早稲田大学教授）／阿部浩己／林瑞枝／相澤美智子
山崎久民／戒能民江／武田万里子／宮園久栄／堀口悦子 ■本体 2,400円 (税別)

比較判例ジェンダー法
浅倉むつ子・角田由紀子 編著

相澤美智子／小竹聡／今井雅子／松本克巳／齋藤笑美子／谷田川知恵／
岡田久美子／中里見博／申ヘボン／糠塚康江／大西祥世　　　　　[近刊]

パリテの論理
男女共同参画へのフランスの挑戦

糠塚康江 著（関東学院大学教授）
待望の1作　■本体 3,200円 (税別)

ドメスティック・バイオレンス
戒能民江 著（お茶の水女子大学教授）　A5変判・上製　■本体 3,200円 (税別)

キャサリン・マッキノンと語る
ポルノグラフィと買売春

角田由紀子（弁護士）
ポルノ・買売春問題研究会
9064-1　四六判　■本体 1,500円 (税別)

法と心理の協働
二宮周平・村本邦子 編著

松本克美／段林和江／立石直子／桑田道子／杉山暁子／松村歌子　■本体 2,600円 (税別)

オリヴィエ・ブラン 著・辻村みよ子 監訳
オランプ・ドゥ・グージュ
── フランス革命と女性の権利宣言 ──

フランス革命期を
毅然と生き
ギロチンの露と消えた
女流作家の生涯

【共訳／解説】辻村みよ子／太原孝英／高瀬智子　（協力：木村玉絵）
「女性の権利宣言」を書き、黒人奴隷制を批判したヒューマニスト　■本体 3,500円 (税別)

発行：不磨書房　TEL 03(3813)7199 ／ FAX 03(3813)7104　Email：hensyu@apricot.ocn.ne.jp
発売：信山社　TEL 03(3818)1019　FAX 03(3818)0344　Email：order@shinzansha.co.jp

不磨書房

■導入対話シリーズ■

導入対話による民法講義（総則）【第4版】　■ 2,900円（税別）
橋本恭宏（中京大学）／松井宏興（関西学院大学）／清水千尋（立正大学）
鈴木清貴（帝塚山大学）／渡邊力（関西学院大学）／田中志津子（桃山学院大学）

導入対話による民法講義（物権法）【第2版】　■ 2,900円（税別）
松井宏興（関西学院大学）／鳥谷部茂（広島大学）／橋本恭宏（中京大学）
遠藤研一郎（獨協大学）／太矢一彦（東洋大学）

導入対話による民法講義（債権総論）　■ 2,600円（税別）
今西康人（関西大学）／清水千尋（立正大学）／橋本恭宏（中京大学）
油納健一（山口大学）／木村義和（大阪学院大学）

導入対話による刑法講義（総論）【第3版】　■ 2,800円（税別）
新倉 修（青山学院大学）／酒井安行（青山学院大学）／髙橋則夫（早稲田大学）／中空壽雅（獨協大学）
武藤眞朗（東洋大学）／林美月子（立教大学）／只木 誠（中央大学）

導入対話による刑法講義（各論）　★近刊 予価 2,800円（税別）
新倉 修（青山学院大学）／酒井安行（青山学院大学）／大塚裕史（岡山大学）／中空壽雅（獨協大学）
信太秀一（流通経済大学）／武藤眞朗（東洋大学）／宮崎英生（拓殖大学）
勝亦藤彦（佐賀大学）／安藤泰子（青山学院大学）／石井徹哉（千葉大学）

導入対話による商法講義（総則・商行為法）【第3版】　■ 2,800円（税別）
中島史雄（高岡法科大学）／神吉正三（流通経済大学）／村上 裕（金沢大学）
伊勢田道仁（関西学院大学）／鈴木隆元（岡山大学）／武知政芳（専修大学）

導入対話による国際法講義【第2版】　■ 3,200円（税別）
廣部和也（成蹊大学）／荒木教夫（白鷗大学）共著

導入対話による医事法講義　■ 2,700円（税別）
佐藤 司（元亜細亜大学）／田中圭二（香川大学）／池田良彦（東海大学）／佐瀬一男（創価大学）
転法輪慎治（順天堂医療短大）／佐々木みさ（前大蔵省印刷局東京病院）

導入対話によるジェンダー法学【第2版】　■ 2,400円（税別）
浅倉むつ子（早稲田大学）／相澤美智子（一橋大学）／山崎久民（税理士）／林瑞枝（元駿河台大学）
戒能民江（お茶の水女子大学）／阿部浩己（神奈川大学）／武田万里子（金城学院大学）
宮園久栄（東洋学園大学）／堀口悦子（明治大学）

導入対話によるスポーツ法学【第2版】　■ 2,900円（税別）
井上洋一（奈良女子大学）／小笠原正（東亞大学）／川井圭司（同志社大学）／齋藤健司（筑波大学）
諏訪伸夫（筑波大学）／濱野吉生（早稲田大学）／森浩寿（大東文化大学）

刑事訴訟法講義【第4版】　渡辺咲子 著
◇法科大学院未修者　基礎と実務を具体的に学ぶ　　定価：本体 3,400 円（税別）